Studienbücher Antike

Herausgegeben von
Peter Guyot

Band 4

Boris Dreyer

Polybios
Leben und Werk im Banne Roms

2., durchgesehene Auflage

Onlineversion
Nomos eLibrary

Die Deutsche Nationalbibliothek verzeichnet diese Publikation in der Deutschen Nationalbibliografie; detaillierte bibliografische Daten sind im Internet über http://dnb.d-nb.de abrufbar.

ISBN 978-3-487-16673-5 (Print)

ISBN 978-3-487-42437-8 (ePDF)

2., durchgesehene Auflage 2024
© Georg Olms Verlag – ein Verlag in der Nomos Verlagsgesellschaft mbH & Co. KG, Baden-Baden 2024. Gesamtverantwortung für Druck und Herstellung bei der Nomos Verlagsgesellschaft mbH & Co. KG. Alle Rechte, auch die des Nachdrucks von Auszügen, der fotomechanischen Wiedergabe und der Übersetzung, vorbehalten. Gedruckt auf alterungsbeständigem Papier.

Besuchen Sie uns im Internet
olms.de

Vorwort zur ersten Auflage (2011)	VII
Vorwort zur zweiten, durchgesehenen Auflage (2024)	XI
Abkürzungen	5
I. Leben	7
II. Werke	23
1) Biographie Philopoimens	23
2) *Taktika*	26
3) Schrift: „Über die Bewohnbarkeit der Tropen"	27
4) *Bellum Numantinum*	27
III. Das Hauptwerk: Die „Historien"	29
1) Erhaltungszustand	29
2) Inhalt	36
3) Entstehungsperioden und postume Gesamtedition	58
IV. Polybios' Auffassung über Geschichte und seine historische Methode	69
1) Allgemeine Einleitung	69
2) Wahrheit als Ziel	69
3) Ursachenforschung und teleologisches Geschichtsbild	74
4) Nutzen der Geschichte und pädagogische Reflexionen	89
5) Universalgeschichte gegen Spezialgeschichten und Monographie	91
6) Gattungen der Geschichtsschreibung	92
7) Fertigkeiten für den Verfasser einer pragmatischen Geschichte	93
8) Polybios und seine (griechischen) Vorgänger	95
9) Quellen des Polybios	100
V. Zum Verhältnis von theoretischem Anspruch und Umsetzung	121
VI. Stil	134
VII. Nachleben	138
1) In der Antike und im Mittelalter	138
2) Neuzeit	142

3) Ausgaben	148
4) Übersetzungen	149
5) Das Polybios-Lexikon	149

VIII. Literatur 151

1) Einleitung	151
2) Wichtige Forschungsliteratur bis 1970	152
3) Wichtige Forschungsliteratur von 1970 bis heute	156

IX. Stellenregister 170

X. Allgemeines Register 185

Vorwort zur ersten Auflage (2011)

Was geht uns Polybios heute an? Ich behaupte, es gibt keinen Historiographen der Antike, der wichtiger wäre und moderner wirkt als unser Autor. Zur Bekräftigung der Behauptung sollen nur einige Aspekte angeführt werden:

Zunächst: Er wie kaum kein anderer gibt einen offenen Einblick in seine „Werkstatt", sowohl in die Quellen, die er nutzt, in die methodischen Prinzipien, die ihn leiten, und in seine persönliche Einstellung zu den Handelnden und den obwaltenden Umständen. Und dies tat er nicht nur zu seinem eigenen Vorteil: denn hätte er dies nicht getan, hätte er sich viel Kritik in Antike und Moderne erspart. Dafür können wir heute bis ins Detail nachvollziehen, was er mit welcher Begründung der Überlieferung für würdig hielt. Wenn er auch kein Systematiker ist – zumindest verstößt seine Darstellung gegen systematisierende Erklärung (s. zur Teleologie S. 74ff.) – und sich nur verstreut zu seinen erkenntnisleitenden Prinzipien intensiv äußert, so ist doch Polybios zum Zeitpunkt der Abfassung des ersten Teils seines Monumentalwerkes in seinen historiographischen Auffassungen „ausgewachsen" und damit weitgehend widerspruchsfrei. In den Exkursen zur Methode erreicht der Historiker ebenso wie in der Darstellung das höchste Niveau, das antike Geschichtsschreibung zu erreichen imstande war. Er ist mithin in der Lage, das Vorbild des Thukydides tatsächlich zu erreichen. Er ist aber dabei offener als sein Vorbild. Auf diese Weise bleibt er die erste Adresse und Orientierungsgröße für alle historiographischen Bemühungen bis in die Moderne, mit einem gar nicht zu überschätzenden inhaltlichen und methodischen Einfluss bis um 1800 – und darüber hinaus. Gerade heute erscheinen die fortschrittsbejahende Denkweise des Historikers und die Rezepte, die er für Politiker in seiner multi-, bi- und unipolaren Welt bereithält, aktuell.

Spannend und fesselnd sind die Inhalte: Das Thema des Aufstiegs der römischen Republik bis zur unbestrittenen Hegemonialmacht des Mittelmeers in der Mitte des zweiten Jahrhunderts v. Chr., sein Hauptthema, sucht seinesgleichen. Zu dem Zeitpunkt, in dem seine Haupterzählung einsetzt, hätte nicht viel gefehlt, und Rom wäre gegen Hannibal unterlegen gewesen. Die Gegner Roms auf dem Weg zur Weltherrschaft waren der genialste Feldherr und die größten Herrscher, welche die hellenistische Welt nach Alexander dem Großen überhaupt hervorgebracht hatte. Unser Historiker und Zeitgenosse berichtet über überraschende politische Konstellationen und schildert die kühnen Pläne von Machthabern und Feldherren – am Ende war Rom Herr der Mittelmeeroikumene, ein Zustand, der bis zum Ende der Antike bestimmend bleiben sollte. Dieser rasante Aufstieg bedarf der Erklärung und der Rationalist will sie liefern.

Dabei ist der Historiker sich der Tatsache bewusst – in keinem geringeren Maße als Thukydides –, dass interne Bedingungen und außenpolitische Verhältnisse sich stetig bedingen. Als Intellektueller der hellenistischen Zeit, der allerdings nicht aus einer der bestimmenden Großmächte stammte, hat er wie kein anderer eine Sensibilität für Krisen im Mächtesystem sowie in den Einzelstaaten entwickelt. Als Politiker und politischer Analyst einer Zeit, in der auf allen Ebenen jede Person, jede Gemeinde, jeder Staat und jeder Monarch eigene egoistisch-machtpolitische Ziele verfolgte – auch der Bundesstaat Achaia, aus dem er stammte, auch Megalopolis, seine Heimatstadt –, hat er aus erster Hand die Möglichkeiten, die Vertreter von Mittel- und Kleinstaaten gegenüber *Hegemones* hatten, studiert und dargestellt.

Mit diesen methodischen Prinzipien, mit diesen Kenntnissen aus erster Hand stellt er seinem Leser ein politisches Handbuch zur Verfügung, das über die konkreten Inhalte hinaus für parallele Konstellationen und Herausforderungen praktisches Rüstzeug bieten will und tatsächlich kann. In der Tat waren seine Ausführungen Vorbild für spätere Generationen. Man schätzte ihn als militärischen und politischen Fachmann. Die Verfassungsväter in Philadelphia konsultierten 1789 eifrig Polybios' Passagen über den achäischen Bundesstaat, um sich dem Problem der Sezession im Föderalen Staat zu stellen. Viele konkrete Bezüge auf das Werk des griechischen Historikers belegen dies.

Bis ins zwanzigste und einundzwanzigste Jahrhundert hinein bietet das Hauptwerk des Polybios Anlass für viele aktuelle Bezüge in den Analysen derer, die sich mit dem Aufstieg Roms beschäftigten. Die Bedingungen des „Kalten Krieges" des vergangenen Jahrhunderts und die internationalen Umwälzungen in der Folge des Untergangs des „Ostblocks" nach 1989 schienen sich für solche Bezüge geradezu aufzudrängen.

Viele Argumente, von denen hier nur einige angedeutet wurden, existieren also, sich diesem Historiker, seiner Methode und seinen Inhalten zu widmen. Wenn auch die Ausführungen in diesem Buch und in dem gegebenen Rahmen oft nur Anstöße sein können, so wäre es m. E. bereits ein Erfolg, wenn auf der Basis der Lektüre das Bewusstsein entstünde, welche Schätze die erhaltenen Teile des Monumentalwerkes aus der Hand dieses Autors enthalten.

Es bleibt, die Dankesschuld abzutragen: Der Verfasser verdankt unendlich viel seinem Lehrer, aber auch den aktuellen Eindrücken aus den Beiträgen der Kollegen in den Kolloquien und Tagungen über Polybios, dessen Hauptwerk in letzter Zeit wieder eine Renaissance zu erfahren scheint, nachdem es ein wenig aus dem Focus des Interesses geraten ist. Es seien die Konferenzen in Liverpool 2007 und Hamburg 2010 nur beispielhaft genannt, an denen der Verfasser teilnahm. Zuletzt möchte ich meinem Kollegen und Freund Prof. Dr. Arthur M. Eckstein (Univ. of Maryland) für die geduldige Lektüre und den freundschaftlichen Rat danken. Er war – wie er es immer zu sein pflegt – ein wichtiger Helfer. Auch die akribische Korrekturarbeit meines Mitarbeiters Aike van Douwe soll nicht unerwähnt bleiben. Weiter bin ich für die Aufnahme des Studienbuches in die entsprechende renommierte Reihe im Olms Verlag Herrn Dr. Peter Guyot verpflichtet.

Erlangen, April 2011   Boris Dreyer

Vorwort zur zweiten, durchgesehenen Auflage (2024)

Eine Neuauflage einer ersten Einführung in das Leben und das Werk des Historikers Polybios scheint zumindest nahezulegen, dass das Werk glaubwürdig einen Bedarf durch die versprochenen Inhalte decken konnte – und noch zu decken verspricht. Das liegt nicht zuletzt an dem Autor Polybios selbst. Seine Bedeutung sowohl inhaltlich für die Geschichte der Mittelmeerwelt des 3. und 2. Jahrhunderts v. Chr. als auch methodisch für die Historiographie ist gar nicht von der Hand zu weisen. Auf der anderen Seite ist gerade mal ein Achtel seiner Universalgeschichte im Original erhalten. Der Rest liegt zwar durch umfangreiche Zitate, Bearbeitungen, Übersetzungen, aber nicht mehr im Original und dazu noch ungleichmäßig vor (dazu S. 29-68). Ein Autor wie Polybios, der sich selbst sehr kontrovers innerhalb seiner Zunft positioniert und wie kein anderer dies thematisiert – von den unzähligen Systematisierungen, Debatten und Invektiven, die Einblick in seine Werkstatt gewähren, her geschlossen –, ist darum schwer zu fassen. Überragende Forscherpersönlichkeiten wie F. W. Walbank (um nur diesen neben anderen exemplarisch herauszugreifen), der wie kaum ein anderer diesen Historiker „durchdrungen" hat[1], lassen auf der anderen Seite nachfolgenden Generationen kaum einen „Platz" – scheint es.

Ohne das Werk des Polybios wäre eine Geschichte der Mittelmeerwelt nicht auf diesem Niveau zu schreiben. Daran ändert auch die Feststellung nichts, dass die Glaubwürdigkeit des Autors[2], die prinzipiell in diesem Werk mit den dort angesprochenen Grenzen (S. 121-133) auch mit Bezug auf die dokumentarische Quellenlage (S. 114-120[3]) – dieser Schatz

---

[1] B. GIBSON – Th. HARRISON (Hrgg.), Polybius and his world. Essays in memory of F.W. Walbank, Oxford 2013.

[2] J. SCHERR – M. GRONAU – S. SARACINO (Hrgg.), Polybios von Megalopolis. Staatsdenken zwischen griechischer Poliswelt und römischer Res Publica, Baden-Baden 2022. Hier m.E. führt der Weg zum Selbstverständnis, auch zum Verständnis von Inkonzinnitäten im Werk des Polybios über die Interpretation der Bemühungen als empirischer Forscher, der dann eben auch über seine eigenen aufgestellten Regeln zur Erfassung großer Zusammenhänge bei der Erörterung des Einzelfalles „stolpert": ebd. B. DREYER, Polybios als empirischer Forscher vor dem Hintergrund seiner Vita, S. 75-113.

[3] B. DREYER, Polybios und die hellenistischen Monarchien, in: V. GRIEB – Cl. KOEHN, Polybios und seine Historien, Stuttgart 2013, S. 233-249, zu den Grenzen objektiver und historisch korrekter Wiedergabe im Falle der Zeugenbefragung, insbesondere bei den Geschehnissen an den Höfen.

ist immer noch nicht vollständig gehoben – bestätigt wird, in Einzelaussagen angezweifelt werden kann. Dazu ist viel erschienen, was hier nicht im Einzelnen diskutiert werden kann, aber auch – hinsichtlich der generellen Feststellung – nicht muss. Denn es bleibt die ganz wesentliche Absicht des Buches – auch in der zweiten Auflage, die nur in ganz eng abgestecktem Rahmen Änderungen zulässt –, das Verständnis des Werkes des Historikers (auch aus den Lebensumständen heraus) zu ermöglichen, nicht aber, eine Diskussion der Forschung zu liefern, was den Rahmen sprengen würde. So seien auch in der Einleitung zur zweiten Auflage nur einige wenige Aspekte angesprochen: Wenn Polybios für sich in Anspruch nimmt, objektiv zu sein und die historische Wahrheit methodisch konsequent anzustreben (S. 69-74), so wird dieses Bestreben aus narratologischer Perspektive mit uneinheitlicher Konsequenz am lebendigsten besprochen. Einmal thematisiert sie es anlässlich des Verhältnisses von Livius und Polybios, das andere Mal anlässlich der Umsetzung eigener Maßstäbe vornehmlich in den im Original erfassbaren Passagen des achäischen Historikers.

Indirekt ist die polybianische Glaubwürdigkeit bei der Beschäftigung mit den Quellen des Livius betroffen, des treuesten Abschreibers des Polybios in der vierten und fünften Dekade – wie wir seit Heinrich Nissen[4] annehmen dürfen. Im Nachhinein können wir uns glücklich schätzen, dass der römische Historiker zu zwei Dritteln[5] aus Polybios abgeschrieben hat (hier S. 34-36), für die Ereignisse im Osten im Wesentlichen – und hier hat er die Glaubwürdigkeit, die auch Polybios zuerkannt wird[6]. Es ist daher bedauerlich, dass Livius die in seiner Vorlage zum Verständnis der Zusammenhänge wichtige Bedingtheit der Ereignisse in West und Ost dadurch zerschlagen hat, dass er sie durch die Darstellung der annalistischen Autoren (Antias, Claudius?) ersetzte. In der Auseinandersetzung mit dem livianischen Traditionsgut hat die moderne kritisch-philologische Dekons-

---

[4] H. NISSEN, Kritische Untersuchungen über die Quellen der vierten und fünften Dekade des Livius, Berlin 1863; S. 18-35 über das Verhältnis der livianischen Darstellung zum erhaltenen polybianischen Material; S. 53-85 über die Rückführung livianischen Materials auf nicht-erhaltenes polybianisches Material.

[5] U.a. P.G. WALSH, Livy. His Historical Aims and Methods, Cambridge 1961, reprint 1963, S. 135; 140-141.

[6] WALSH S. 139ff. – Nur die Aufweichung der Kriterien für die Annahme der Nutzung des Polybios durch Livius kann hier die Sicherheit der Identifizierung polybianischen Materials und umgekehrt das Vertrauen in die Glaubwürdigkeit des Livius in diesen zusätzlichen „polybianischen" Teilen unterminieren, wenn nicht vorsichtig verfahren wird, s.u.

Vorwort zur zweiten, durchgesehenen Auflage (2024)　　XIII

truierung des „Sagenguts" in Livius durch Barthold Niebuhr am Anfang des 19. Jahrhunderts (in Auseinandersetzung mit Machiavelli, wenn auch nicht immer erfolgreich) eingesetzt und damit ist die historisch-kritische Methode der Quellenforschung begründet worden. Neben dem durch Nissen für die Bücher 31-45 auf Polybios zurückführbaren Material (hier dazu S. 29-58) kann der Ablauf der Ereignisse für Rom und den Westen nur nach den annalistischen Quellen mit Argumenten der Plausibilität ermittelt werden. Wegen des Zeitkontingents, des literarischen Anspruchs und der patriotischen Haltung empfahl sich sowohl die ältere, als auch insbesondere die jüngere Riege der lateinisch schreibenden Annalisten für eine Transferierung, wobei hier die Darstellung des Polybios z.T. bereits verarbeitet war, aber eben nicht mit der ihm eigenen Perspektive der Symploké ab 216, die der Oikumenegeschichte (hier S. 91) zugrunde liegt. Dadurch werden Zusammenhänge sträflich zerschnitten[7], die man an einigen Stellen im livianischen Bericht gut verifizieren kann.

Die dritte Dekade für die Ereignisse in Livius mit Beginn des Hannibalkrieges ist hinsichtlich der Quellenwahl und Quellenbenutzung durch Livius umstritten geblieben. Nissen hat sich eines Urteils enthalten. Es hat sich eine „traditionelle Sicht"[8], eine Sicht, die durch Tränkle[9] vertreten wurde, und neuerdings eine Sicht aus der narratologischen Perspektive mit Levene herausgebildet[10].

---

[7] B. DREYER, Die römische Nobilitätsherrschaft und Antiochos III., Hennef 2007, S. 87-99.

[8] Besonders WALSH (1963); T.C. LUCE, Livy. The Composition of his History, Princeton NJ 1977; J. VON UNGERN-STERNBERG, Livy and the Annalistic Tradition, in: B. MINEO (Hrg.), A Companion to Livy, Chichester 2015, 167-177, bes. 169.

[9] H. TRÄNKLE, Livius und Polybios, Basel 1977, bes. S. 193-242. Positiv E. BURCK (Rezension), Gnomon 51, 1979, S. 657-664, bes. 663; F. RÖMER (Rezension), Wiener Studien 92, 1979, S. 235-236, bes. 236. Kritisch J.W. RICH (Rezension), JRS 68, 1978, S. 226-227; J. BRISCOE (Rezension), CR 28, 1978, S. 267-269; A.B. BREEBART (Rezension), Mnemosyne 33, 1980, S. 425-428.

[10] D.S. LEVENE, Livy on the Hannibalic War, Oxford/New York 2010; ders., Allusions and Intertextuality in Livy's Third Decade, in: B. MINEO (Hrg.), A Companion to Livy, Chichester 2015, S. 205-216. Positiv A.H. LUSHKOV (Rezension), JRS 101, 2011, S. 277-278; A. FELDHERR (Rezension), Gnomon 84, 2012, S. 115-119; M. JAEGER (Rezension), CR 62, 2012, S. 167-169; D. HOYOS (Rezension), Mnemosyne 66, 2013, S. 530-533; s.a. ders., Rome and Carthadge, in: A Companion to Livy, hrg. v. B. MINEO, Chichester 2015,

Die „traditionelle" Sicht sieht eine Nutzung des Polybios für die Ereignisse in Griechenland, Sizilien, Afrika und vielleicht Tarent durch Livius ab dem 24. Buch[11]. Vorab seien polybianische Substrate durch eine gemeinsame Quelle[12] oder durch eine Mittlerquelle (annalista polybiana) – etwa Coelius Antipater[13] – zu erklären.

Tränkle hat dagegen keine direkte Nutzung des Polybios durch Livius in den Büchern 24-30 gesehen, da die vier Kriterien der direkten Nutzung des Polybios, die Tränkle auch für die vierte und fünfte Dekade verifiziert[14] (hier zur Nutzung des Polybios durch Livius: S. 34-36), sich nicht geändert hätten. Daher seien Coelius Antipater und die späteren Annalisten der Zeit Sullas für die dritte Dekade als Mittler für die Ereignisse in Syrakus, Tarent, Griechenland und Afrika anzunehmen[15]. Die von Tränkle

---

S. 369-381, bes. S. 370; F. MONTANARI – A. RENGAKOS, Introduction, in: Polybius and his Legacy, hrg. v. F. MONTANARI – A. RENGAKOS, Berlin – New York 2018, S. 1-9, bes. S. 5.

[11] Livius habe dagegen vor dem 24. Buch seine Darstellung mit dem Material aus Polybios nur korrigiert oder erweitert, etwa bei der Belagerung Sagunts (Liv. 21,15,3; Polyb. 3,17) oder durch die Angaben über die Truppenstärke Hannibals nach der Überquerung der Alpen: Liv. 21,38,2, s. WALSH, S. 124. Ab dem 24. Buch ist Polybios WALSH gemäß (S. 125) Hauptquelle. Für WALSH ist Coelius Antipater die Informationsquelle für die ersten Jahre des Hannibalkrieges in Italien und Spanien, Valerius Antias für die späteren Bücher der dritten Dekade (WALSH, S. 126-128). VON UNGERN-STERNBERG (S. 168f.), LUCE (S. 161-165) und WALSH (S. 127f.) glauben, dass der Bericht durch Bezüge auf Cato, Fabius Pictor und Silenos erweitert wurde, während andere auch diese Passagen durch spätere Annalisten vermittelt sehen.

[12] LUCE (1977), S. 178.

[13] LUCE (1977), S. 179-180.

[14] TRÄNKLE, S. 73-191. Vier Arten identifizierte Tränkle für die 4. und 5. Dekade, in denen Livius das polybianische Original veränderte: durch Kürzungen, durch Erweiterung und Ausgestaltung, durch patriotische Veränderungen, durch Missverständnisse. LUCE, S. 205, hält dagegen drei Arten der Adaption für wahrscheinlich: genaue Adaption, gründliche Überarbeitung, weitgehende Kürzungen. LUCES Vorschläge sind gegenüber TRÄNKLES Analysen wesentlich spekulativer.

[15] TRÄNKLE, S. 222-223, mit betonter Ablehnung der „traditionellen" Sicht einer begrenzten Übernahme Polybios' durch Livius oder einer gemeinsamen Quelle (Lucius Cincius Alimentus) für beide Autoren in den frühen Büchern der 3. Dekade, S. 222-228, anhand der Zahlen zur Armee Hannibals vor (Fokus: Siche-

Vorwort zur zweiten, durchgesehenen Auflage (2024)   XV

ausgemachten Kriterien der Nutzung des polybianischen Materials durch Livius festigen trotz aller Kritik an seinen Ergebnissen das Mindestausmaß des (sicher) polybianischen Quellengutes in Livius.

Levene argumentiert gegen Tränkles rigide Kriterien der Nutzung des Polybios[16] und erkennt eine dialogische Relation zwischen Livius' Darstellung und polybianischer Vorlage[17]. Folglich werden die rigiden Kriterien der Nutzung bei Levene aufgeweicht – mit dem Postulat, dass die Art der Quellennutzung des Livius sich ändert[18], und zwar bemerkenswerter Weise, indem man annehmen muss, dass die Souveränität des Umgangs mit der Quelle „Polybios" abnimmt.

---

rungsmaßnahmen in Spanien und Afrika): Liv. 21,12-22,4 (vgl. Polyb. 3,33,7-16 mit Verweis auf die Inschrift auf Lacinium) und nach dem Alpenübergang: Liv. 21,38,2 mit Verweis auf Alimentus, der Gefangener Hannibals gewesen sein wollte (vgl. Polyb. 3,56,4 mit Verweis auf die Inschrift von Lacinium).

[16] LEVENE kritisiert die Kriterien TRÄNKLES für die Nutzung des Polybios durch Livius in den Büchern 31-45 als zu rigide (S. 129) und argumentiert dort für eine freiere livianische Übertragung von Passagen aus Polybios (S. 129-131). Auch für die dritte Dekade erkennt LEVENE eine freiere Nutzung des Polybios, aber auch der anderen Quellen (Coelius Antipater) in einer Darstellung. Die livianische Darstellung habe in der dritten Dekade eine höhere literarische Qualität (S. 132-135). Für Buch 21 und 22 erkennt er ebenfalls die livianische Abhängigkeit von Polybios, auch bei inhaltlichen Differenzen, aber eben Ähnlichkeiten in Erzählstrukturen (zuungunsten einer gemeinsamen oder auch intermediären Quelle, S. 143f., 146f.) – für eine Zeitphase, für die auch Polybios die Unzuverlässigkeit der Quellen und besondere eigene Rechercheaktivitäten betonte (S. 136-140 und 143-144). – Dementsprechend sind LEVENES Thesen zu den Arten des Umgangs des Livius mit der polybianischen Darstellung wesentlich „weicher": s. LEVENE, Allusions and Intertextuality in Livy's Third Decade, in: B. MINEO (Hrg.), A Companion to Livy, Chichester 2015, S. 205-216, bes. 209-211.

[17] LEVENE (147-153: Beispiel der unterschiedlichen Reaktion der Truppen auf die Konfrontation mit den Alpen; 155ff.: Generalisierung).

[18] Auch BRISCOE, nach dem Livius die Überlegenheit des Polybios erst mit der Zeit erkannt habe, die zu freieren Zitaten ab Buch 31 geführt hätte, (Rezension von TRÄNKLES Werk), CR 28, 1978, S. 268. RICH und BREEBART lassen Livius die Kläglichkeit der annalistischen Quellen für den Osten erst später erkennen, J.W. RICH (Rezension von TRÄNKLES Werk), JRS 68, 1978, S. 226f.; A.B. BREEBART (Rezension von TRÄNKLES Werk), Mnemosyne 33, 1980, S. 427.

Damit steht Levene in der Tradition der Narratologie und der Quellenforschung gleichermaßen. Die Narratologie nahm ihren Ausgang in der Etablierung als wissenschaftliches Erkenntnisinstrument ab den 1960er Jahre im „narrative turn"[19]. Dieser Zugang beherrscht den englischsprachigen Raum der althistorischen Forschung fast völlig. Der Quellenforschung gegenüber wird dabei der Erkenntniswert – aus gegenläufigen, sich widersprechenden Inhalten auf verschiedene Quellen zu schließen[20] – in seiner zwingenden Notwendigkeit bestritten. Im „Companion to Livy" aus dem Jahr 2015 sind die Artikel zu Quellenforschungsfragen in der Minderheit, mit rechtfertigender Abgrenzung zu früheren Methoden der Quellenforschung. Die narratologischen Herangehensweisen überwiegen[21].

Levenes Thesen zur dritten Dekade folgend würde sich das polybianische – und damit unbestreitbar zuverlässigere historische – Material vermehren. Doch ist Vorsicht geboten: das so für Polybios „gewonnene" Material hat durch die Aufweichung der methodischen Zuordnungskriterien

---

[19] Die Kritik an der mangelnden Stichhaltigkeit der Ergebnisse (TRÄNKLE S. 15-16) gesellte sich zu einer Änderung der Forschungsinteressen in den Geisteswissenschaften unter dem Begriff *narrative turn* ab den 1960ern: G. ROBERTS, Introduction: The History and Narrative Debate, 1960-2000, in: G. ROBERTS (Hrg.), The History and Narrative Reader, London – New York 2001, S. 1-21, bes. S. 1 und 13 und Anm. 48.

[20] J. BRISCOE, Livy's Sources and Methods of Composition in Books 31-33, in: J.D. CHAPLIN – C.S. KRAUS (Hrgg.), Livy, Oxford – New York 2009, S. 461-475, bes. 464: „If Livy was capable of including in his history elements which contradicted one another, there is no reason why one of his predecessors should not have done so". Vgl. LUCE, S. 165-169.

[21] J.H. RICHARDSON, The Complications of Quellenforschung: The Case of Livy and Fabius Pictor, in: B. MINEO (Hrg.), A Companion to Livy, Chichester 2015, S. 178-189, bes. S. 178f.; J. VON UNGERN-STERNBERG, Livy and the Annalistic Tradition, in ebd., S. 167-177, S. 168f. – Schon K.-E. PETZOLD beklagt den Mangel an Interesse an der Quellenforschung, den er auf die englischsprachigen Forschungen zurückzuführen scheint, in: Rez. zu „LEIDIG, Tilmann, Valerius Antias und ein annalistischer Bearbeiter des Polybios als Quellen des Livius, vornehmlich für Buch 30 und 31, Frankfurt 1994", HZ 262, 1996, S. 538-540. – Chr. DIETZ zur historisch-kritischen Methode und „deutschen" Quellenforschung: Ciceros *De natura deorum* und die deutsche Quellenforschung, in: Chr. DIETZ – Chr. SCHUBERT (Hrgg.), Zwischen Skepsis und Staatskult. Neue Perspektiven auf Ciceros *De natura deorum*, Stuttgart 2022, S. 95-116.

Vorwort zur zweiten, durchgesehenen Auflage (2024)   XVII

nicht automatisch historisch höhere Wertigkeit erlangt[22]. Es ändert sich nur die Perspektive: früher hat man dem annalistischen Material unterschiedliche Qualitäten zuordnen wollen[23]. Die Sicherheit ist dann trügerisch, die Historizität höchstens plausibel. Aber immerhin: im Bereich der Überschneidungen, im Bereich des Tertium Comparationis, liegt von der narratologischen Seite her und von der Seite der Quellenforschung ein Bereich einer komplementär gewonnenen Sicherheit. Den gleichen Weg geht Chr. Baron[24], der durch den Vergleich von Livius und Polybios Rückschlüsse zur Methodik des Livius und Polybios macht.

Narrative und andere Ansätze überprüfen direkt die Darstellung des Polybios auf die Kohärenz mit den eigenen Vorgaben. Dies erfolgt aus mehreren Gründen für die Passagen mit einem Schwerpunkt, in denen Polybios im Original (in den ersten 5 Büchern) erhalten ist, die insofern eine Besonderheit darstellen, als Polybios von anderen Quellen im Vergleich zur Zeit ab 220 und besonders ab 200 v. Chr. abhängt (S. 95-120). Die pointierte Auseinandersetzung des Polybios mit Historiographen als Vertretern populärer historiographischer Methoden oder als herausragenden und eben vielgelesenen Autoren rief die Aufmerksamkeit moderner Historiker auf den Plan, ihn der Inhalte seiner Kritik am eigenen Text zu überführen oder die Kritik des Achäers begrifflich zu relativieren.

Zu nennen wären etwa tatsächliche oder vermeintliche Fehler der Geographie – deren Kenntnis Polybios fordert (S. 94) –, die Darstellung mit tragischen Elementen – obwohl Polybios die Vermeidung affektheischen-

---

[22] S. etwa die von LEVENE aufgeführten Beispiele, die den dialogischen Charakter zwischen polybianischem Original (sowie anderen Quellen) und livianischer, „kritisch antwortender" Darstellung für die Bücher der dritten Dekade angäben, s. LEVENE 2010, S. 155ff.

[23] Wie ganz vorsichtig J. BLEICKEN, Geschichte der römischen Republik, München 1992 (4. Aufl.), S. 131 (röm. Stadtchronik gegenüber dem „Wust annalistischer Übertreibungen und Erfindungen"); J.P.V.D. BALSDON, Some Questions about Historical Writing in the Second Century BC, Classical Quarterly 3, 1953, S. 158-164 (Nutzung der Annales Maximi durch die späten Annalisten); dagegen bezogen auf unsere Diskussion (WALSH, S. 89f.; LUCE, S. 180, Anm. 98, für die Annalistik in der Gesamtheit, s. auch Bleicken) mögen einzelne – wie Coelius Antipater – positiver zu beurteilen sein.

[24] Chr. BARON, The Historian's Craft: Narrative Strategies and Historical Method, in: F. MONTANARI – A. RENGAKOS (Hrgg.), Polybius and his Legacy, Berlin – Boston 2018, S. 203-224.

der Darstellungen postuliert (S. 97[25]) –, der patriotischen Positionierung – obwohl Polybios eine neutrale Haltung zu Freund und Feind, Kritik in gleicher Streuung und sachorientiert gewährleisten möchte (S. 91-92, 98). Aber auch die polybianische Darstellung im zweiten Buch etwa zur achäischen Geschichte (S. 59-62) oder zum Ausbruch des Hannibalkrieges (S. 69-74) und zum Weg über die Alpen stehen unter dem Verdacht einer unausgewogenen Ponderierung (s.o. zu Levene). Die Vorwürfe wiegen schwer, denn es handelt sich um Passagen, in denen der polybianische Bericht im Original erhalten ist. An den anderen Stellen wäre dies kaum aus der Darstellung heraus konsequent nachzuweisen. Unverständlicherweise aber wird Polybios immer noch als prorömischer Handlanger gesehen[26] – ein Vorwurf, der mittlerweile nur wider besseren Wissens erfolgen kann (S. 69-74). Das heißt nicht, dass er ungerechtfertigter Weise für den einen oder anderen Position beziehen kann oder Rom positiver als etwa Aitolien sieht. Aber das hindert ihn auch nicht, diejenigen, die er lobte, an anderer Stelle zu kritisieren und umgekehrt: etwa die bei den Griechen unbeliebten Aitoler (S. 70)[27]. So hat die alte Regel zu gelten: Solange der Bericht

---

[25] Frank Walbank's Philippos Tragoidoumenos: Polybius' account of Philip's last years, in. B. GIBSON & TH. HARRISON (Hrgg.), Polybius and his World. Essays in Memory of F.W. Walbank, Oxford 2013, S. 201-212. S.a. J. MARINCOLA, Polybius, Phylarchus, and 'Tragic History': A Reconsideration, in: ebd.: S. 73-90. Zur Psychologie u.a. bei Polybios s. D. ROTHMANN, Psychologie in der hellenistischen Geschichtsschreibung, Stuttgart 2023, am Beispiel Philipps V., S. 56/57-60. – M.E. gewinnen wir für die Psychologie der Herrscher bei Polybios mehr durch eine Zusammenschau aller Herrscher, deren Bewertung unter quellenkritischen Gesichtspunkten von Polybios als problematisch befunden wurde: B. DREYER, Polybios und die hellenistischen Monarchien, Veröffentlichung eines Konferenzbeitrages in Hamburg 2010, hrg. v. V. GRIEB – C. KOHN (Hrgg.), Polybios und seine Historien, Stuttgart 2013, S. 233-249. Interessant sind die Psychologie der Akteure auch vor dem Hintergrund der medizinischen Erklärungsmodelle des Polybios: B. DREYER, Harmonie und Weltherrschaft. Die Stasis bei Polybios, in: H. BÖRM - M. MATTHEIS - J. WIENAND (Hrgg.), Civil War in Ancient Greece and Rome. Contexts of Disintegration and Reintegration, Stuttgart 2015, S. 87-98.

[26] H. HALFMANN, Livius und Polybios, in: hrg. v. V. GRIEB – C. KOHN (Hrgg.), Polybios und seine Historien, Stuttgart 2013, S. 56, der diese von einer römischen Geschichtskonstruktion geprägt sieht, wiewohl eindeutig die Kriegsschuld am Hannibal-Krieg bei Rom liege, Polyb. 3,26-29, bes. 30.

[27] S. nur die positive, geradezu prognostische Funktion, die mottogebend für die

nicht eindeutig gegen Tatsachen verstößt, ist der Bericht des Historikers zu akzeptieren.

Polybios versucht, angesichts der Komplexität seines Stoffes umfassende Erklärungsmodelle zu benennen, bestätigt aber nicht konsequent in der konkreten Darstellung seine eigenen „Regeln", um historisch glaubwürdig am Einzelfall sein Urteil zu fällen. Daher hat seine „Tyche" mehrere Facetten (S. 83-86). Die teleologische, positiv konnotierte Sicht des oikumenegeschichtlichen Ablaufs für den ersten Teil wird durch die pessimistische Sicht der letzten 10 Bücher ersetzt (S. 58-68). Die Feststellung eines römischen Welteroberungsplanes („Schema") bei Polybios harmoniert nicht mit der empirischen Darstellung der zurückhaltenden römischen Politik nach 200 (S. 91). Die komplexe Theorie der Kriegsschuldfrage hindert unseren Historiker nicht an einer Klärung der Ursachen am Einzelfall (S. 74-77). Wie aber können wir, ob wir nun der traditionell historisch-kritischen Methode, der narratologischen Perspektive oder einem anderen erkenntnisleitenden Verfahren anhängen[28], und da wir uns nun einmal selbst der zeitlichen und persönlichen Bedingtheit des Urteilens bewusst sind, uns über einen Autor dieses Formats erheben, der sich eines solchen Stoffes angenommen hat!

Erlangen, Dezember 2023   Boris Dreyer

Symploké der Aitoler Agelaos aus Naupaktos erfüllt, Polyb. 5,103-5.
[28] Chr. DIETZ, 2022, S. 97-103.

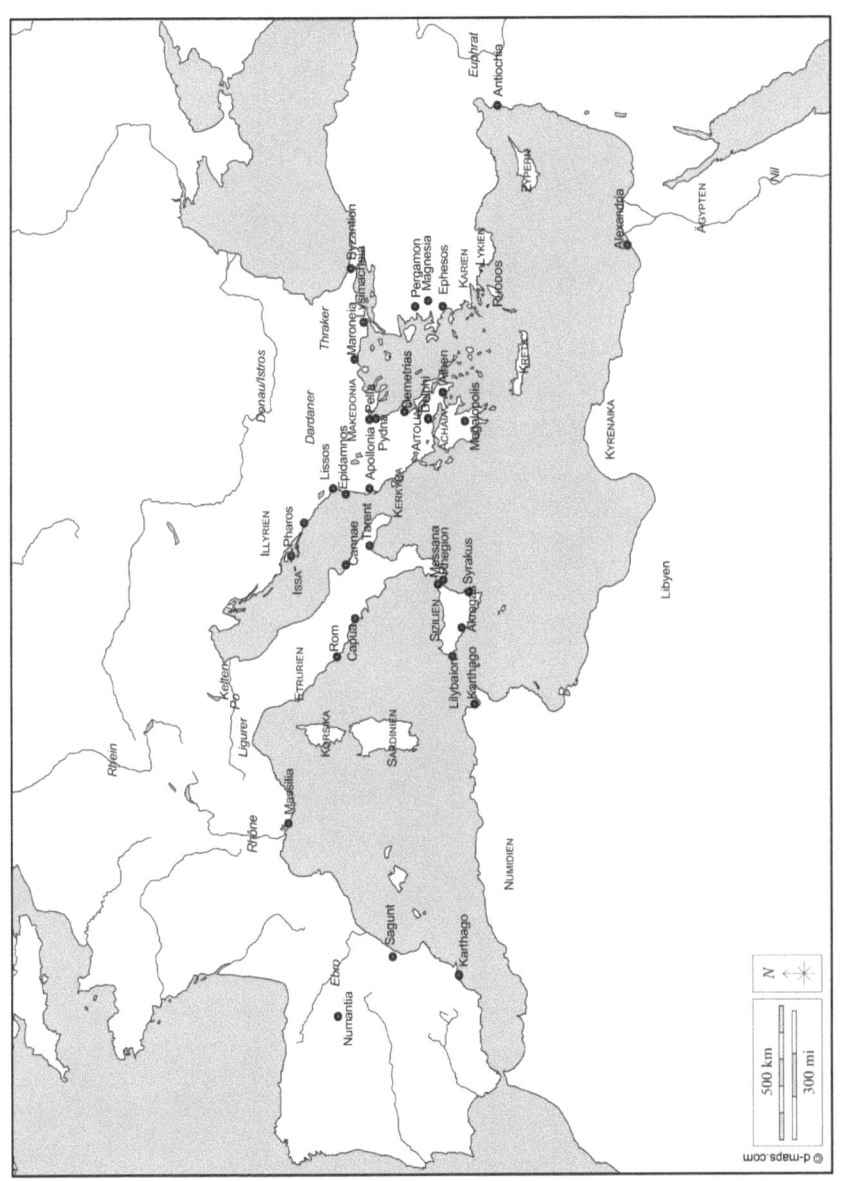

S. 1: Karte des Mittelmeers mit wichtigen Städten, Staaten, Stämmen und geographischen Bezeichnungen für das Leben und die Historien des Polybios (https://d-maps.com/carte.php?num_car=5860&lang=de#google_vignette)

S. 3: Ehrenrelief aus dem arkadischen Kleitor (Peloponnes), das nach überwiegender Forschungsmeinung den Historiker und Staatsmann Polybios darstellt (P. C. Bol – F. Eckstein, Die Polybios-Stele in Kleitor/Arkadien, in: Antike Plastik, Lieferung XV, Teil 1-9, hrsg. v. DAI, Berlin 1975, S. 85-93 und Tafel 40-41). Umzeichnung von Inga Günther nach dem Gipsabguss in der Antikensammlung der Universität Erlangen - Nürnberg

Abkürzungen

- BW = Th. BÜTTNER-WOBST, Polybius, Historiae, Leipzig (Teubner), Band I ^{2}1902, Band II-IV 1889-1904 (ND 1963). Die Anordnung der Fragmente in dieser Edition ist hier zugrunde gelegt, mit Ausnahme explizit angesprochener Zusätze.
- FGH = Karl MÜLLER, Fragmenta historicorum Graecorum. Collegit, disposuit, notis et prolegomenis illustravit, 5 Bde., Paris 1841-1870.
- FGrHist = Felix JACOBY, Die Fragmente der griechischen Historiker, 15 Bde., Berlin – Leiden 1932-1958.
- FRH = Hans BECK – Uwe WALTER (Hrgg.), Die frühen römischen Historiker, vol. I (2. Auflage): Von Fabius Pictor bis Cn. Gellius, Darmstadt 2005; vol. II Von Coelius Antipater bis Pomponius Atticus, Darmstadt 2004.
- IAG = Luigi MORETTI, Iscrizioni agonistiche greche, Rom 1953.
- Livius (P) = Passagen der Darstellung des Livius, die auf Polybios' Bericht beruhen.
- NISSEN, KU = Heinrich Nissen, Kritische Untersuchungen über die Quellen der vierten und fünften Dekade des Livius, Berlin 1863.
- RDGE = R.K. SHERK, Roman Documents from the Greek East. Senatus Consulta and Epistulae to the Age of Augustus, Baltimore 1969.
- StVA III = Hatto H. SCHMITT, Die Staatsverträge des Altertums, Dritter Band: Die Verträge der griechisch-römischen Welt von 338 bis 200 v. Chr., München 1969.
- Syll^3 = Wilhelm DITTENBERGER, Sylloge inscriptionum Graecarum, Dritte Auflage, 3 Bde., Leipzig 1915-1921.
- WALBANK, Comm. = Frank W. WALBANK, A Historical Commentary on Polybius, Oxford: Bd. 1, 1957; Bd. 2, 1967; Bd. 3, 1979.

I. Leben

Polybios kam als Sohn des achäischen Politikers Lykortas[1] in der südarkadischen Stadt Megalopolis am Ende des 3. Jahrh. v. Chr. zur Welt. Seine Heimatstadt war als *Synoikismos* (Zusammensiedlung) nach dem Untergang der spartanischen Vormacht in der Peloponnes entstanden, der mit der Schlacht bei Leuktra im Jahre 371 einherging. Polybios war der erste bekannte Grieche dieses Namens, da „*noch niemand bis auf unsere Zeit diesen meinen Namen genauso erhalten hat, soweit uns wenigstens bekannt ist*"[2].

Sein Vater durchlief eine glänzende politische Karriere und wurde für seinen Einsatz mit Statuen und Ehrungen belohnt[3]. Er war mehrfach *Strategos*, demnach Inhaber des höchsten Amtes im Achäischen Bundesstaat.

Der Stammbaum seiner Familie lässt sich folgendermaßen herstellen[4]:

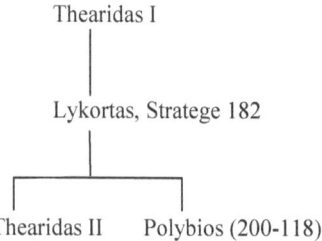

Die Familie des Lykortas und seines Sohnes Polybios hatte enge politische und persönliche Beziehungen zu dem mehrfachen Strategen Philopoimen (gest. 183), der ebenfalls oft geehrt wurde und etliche Statuen erhalten hatte[5].

---

[1] DNP s.v., dort allerdings missverständlich als „Exponent eines begrenzten Widerstandes" charakterisiert, weil er der „Partei" des Philopoimen angehörte, die auf der Einhaltung des *foedus aequum*, des Vertrages auf formal gleichberechtigter Basis beharrte. Dieser Vertrag zwischen dem achäischen Bundesstaat und Rom gehört vermutlich in das Jahr 194 v. Chr. (vgl. Polyb. 39,3,4-8).

[2] Polyb. 36,12,5.

[3] Seine Statuen Polyb. 36,13,1. Syll³626.

[4] Vgl. DITTENBERGER bei Syll³626.

[5] Seine Statuen Polyb. 39,3,1-11; zu den beschrifteten Dachziegeln s.u.

Vielleicht hatten die Familien des Philopoimen und des Polybios gar untereinander geheiratet[6]. Immerhin fühlte sich der Historiker dem politischen Erbe des Philopoimen sehr verpflichtet. In der Kaiserzeit sind mehrere Flavii Polybii belegt, die möglicherweise der Familie des Polybios angehörten[7].

Eventuell hat sich ein Portrait unseres Historikers erhalten, wenn Milchhöfers Identifikation[8] eines Kriegerreliefs von Kleitor in Arkadien richtig ist, das in die Zeit um 145 v. Chr. gehört[9].

Nach Pausanias hat es in Megalopolis auf dem Marktplatz nahe am Buleuterion im heiligen Bezirk des Lykaischen Zeus eine weitere Reliefstele des achäischen Historikers gegeben, mit einer Inschrift in elegischen Versen. Sie wiesen ihn als Mann aus, der alle Gegenden bereist hatte, Verbündeter Roms gewesen war und eine Geschichte geschrieben hatte, unter anderem darüber, wie Rom mit Karthago aneinander geriet. Diese Verse beschrieben weiter, wie Polybios nach seiner Rückkehr in Megalopolis und in den anderen Städten des Bundesstaates Achaia Verfassungen und Gesetze auf Veranlassung der Römer erlassen hat[10].

Die *vita* lässt sich vornehmlich aus dem Hauptwerk des Historikers rekonstruieren. Seine Geburt kurz vor 199 v. Chr. ergibt sich aus einer Kombination von Angaben: Polybios ist im Jahre 169 Hipparch gewesen. Das Amt war die zweithöchste Position im achäischen Bundesstaat[11]. Vermutlich bekleidete er dieses Amt unmittelbar nach der Überschreitung des Mindestalters von 30 Jahren. Eine Äußerung Ps.-Lukians unterstützt das hergeleitete Geburtsdatum[12]. Danach ist Polybios mit 82 Jahren

---

[6] K. ZIEGLER, RE 42. Hbd. 1952 s.v. nr. 1, Sp. 1445. Dafür Dittenberger im Kommentar zur Ehrung für Lykortas, den Vater des Polybios, in Epidauros: Syll³626.

[7] Syll³893; IG V 1, 1456 kaiserzeitlich; vgl. Dittenberger, Arch. Ztg. 1877, 193, nr. 101 u. 102, s. RE 1462.

[8] Arch. Ztg. 1881, 154ff.

[9] K. Ziegler, RE 1462-3, s. Abb. Schefold, Bildnisse der antiken Dichter, Redner und Denker, Basel 1943, 147; 213. Diskussion über die Frage der Gleichsetzung mit dem Historiker s. bei C. Bol – F. Eckstein, Die Polybios-Stele in Kleitor/Arkadien, Antike Plastik, Berlin, Bd. 15, 1975, S. 83-93 und Tafel 40b.

[10] Pausanias 8,30,8-9, vgl. Ehrung in Mantineia 8,9,1-2 (Stele); im Tempel von Pallantion 8,44,5 (Statue); Heiligtum von Eileithyia 8,48,8 (Stele).

[11] S. vor allem im Bericht über die Ereignisse in den Fragmenten aus Polybios' Buch 28.

[12] Makrobioi 23.

vom Pferd gefallen und gestorben. Dies ist in jedem Fall nach 120 v. Chr. geschehen, da er eigenen Aussagen zufolge den Bau der *Via Domitia* noch erlebte. Der Bau dieser Straße in Südfrankreich ist zugleich das letzte datierbare Ereignis in Polybios' Werk[13], der erst nach 121, also nach dem römischen Sieg über die Averner, erfolgte. Schwerlich jedoch lässt sich das Geburtsdatum des Historikers soweit hoch datieren, dass wir der Angabe aus der byzantinischen Wörter- und Begriffssammlung aus dem 10. nachchristlichen Jahrhundert gerecht werden können. Dieser Quelle zufolge soll nämlich Polybios unter dem König Ptolemaios Euergetes geboren sein[14]. Der dritte Ptolemäer-König ist jedoch bereits im Jahre 221 v. Chr. gestorben.

Die Bildung des Historikers lässt sich nur indirekt erschließen. Hinweise liefern das für reiche Familien erreichbare Bildungsprogramm rhetorischer und philosophischer Schulen, das in Ehrungen der Zeit angesprochen wird – sowie die stilistischen Mittel, die der Historiker in seiner Darstellung einsetzte. Viel ist dazu geschrieben worden[15]. Polybios selbst hat sich über das ‚Bildungsprogramm' der Arkader, der Landschaft, in der seine Heimatstadt liegt, geäußert[16]. Er beschreibt eine musische, „die wirkliche musische" Erziehung, mit der auch die aktive körperliche und geistige Aneignung und Verinnerlichung der Rhythmen und Inhalte des Liedguts als Pflege der Tradition und Geschichte verbunden gewesen sei. Das Ergebnis sei eine Tugendhaftigkeit gewesen, die den Arkadern unter den Griechen zu einer hohen Reputation verholfen habe. Auch Polybios hat diese Erziehung genossen. In seinem Hauptwerk lässt sich hiervon allerdings wenig konkret fassen[17].

Manche Indizien lassen sich jedoch Polybios' eigenen Äußerungen entnehmen, die eine differenzierte Kenntnis der griechischen Literatur

---

[13] Polyb. 3,39,8.
[14] Suidas s.v. Für das Geburtsdatum 208/207 argumentieren Dubuisson 1980, S. 74 u. Ferrary 1988, S. 283-284, Anm. 69.
[15] S. SCALA (1890); ZIEGLER RE 1464-1472. S. unten zum Stil des Polybios S. 133f.
[16] Polyb. 4,20,1-21,4.
[17] Das Verhältnis des Polybios zur bildenden Kunst scheint vielmehr ganz allein von der abgeleiteten, militärischen oder politisch-sozialen Wirkung her geprägt zu sein, s. zur Bildungsreise des Aemilius Paullus, Polyb. 30,13-17, sowie anlässlich der römischen Totenehren 6,53; s.a. 4,78,5: das Athena-Standbild wird zwar als schön beschrieben, jedoch ist der Anlass für diese Einschätzung bedauerlicherweise nicht bekannt; vgl. 10,24,7: der Vergleich zwischen Hausbau und Heeresaufbau nach einem Zitat aus Demetrios von Phaleron.

und Historiographie voraussetzen[18]. Seine Vertrautheit mit der griechischen Kultur und Geschichte ist an zahlreichen Passagen seines Werkes ablesbar[19]. Manche Verwendungsbereiche des *Tyche*begriffs in den Historien könnten auf eine gewisse Vertrautheit mit der stoischen Auffassung des allgegenwärtigen Prinzips (*logos*) deuten. Persönliche Kontakte zu Vertretern dieser Schule gab es in jedem Fall, weil der achäische Historiker den jüngeren Zeitgenossen Panaitios, das Haupt der Stoa in Athen seit 129, in den sog. Scipionenkreis eingeführt haben soll. Eine Kenntnis der Staatsschriften des Aristoteles und seiner Schule, aber auch allgemein staatsphilosophischer Schriften setzen seine Bemühungen voraus, die römische Verfassung mithilfe griechischer Verfassungstheorien einem griechischen Publikum besonders in den noch erhaltenen einleitenden Passagen des 6. Buches nahe zu bringen[20]. Die in geschichtsphilosophischer Hinsicht bedeutsame Rolle der *Tyche* im polybianischen Werk lässt auf die Kenntnis zumindest der entsprechenden Schrift des Demetrios von Phaleron aus der Schule des Peripatos schließen (s. S. 83f.).

Neuerdings wird die Vertrautheit des Polybios mit philosophischen Theoremen – im Gegensatz zur älteren Forschung – in Zweifel gezogen, der Umfang und Tiefgang seiner Bildung generell skeptischer gesehen[21].

---

[18] S. unten Kapitel zu Polybios' Quellen und die Darstellung über Polybios' Verhältnis zu den historiographischen Vorgängern, S. 95ff. Vgl. LEHMANN (1974), S. 145-205. Nach Walbank habe Polybios Thukydides nicht gleichmäßig gut, Herodot gar nicht gekannt: WALBANK (1997), Sektion 2, s. dazu unten (Vorgänger des Polybios).

[19] LEHMANN (1989/1990), S. 66-77 u. WALBANK (1990); nach WALBANK (1993), 21, sind die Kenntnisse des Polybios erst ab dem 4. Jahrhundert differenziert. Die Kenntnis der griechischen Geschichte ab 480 sei diejenige eines Schuljungen (WALBANK 1997, Sektion 2).

[20] Buch 6 Kap. 1-10. S. u. zu Polybios und B. 6; B. 2, Kap. 37 (Aristot.), s. LEHMANN (2001).

[21] Eine abwertende Distanz wird etwa aus Polybios' Kritik an den Akademikern in Buch 12, 26c,4, geschlossen: „*Und nicht zufrieden mit ihren eigenen Absurditäten, haben sie auch dem Denken der Jugend eine gefährliche Richtung gegeben: diese kümmert sich überhaupt nicht mehr um die Fragen der Ethik und des praktischen Lebens, worin doch der ganze Nutzen der Philosophie besteht, sondern bringt ihre Zeit allein damit hin, sich nutzlose, widersinnige Spitzfindigkeiten auszudenken, und tut sich noch groß damit.*" Doch belegt diese Kritik keine Ablehnung der Philosophie generell. Eher teilt Polybios die Meinung seiner an der praktischen Politik beteiligten Zeitgenossen, die eine Hinwen-

I Leben

In seiner Darstellung ist gleichwohl die zeitgenössische Diskussion über das Ausmaß der individuellen Willensfreiheit vorauszusetzen, eine Diskussion, die mit der Entdeckung der Naturgesetze im Bereich der Astronomie einsetzt und die Bedeutung göttlicher Vorzeichen und Vorbestimmung zurückdrängt.

Generell ist die Kenntnis des gebildeten Politikers aus reichem Hause mit pragmatisch-nüchternem und daher eklektisch-nutzorientiertem Sinn nicht zu unterschätzen, zumal er sich nicht zu einer Schule zu bekennen hatte. Sicher hat Polybios literarische Werke seiner Zeit gelesen, die sich auch auf seine Darstellung ausgewirkt haben. Da die Prosa-Literatur seiner Zeit fast völlig untergegangen ist, ist hierüber nichts Näheres zu sagen.

Dafür werden aber die Lebenswerk-Ehren berühmter Politiker seiner Ära, die sich erhalten haben, redseliger, ja im Narratio-Teil literarisch-biographisch ausführlich. Hier lassen sich durchaus Parallelen in Stil – lange Perioden mit Partizipien – und Sprache erkennen. Daher schreibt Polybios ein Griechisch, das in seiner Epoche üblich war und das sich in der Entwicklung auf dem Weg von der Klassik über die hellenistische Koiné – nicht ohne den lokal üblichen Einschlag – hin zum Neugriechischen befand. Keineswegs hat jedoch Polybios selbst – als Politiker und Nachkomme aus reicher Familie – in Archiven aktuelle Dokumente verfasst, die dann auf diese Weise seinen „Kanzleistil" geprägt hätten. Wenn er auch in Archiven ‚geforscht' hat, so darf doch diese von der Forschung des 19. Jahrhunderts geprägte und seither weit verbreitete Meinung als überholt gelten, zumal empirisch-exemplarische Untersuchungen erweisen, dass er die Elemente, die seinen Stil in einem für uns klassisch geprägten Griechisch-Verständnis holprig erscheinen lassen (Partizipien, substantivierte Infinitive etc.), im Vergleich etwa zu Thukydides keineswegs häufiger einsetzt[22].

Polybios wird erstmals im Jahre 187, also noch gar nicht volljährig, als Zuhörer bei einer Rede des achäischen Politikers Philopoimen (gest.

---

dung zur praktischen Ethik propagieren. Diese Wende hin zur politischen Praxis wird in der Philosophie, in der mittleren Stoa zumal, durchaus ausgeführt: Cic. leg. 3,12-14. Diese der Gemeinde gegenüber verpflichtete praktische Philosophie soll Inhalt der Bildung der künftigen Politiker sein, s. etwa: durch ein Negativbild und indirekt: Polyb. 12,13; 24,7; 36,15 BW; pos. Polyb. 1,65,7-8; 4,21; 10,22,1-5.

[22] Zu Stil und Sprache s.u. S. 133f.

183) gegen seinen innenpolitischen Gegner, den Strategen Archon, erwähnt[23]. Wie sein Vater Lykortas ist er, wenn ihm diese Rede auch missfiel, Anhänger der Politik des Philopoimen, dessen Biographie er noch in jungen Jahren schrieb (S. 23f.).

Die enge Bindung des jungen Achäers Polybios zu diesem politischen Vorbild ist noch anderweitig nachweisbar. So überliefert Plutarch in seiner Biographie über Philopoimen, dass der junge Polybios nach dem gewaltsamen Tode des Vorbilds die Urne mit dessen Asche in der feierlichen Prozession von Messene, wo er hingerichtet worden war, nach Megalopolis, in die Heimatstadt, getragen hatte[24]. Immerhin fühlte sich der Historiker so sehr mit seinem politischen Vorbild verbunden, dass er im Zuge des Berichts über die Ereignisse des Jahres 183 einen Nachruf auf ihn in seine Historien einschaltete, und damit ihn auf eine Ebene mit anderen berühmten Persönlichkeiten, Hannibal und Scipio, hob, die auch in diesem Jahr gestorben waren und einen entsprechenden Nachruf erhielten.

Auch archäologisch ist nunmehr nachweisbar, dass sich der Historiker Philopoimens Vermächtnis verpflichtet fühlte: In Megalopolis ist seine ‚Handschrift' bei der Reparatur von öffentlichen Gebäuden genau dort nachweisbar, wo auch das Vorbild bereits als Bau-Mäzen zuvor aufgetreten ist (s.u.).

Vermutlich im Jahre 181 war Polybios zusammen mit Aratos, dem Sohn des Aratos, unter der Führung seines Vaters Lykortas für eine Gesandtschaft zum befreundeten König Ptolemaios in Ägypten vorgesehen. Da Polybios noch nicht 30 Jahre alt war, hatte er sicher kein offizielles Amt inne[25]. Ohnehin kam es nicht zur Gesandtschaft, weil Ptolemaios vor Antritt der Reise verstorben war[26].

Im Jahre 169 wurde Polybios zum Hipparchen gewählt, wahrscheinlich nicht lange nach dem Erreichen der gesetzmäßigen Altersgrenze. Die Hipparchie war immerhin die zweithöchste Position im Bundesstaat Achaia, die er sicherlich auch aufgrund familiärer und prominenter Protegierung so schnell erlangen konnte. Schon früh ist er für die politische Karriere vorbereitet und gefördert sowie in die Öffentlichkeit eingeführt worden (s.o. die Gesandtschaft im Jahre 181). Er hatte sich während des Perseuskrieges (171-168) in diesem herausgehobenen Amt und trotz

---

[23] Polyb. 22, 19.
[24] Plut. Philop. 21,5.
[25] Im Gegensatz zu seiner Rolle im Jahre 169/168: Polyb. 29,24,6.
[26] Polyb. 24,6-7.

heikler Situationen nichts zu Schulden kommen lassen. Gleichwohl geriet er als Sohn des Lykortas und Anhänger der politischen Gruppe des verstorbenen Philopoimen aufgrund der Denunziationen des innenpolitischen Gegners in den Verdacht antirömischer Politik – wie viele andere achäische Politiker auch[27].

Die achäische Politik der vergangenen Jahre ist nicht ganz unschuldig daran, dass es nach dem Perseuskrieg soweit kommen konnte: Die Politiker im achäischen Bund und in den achäischen Mitgliedsstaaten waren nicht in der Lage, den innenpolitischen Streit intern zu lösen. Vielmehr zogen sie die Römer hinein. Der römische Senat und einzelne Senatoren starteten gut gemeinte, wenn auch vielleicht naive Vermittlungsinitiativen, die sogar von einzelnen Parteien auf der Peloponnes erbeten worden waren. Immer wieder jedoch stießen diese Initiativen auf die hartnäckige Gegenwehr von Politikern in Achaia, die sich einem Kompromiss verschlossen. Dazu gehörte auch die „Partei" des Philopoimen, Lykortas und Polybios. Übrig blieb Irritation auf beiden Seiten der auf gleicher Ebene verbündeten Partner, in Achaia und in Rom. Besonders jedoch angestoßen durch die verhängnisvolle Rede des achäischen Politikers Kallikrates, die er im Jahre 180 ausgerechnet im römischen Senat hielt[28], trat eine nachhaltige Wende der römischen Politik zuungunsten auch der prorömischen Verbündeten in Griechenland ein.

Zunächst äußerte sich diese Politik in einer aktiven Unterstützung der kompromisslos prorömisch gesinnten Quisling-Regimes, wie dasjenige, das sich nun in Achaia unter der Führung des Kallikrates nach dessen Rückkehr um den Preis einer außenpolitischen Immobilität formieren konnte. Alle außenpolitischen Initiativen auch der „Partei" des Lykortas wurden blockiert, mit Verweis auf die römischen Interessen bzw. nach Einholung von entsprechenden Briefen römischer Autoritäten.

Auf der Basis dieser neuen, misstrauisch-negativen Haltung des Senats entwickelte sich im Laufe der 170er Jahre eine neue politisch-diplomatische Verfahrensweise gegenüber den griechischen Staaten. Zum ersten Mal kam sie zum Tragen gegenüber dem Makedonenkönig Perseus bei den hinhaltenden Verhandlungen im Winter 172/171. Diese Verhandlungen dienten den Römern zunächst einmal vor allem dazu, Zeit für die eigenen Rüstungen zu gewinnen. Die diplomatischen Initiativen hatten aber auch zur direkten Folge, dass der

---

[27] Zur Politik des Philopoimen s. S. 24-26 und im Weiteren.
[28] Polyb. 24,8-13 (mitsamt Exkurs über die politischen Gruppierungen in Achaia um 190 in einem Rückblick, dazu unten).

makedonenfreundlich gesonnene Boiotische Bundesstaat zur Selbstauflösung gezwungen wurde.

Unter den Vorgaben dieser neuen Politik (*nova sapientia*) ging der Senat nunmehr zunehmend auch präventiv und mit unlauteren Mitteln (*nimis callida*, d.h. allzu clever, unter Hintanstellung legaler Verfahren und Verpflichtungen) gegen alle vor, die sich nicht unbedingt der römischen Hegemonie unterordneten. Unter diesen Bedingungen gerieten viele unbescholten prorömisch gesinnte Politiker in Griechenland in den 170er und 160er Jahren unter Generalverdacht. Beweise für antirömische Aktivitäten, wie sie von Kallikrates und seiner „prorömischen Partei" während des Perseuskrieges und danach unterstellt wurden, konnten aber weder im Falle des Polybios, des Lykortas und Archon konkret[29], noch im Falle Achaias allgemein trotz römischer Untersuchungsgesandtschaften erbracht werden.

Noch während des Krieges der Römer gegen Perseus startete der Pergamener Attalos aus königlicher Familie in Achaia erneut einen Versuch der Wiederherstellung der Ehrungen für seinen Bruder Eumenes, den König von Pergamon in Kleinasien. Frühere Initiativen waren gescheitert. Diesmal hatte die Initiative, wenn auch nur zum Teil, Erfolg, besonders weil sich Polybios persönlich dafür einsetzte. Erst später wurden die Ehren vollständig wiederhergestellt[30].

Das Verhältnis zwischen beiden strikt prorömisch gesinnten Mittelmächten war seit einiger Zeit gespannt gewesen, denn es schwelte zwischen dem Bundesstaat Achaia und dem König von Pergamon seit langem ein Streit um den Besitz von Aigina[31]. Diese Insel im saronischen Golf hatte sich der Vorgänger des Eumenes, König Attalos, um 210 durch Kauf von den Aitolern angeeignet. Der Bundesstaat der Achäer, die Intimfeinde der Aitoler, erhob jedoch auch einen Anspruch auf die Insel, die in der direkten Nachbarschaft der Peloponnes lag.

Die achäische Bundesregierung beschloss im Jahre 169 die Entsendung eines Hilfskontingentes für die Römer, die in Thessalien und Perrhaibien operierten. Diese Hilfssendung sollte Polybios beim Konsul Q. Marcius Philippus ankündigen und vorbereiten. Der intrigante und undurchsichtig agierende Konsul, einer der Hauptvertreter der neuen Politik des Senats (s.o. zur *nova sapientia*) lehnte aber nicht nur die achäische

---

[29] Polyb. 28,3,7-10.
[30] Polyb. 28,7,3-15; 28,12,7: wenn sich diese Beschlüsse von denen im erstgenannten Zitat unterscheiden.
[31] Polyb. 22,7,8-8,13.

I   Leben   15

Initiative ab, sondern blockierte auch eine achäische Hilfssendung nach Illyrien, obwohl in Achaia ein entsprechendes Gesuch des römischen Kommandanten Appius Centho aus Epirus vorlag. Auch Polybios, der beim Heer des römischen Konsuls Marcius Philippus verblieben war, stellte sich dann nach der Rückkehr zur Peloponnes gegen die bereits beschlossene Entsendung[32]. Damit hatte er aber seinen innenpolitischen Gegnern den Vorwand zur Denunziation geliefert.

Ein Jahr später, im Jahre 168, traf ein Hilfegesuch des Ptolemaios VIII. Physkon (170-163 u. 145-116), des Sohnes Ptolemaios' V und jüngeren Bruders Ptolemaios' VI, mit dem er teilweise regierte, in Achaia ein, der sich eines Angriffs des Seleukiden Antiochos IV. zu erwehren hatte. Lykortas und Polybios setzten sich in den regulären Bundesgremien für die Annahme des Hilfegesuches ein. Der Anführer der „prorömischen Partei" im Bundesstaat, Kallikrates, und seine Anhänger hintertrieben diese Initiative jedoch. Sie konnten einen Brief des genannten römischen Oberbefehlshabers Philippus vorlegen. Danach sollten die Achäer nur zwischen den verfeindeten Königen Antiochos IV. und Ptolemaios VIII. vermitteln dürfen. Es ist unbekannt, wie die darauf folgende Bitte der ptolemäischen Gesandten beschieden wurde, dann wenigstens nur Lykortas und Polybios zu entsenden[33]. Der Augenzeugenbericht des achäischen Historikers über Alexandria könnte auf Erkenntnissen aus einer Reise beruhen, die zu dieser Gelegenheit erfolgte[34]. Polybios beschrieb nämlich Zustände dort, die zu bessern seine Aufgabe gewesen sein könnte. Seine Kenntnis kann er aber auch später, während der zweiten Regierungsperiode Physkons, erworben haben[35].

Bereits im Jahre 170/169 kündigte sich erkennbar für die Zeitgenossen an, wie die Römer nach einem Sieg mit den Griechen verfahren würden, und zwar gleichgültig, ob sie verbündet waren oder zu den Feinden gehörten. Nicht zuletzt die achäischen Entscheidungsträger, zu denen Polybios inzwischen gehörte, verliehen in Unterredungen dieser Sorge Ausdruck[36]. Tatsächlich führten dann im Jahre 168 unbelegte Denunziationen durch innenpolitische Gegner nach dem römischen Sieg in Achaia

---

[32] Polyb. 28,12-13; vgl. 29,24,1-7.
[33] Polyb. 29,23-25.
[34] Polyb. 34,14.
[35] Zu Polybios' Wertungen s. A. BLASIUS, Die Lokalen Eliten im ptolemäischen Ägypten, in: B. DREYER-P. MITTAG (2011), S. 132-190, bes. 135.
[36] Polyb. 28,6; vgl. Perseus' Bündniswerbung 29,4,1-10.

zur Deportation von 1000 Politikern nach Italien[37, 38]. Dort wurden sie meist auf Landstädte verteilt. Zu diesen Deportierten gehörten unter anderem Lykortas und Polybios. Trotz zahlreicher Initiativen bzw. Eingaben im Sinne dieser Deportierten[39] kam es weder zu einer gerichtlichen Untersuchung und Aburteilung noch zur Entlassung.

Erst 150 – nach 17 Jahren – kehrten 300 Überlebende zurück, nachdem bis zuletzt auf das Heftigste über diese Frage im Senat diskutiert worden war[40]. Für die Rückkehr hatten sich am Ende mit Erfolg Polybios selbst und sein Gönner Scipio unter anderem bei Cato eingesetzt. Die Überlebenden kehrten zu einer Zeit zurück, als Politiker unter der Führung des Diaios den Bundesstaat Achaia in den Krieg mit Rom führten[41], der mit der Zerstörung Korinths endete.

Polybios genoss vielleicht von Beginn seiner Deportation nach Italien an eine Vorzugsbehandlung – im Gegensatz zu anderen Achäern. Vermutlich interessierten sich leitende Römer, darunter die Aemilier und Cornelier, für ihn. Immerhin war er bereits durch seine Schrift *Taktika* (s.u.) bekannt. Während alle deportierten Achäer wie auch Polybios' Vater auf Landstädte verteilt wurden, verwandten sich die Söhne des L. Aemilius Paullus, des Siegers über den letzten Makedonenkönig, beim Praetor für Polybios.

Ein engerer Kontakt entwickelte sich zunächst allerdings zwischen Polybios und Q. Fabius Maximus Aemilianus, dem Bruder des Scipio Aemilianus. Die Beziehung des Polybios zu Scipio entstand erst, als sich Scipio über die Zurücksetzung gegenüber Fabius beschwerte[42].

Er wurde zunächst Lehrer und dann auch Freund des jungen Publius Cornelius Scipio Aemilianus[43]. Dadurch gewann er Zugang zu den führenden Kreisen Roms und erlangte bald sogar soviel Bewegungsfreiheit, dass er dem seleukidischen Prätendenten Demetrios, der seit 175 als Geisel in Rom weilte, nach dem Tod des Antiochos IV. im Jahre 164[44]

---

[37] Probleme mit den Römern und Denunziationen: Polyb. 28,13,14; 30,13; Liv. 45,31,9-11.
[38] Deportationen: Paus. 7,10,7-10.
[39] Polyb. 30,32: 164 v. Chr.; 32,3,14-17: 159 v. Chr.; 33,1,3-8 u. 3: 155 v. Chr.; 33, 14: 153 v. Chr.
[40] Polyb. 35,6=Plut. Cato mai 9.
[41] Polyb. 38,9-18; die unterschiedliche Einschätzung der achäischen Parteien und ihres Anteils am Untergang s. bei NOTTMEYER (1995).
[42] Polyb. 31,23,5-9.
[43] Polyb. 31,22-30, bes. etwa Polyb. 31,23,4; vgl. Diod. 31,26,5; Vell. Pat. 1,13,3.
[44] Polyb. 31, 9.

aus Rom – gegen das Verbot des Senats – zur Flucht verhelfen konnte (162 v. Chr.)[45]. Weiter lernte er den Stoiker Panaitios kennen[46], der laut Cicero gemeinsam mit Polybios und dem jüngeren Scipio über die beste Staatsform diskutiert haben soll[47].

Im Jahre 150 kehrte auch Polybios in die Heimat zurück. Bereits 149 trat Konsul M. Manlius, unter dessen Oberbefehl im ersten Jahr des Dritten Punischen Krieges der jüngere Scipio *tribunus militum* war[48], in einem Brief an den Achäischen Bund mit der Bitte um Unterstützung an Polybios heran. In der Tat scheint Polybios persönlich in der Folgezeit Augenzeuge des Dritten Punischen Krieges gewesen zu sein, denn er lernte den Numiderkönig Massinissa kennen[49]. Diese Begegnung muss vor 148 stattgefunden haben, da in diesem Jahr der Numider gestorben ist. Wenn das Gespräch, das Polybios mit dem Numiderkönig bei dem Treffen geführt hat, jedoch vor 150 stattgefunden hat, müsste man voraussetzen, dass es dem immerhin noch internierten, wenn auch privilegierten Polybios erlaubt gewesen ist, auch schon vor 150 Italien zu verlassen.

Seine persönliche Anwesenheit im letzten Krieg der Karthager gegen Rom wird auch durch die erhaltenen Kriegsberichte[50], insbesondere aber durch die Wiedergabe der berühmten Worte Scipios, der den Oberbefehl seit 147 innehatte, angesichts des brennenden Karthagos nahe gelegt[51]:

"Lange blieb er (Scipio) ganz in sich versunken und dachte darüber nach, dass das Schicksal Städten, Völkern und Reichen ebenso wie einzelnen Menschen allen in ihrem Glück nicht treu bleibt: diese Erfahrung musste Ilion machen ... und (das Reich) der Makedonen, das noch unlängst so sehr erstrahlte. Da sprach es aus ihm – sei es absichtlich oder der Vers entwich ihm: (Ilias 6,448-9): ‚Einst wird kommen der Tag, da das heilige Ilion hinsinkt, Priamos auch und das Volk des lanzenkundigen Königs'. Als Polybios freimütig fragte – denn er war sein Lehrer –, was er mit diesem Worte meinte, habe er ohne Zurückhaltung offen heraus sein Vaterland benannt, für das er demnach im Blick auf das Menschenlos fürchtete."

---

[45] Polyb. 31,2; 31,11-15.
[46] RE 18, 2. H., Sp. 424f. (Pohlenz).
[47] Cic. rep. 1,34.
[48] Cic., Somn. Scip. 1.
[49] Polyb. 9,25,4-6.
[50] Polyb. 38,19 (=Ps.-Plut. Apophth. p. 200a, Scip. min. 5); Polyb. 38,19a3 (=Amm. Marc. 24,2,16); Polyb. 38,21 (+App. Lib. 132,628-630 u. Diod. 32,24).
[51] Polyb. 38,22.

Diese Worte Scipios hat der Historiker – so beteuert er selbst – vor Ort tatsächlich gehört und niedergeschrieben. Es wäre plausibel anzunehmen, dass Polybios von Karthago aus noch während des Krieges einige der Entdeckungsfahrten unternommen hat, die durch Scipio ausgerüstet worden waren. Der Zeitpunkt ließe sich noch weiter einengen, wenn wir diese Aktivitäten, gleichsam im staatlichen Auftrag, während des Konsulats des Scipio zu veranschlagen haben, also im Jahr 147. Die zeitliche Zuordnung ist aber keineswegs zwingend.

Eigene Forschungsreisen hat Polybios immer für eine wichtige Voraussetzung für seine historiographische Tätigkeit gehalten, gerade im westlichen Mittelmeer und vor allem jenseits der Säulen des Herakles (im Atlantik), da diese Gegenden den Griechen lange Zeit nicht ohne Weiteres zugänglich gewesen seien. Jetzt aber durch die Eroberungen Alexanders und mit der Etablierung der Herrschaft der Römer sei dies leichter – wenn auch nicht ohne Gefahren – möglich. Darum habe er die Reisen durch Libyen (=Afrika), Spanien, Gallien und auf dem Meer jenseits dieser Länder unternommen, um die Irrtümer der früheren Autoren, die unter viel schwierigeren Umständen Aussagen über diese Gegenden machen mussten, zu korrigieren und den Hellenen diese Regionen der Welt (*Oikumene*) bekannt zu machen[52]. Der eigenen zentralen Forderung an den Historiker, die Gegenden, über deren Geschichte er schrieb, selbst zu bereisen, ist Polybios also selbst sicher im umfangreichen Maße nachgekommen.

Eine zeitliche Einordnung dieser Expeditionen ist gleichwohl nicht leicht und höchstens über andere belegte Aktivitäten anzunehmen. Dies trifft für seine Fahrt entlang der afrikanischen Küste und im Atlantik nach Süden zu[53], über deren Ergebnisse Plinius d.Ä. auf der Grundlage des Polybios berichtet[54]. Die Reisen gerade im Westen nutzten ihm für seine Beschreibungen Libyens, Spaniens und insbesondere des spanischen Karthago[55]. Auch Gallien hat er besucht: Nach eigener Aussage ist er entlang der atlantischen Küste nach Norden gefahren. Für seinen Bericht über die Loire-Mündung könnte er von den dabei gewonnenen Erkenntnissen profitiert haben[56]. Unsicher ist gleichfalls der Zeitpunkt

---

[52] Polyb. 3,57-59, bes. 59,7-8.
[53] Plin. nat. hist. 5,9.
[54] Polyb. 34,15 und 16 (aus Plin. nat. hist. 4,121; 6,206; 4,119; 3,75; 4,77; 5,40; 5,9; 5,26; 6,199; 8,47; 31,131).
[55] Polyb. 10,7-16.
[56] Polyb. 34,10,6-7=Strabon 4,2,1 p.190, dagegen ZIEGLER RE 1459/1460.

der oben erwähnten Reise nach Alexandria ebenso wie die (mehreren!) Unternehmungen, die ihn nach Lokroi Epizephyrioi führten[57]. Immerhin konnte er diese Stadt von der Verpflichtung, Schiffe zu stellen, befreien. Dafür wurde er geehrt. Es bleibt jedoch unklar, ob er diese Vergünstigung in den 150er oder (wahrscheinlicher) 130er Jahren erreichte[58].

Gerade noch rechtzeitig kehrte Polybios in die Heimat Achaia auf der Peloponnes zurück, allerdings nur, um die Katastrophe des Bundes im Krieg gegen die Römer mitzuerleben, der durch die Nachfolger des Kallikrates in der Führung des Bundes, allen voran Diaios, verschuldet worden war. Die Plünderung und Zerstörung Korinths durch Mummius konnte er nicht verhindern[59]. Die Linderung einiger Härten nach der achäischen Katastrophe vermochte er allerdings zu erwirken. Er wurde dafür mit einer Marmorstatue geehrt[60]. Seine auch literarisch belegten Wiederaufbau- und Reparaturmaßnahmen in der Heimatstadt sind jetzt durch Bauziegel-Inschriften mit seinem bis auf die eigene Zeit „seltenen, ja einzigartigen Namen"[61] am zentralen Zeusheiligtum (Zeus Homarios) konkret bestätigt geworden. Weitere Bauziegel-Inschriften desselben Gebäudes, die bereits entsprechende, vorangehende Bauaktivitäten einer Person namens Philopoimen belegen, der vermutlich mit dem Politiker gleichzusetzen ist, dem sich Polybios besonders verpflichtet fühlte, bekräftigen die Zuordnung[62].

Die *Decemviri*, die Zehnmänner, die vom Senat mit allen Kompetenzen ausgestattet die Neuordnung Achaias vornahmen[63], holten sich Rat bei Polybios. Dieser hatte sich inzwischen den Ruf der Unbestechlichkeit erworben, nicht zuletzt weil er es ablehnte, Belohnungen aus den konfis-

---

[57] Polyb. 12,5,1-3, s. unten S. 67 und 127-128.
[58] LEHMANN (1974), S. 151-153: t.p.q. 135.
[59] Polyb. 39,2 (=Strabon 8,6,28, p. 381).
[60] Polyb. 39,3-6 (falsch bei K. ZIEGLER RE 1456: als Maßnahme „natürlich der ... aristokratischen Partei"); vgl. H. NOTTMEYER (1995).
[61] Polyb. 36,12,5.
[62] Die Maßnahmen Philopoimens zum Wiederaufbau der Stadt Megalopolis, die durch Kleomenes zerstört worden war (Polyb. 5,93), gehören in die Zeit nach seiner Rückkehr aus Kreta 194 v. Chr.; die Ausbesserungen durch Polybios fanden dagegen in der Zeit nach seiner Rückkehr statt, also nach 150 bzw. nach der Katastrophe Achaias 146. Über diese Funde hat bereits Hans Lauter informiert (Antike Welt 33, 2002, S. 375-386); die Ergebnisse der Grabungen der letzten Jahre veröffentlicht LAUTER-BUFÉ (2009).
[63] Vgl. Cic. ad. Att. 13,30,2.

zierten Gütern des Diaios und von dessen Anhängern anzunehmen. Ursprünglich wollten die Römer erst ihn entschädigen und dann den Rest vom Quaestor an die Meistbietenden versteigern lassen[64]. Polybios verfolgte dagegen das Ziel, dass nicht schon im Zuge der Neuordnung der römischen Zehnmänner Kriegsgewinnler von den Verhältnissen profitierten und damit die Saat der Zwietracht für die Zukunft unter den Achäern dadurch gesät würde. Darum riet er auch seinen Freunden und Mitbürgern ab, derartige Geschenke von den Römern auf Kosten der bestraften Achäer anzunehmen. Nicht alle konnten jedoch den verlockenden Angeboten widerstehen; diejenigen aber, die dem Rat des Polybios folgten, standen nunmehr unter den Mitbürgern in hohem Ansehen.

Nach sechs Monaten kehrten die *decemviri* nach Rom zurück und übertrugen Polybios die Schlichtung der verbliebenen Streitfälle. Vermutlich baten ihn ebenfalls die Städte des ehemaligen Achäischen Bundes darum[65]. Er konnte sich auch bei dieser Tätigkeit den bereits erworbenen, guten Ruf der Unparteilichkeit bewahren. Zumindest erhielt er für seine Erfolge bei den Schlichtungen und beim Wiederaufbau noch zu Lebzeiten etliche Ehrungen[66]. Polybios konnte darüber hinaus die Anerkennung seiner Anordnungen im Senat erreichen, bevor er dann wieder in seine Heimat zurückkehrte[67]. Dort hat er die meiste der ihm noch verbleibenden Zeit verbracht – mit einigen wenigen Ausnahmen:

Während des *bellum Numantinum*, in den Jahren 134 und 133, hat er wohl Scipio in Spanien begleitet[68]. Dabei hat er sich vielleicht die notwendige Ortskenntnis für die Beschreibung des Marschwegs von Hannibal verschafft[69]. Es ist jedoch umstritten, ob er darüber hinaus (zusammen mit dem Stoiker Panaitios) Scipio auf dessen Orientreise um 140 begleitet hat. Das persönliche Gespräch mit der Galaterfürstin Chiomara im kleinasiatischen Sardeis[70] kann auch vorher stattgefunden haben. Dies müsste dann bereits vor 169 gewesen sein, wenn eine Reise während der

---

[64] Polyb. 39,4.
[65] Paus. 8,30,9.
[66] Polyb. 39,5 (s.a. Olympia Syll³ 686, Kleitor IG V 2, 370, Pallantion Paus. 8,44,5; Mantineia ebd. 9,1; Tegea ebd. 48,8; zweimal durch Megalopolis ebd. 30,8; 37,2).
[67] Polyb. 39,8,1.
[68] S. Werke und Cic. an Lucceius, fam. 5,12,2; CUNTZ (1902), S. 16ff.; 50ff.
[69] Polyb. 3,48,12.
[70] Plut. de mul. virt., cap. 22, 258e ff. (=Polyb. 21,38); Liv. 38,24,2.

Internierung in Italien bzw. Rom nicht glaubhaft erscheint[71]. In seinem letzten Lebensjahrzehnt scheint er – hoch betagt und vielfach geehrt – nicht mehr weiter gereist zu sein.

In zweifacher Hinsicht wirkten sich die besonderen Lebensumstände des Polybios darauf aus, dass wir heute überhaupt eine Geschichte des 3. Jahrhunderts – soweit es Rom anbelangt –, des ausgehenden dritten und der ersten Hälfte des zweiten vorchristlichen Jahrhunderts für die gesamte antike Mittelmeerwelt und des Vorderen Orients auf diesem Niveau schreiben können. Die Umwälzung der politischen Verhältnisse im Mittelmeerraum und die persönliche Erfahrung bewogen Polybios, darüber zu schreiben, wodurch er Maßstäbe setzte: Generationen von Historikern nach ihm wollten das Schicksal der römischen Weltherrschaft und die geschichtliche Methode des Historikers ‚fortschreiben', mit der es ihm gelang, wieder an das Niveau der Darstellung des Thukydides anzuknüpfen:

1) Die politischen Konzentrationsprozesse vom Ende des 3. Jahrhunderts am Mittelmeer, die letztendlich, wenn auch nicht voraussehbar auf die Weltherrschaft Roms hinausliefen, zogen alle Staaten und Monarchien sowie die in ihnen handelnden Personen in den Bann. Das galt auch für den jungen Achäer aus Megalopolis, der als *teenager* miterlebte bzw. von Zeitzeugen erfuhr, wie die sehr energischen makedonischen Monarchen an der Spitze des Antigoniden- und des Seleukidenreiches mit ambitionierten Plänen und nach dem Vorbild Alexanders des Großen nicht nur ihr ererbtes Reich zur größten Machtausdehnung führten, während Rom sich mit Mühe und Not gegen Hannibal erwehren konnte. Diese Herrscher schienen vielmehr bereits auch auf Kosten des Ptolemäerreichs, des ehemals mächtigsten unter den Diadochenreichen, scheinbar unaufhaltsam und im Wettrennen untereinander die Staatenordnung in ihrem Sinne zu gestalten, bevor sie dann nacheinander von der römischen Republik geschlagen wurden und damit ihre Reiche von dem Höhepunkt der Machtentfaltung tief herabstürzten. Es war diese elementare persönliche Erfahrung, die Polybios bewog, diese Wechselfälle von welthistorischer Bedeutung zu beschreiben und zu erklären.

2) Die Deportation und Verbannungszeit beendeten bereits früh seine vielversprechende politische Karriere in seinem Heimatstaat. Er hatte sich bereits als militärischer Fachschriftsteller einiges Renommee erwor-

---

[71] Weitere Literatur zu Polybios' Leben s. a. bei F.W. WALBANK, Comm. I, 1957, S. 1-6, und bei DEMS. (1972).

ben, so dass ihm im Gegensatz zu seinen mitdeportierten Landsleuten eine privilegierte Behandlung in Rom zuteil wurde. Auf diese Weise erweiterte sich seine Perspektive um diejenige des römischen Siegers. Seine spezifische Situation ermöglichte ihm den Zugang zu den höchsten politischen Kreisen und versetzte ihn in die Lage, auch von dieser Seite den Aufstieg Roms zur Weltmacht den griechischen und dann auch römischen Zeitgenossen und politisch Handelnden zu erklären.

II. Werke

Die schriftstellerische Tätigkeit des Polybios hatte bereits vor der Zeit des Exils zwischen 168 und 150 eingesetzt. Er wird sich dabei den Ruhm erworben haben, der ihn in den Augen der Römer für eine bevorzugte Behandlung in Italien und als Lehrer im Haus der Cornelier empfahl. Die zeitliche Abfolge der Frühwerke ist gleichwohl nicht gesichert.

1) Biographie Philopoimens

Polybios nimmt in seinem Universalwerk, in den „Historien", beim Bericht für die Ereignisse des Jahres 209 v. Chr. Bezug auf seine Biographie über das politische Vorbild Philopoimen[1]:

„Da wir nun aber in unserer Erzählung zu dem Zeitpunkt gekommen sind, an dem Philopoimen begann, seine Taten zu vollbringen, scheint es mir angebracht, ebenso wie ich auch bei allen anderen bedeutenden Männern ein Bild von ihrer Erziehung und ihren Anlagen zu entwerfen versucht habe, Gleiches auch in seinem Fall zu machen ... Wenn ich nun nicht eine besondere Schrift über Philopoimen verfasst hätte, in der ich berichtet habe, wer er war, welches seine Eltern und was für eine Erziehung er in der Jugend genossen hat, wäre es notwendig, auf jede dieser Fragen eine genaue Antwort zu geben. Da ich aber außerhalb dieses Geschichtswerkes eine Biographie von ihm in drei Büchern geschrieben habe ..., ist es sinnvoll, hinsichtlich seiner Erziehung und seiner Ziele in der Jugend jetzt auf alle Einzelheiten zu verzichten, dagegen bei den Taten auf der Höhe seines Lebens, die dort nur zusammenfassend besprochen worden sind, manche Einzelheiten hinzuzufügen, um die Gesetzmäßigkeiten der Gattung beider Werke zu beachten (Forts. Zitat S. 78)*."*

Ziel des Autors war es, dem politischen Vorbild ein Denkmal zu setzen. Der Anlass zur Abfassung der Biographie über Philopoimen könnte der gewaltsame Tod des Achäers gewesen sein. Mit dem Hinweis auf die dann kurz nach 182 entstandene Biographie rechtfertigt Polybios die Auslassung einer umfassenden Charakteristik des Achäers an der entsprechenden Stelle im Historienwerk, an der er in die Ereignisgänge eintrat. Der Historiker pflegte dies bei anderen wichtigen Persönlichkeiten ansonsten zu tun, um an ihnen nachahmenswerte und zu vermeidende Charakterzüge aufzuzeigen.

Polybios nutzte aber den Bezug auf die Biographie des Philopoimen, um elementare Unterschiede der Gattungen, der pragmatischen Geschichte und der Biographie, die auch enkomiastische Züge tragen dürfe,

---

[1] Polyb. 10,21.

aufzuzeigen[2]. Er setzt sich damit selbst dem Vorwurf aus, diese ausgewogene Charakterschilderung im Falle des Philopoimen wegen der Kürzung im Geschichtswerk unterlassen zu haben. Immerhin bot sich ihm dazu die Gelegenheit anlässlich des Todes seines politischen Vorbildes im Jahre 183[3] – eine Chance, die er allerdings in der erhaltenen Form des auf uns gekommenen Fragments wohl verstreichen ließ.

Die Biographie umfasste ursprünglich drei Bücher – das erste die Abkunft, das zweite die Erziehung, das dritte die Taten – aus denen insbesondere für die Frühzeit Philopoimens der kaiserzeitliche Biograph Plutarch seine Informationen für die Vita des Achäers bezog[4]. In der heute noch erhaltenen Erzählung Plutarchs ist folglich der Philopoimen der polybianischen Biographie am besten zu fassen. Plutarch von Chaironeia hat sich für den jungen Polybios als Quelle entschieden, obwohl ihm für diese Zeit auch andere Zeugen zur Verfügung standen, wie etwa solche, die viel Material zum Leben des zeitgenössischen Spartanerkönigs Kleomenes boten. Bei der Beschreibung des Lebens des Spartanerkönigs (gest. 219) hat der kaiserzeitliche Biograph daher nachweislich aus dem Werk des Phylarch geschöpft, dessen Bericht in vielem mit Polybios' Darstellung in der Philopoimen-Biographie und in den Historien nicht in Übereinstimmung zu bringen ist.

In der Universalgeschichte unseres Historikers zeichnet sich das Bild des Philopoimen aus der eigenen Biographie der jungen Jahre teilweise deutlich ab. Im Rahmen der polybianischen Universalgeschichte begegnen insgesamt drei Philopoimen-Bilder, die aufgrund des unfertigen Charakters und der defektiven Überlieferung der Historien nicht ganz in Übereinstimmung gebracht sind bzw. gebracht werden können:

1) In diesem Zusammenhang hebt sich zunächst das bereits angesprochene Bild aus der Biographie der frühen Jahre merklich ab. Hier wird Philopoimen in seiner Bedeutung noch über Aratos von Sikyon, der immerhin den achäischen Bund als Mittelmacht ab der Mitte des 3. Jahrhunderts und als Juniorpartner im Hellenenbund des Makedonenkönigs Doson etabliert hat, angesiedelt, was dem üblichen Mittel der *Auxesis* in einer Biographie geschuldet ist[5].

---

[2] Aber GEIGER (1985), S. 9-29, zu den fließenden Übergängen zwischen Biographie, Enkomion und Historiographie; vgl. T. KRISCHER (1982), S. 51-64.
[3] Polyb. 23,12.
[4] NISSEN, KU, S. 281.
[5] Z.B. Polyb. 10,22-24; 23,12.

2) Weiter fällt das Philopoimen-Bild des zweiten polybianischen Buches der Universalgeschichte auf, das vor 145, vor dem Krieg mit den Römern und der militärischen Katastrophe Achaias abgefasst worden ist[6]. Hier wird Philopoimen zum Vollender der historischen Sendung und der Ziele des Aratos erklärt, und zwar in dem Bestreben, die Peloponnes unter achäischem Vorzeichen zu einigen[7]. Lykortas, der Vater unseres Historikers, erhält in diesem Kontext die Funktion eines Wahrers der achäischen Einigung der Peloponnes[8].

3) Zuletzt ist das Bild des Philopoimen anzuführen, das in den erhaltenen Fragmenten des 24. Buches erkennbar wird. Es ist nach 145 v. Chr., nach der Niederlage Achaias und der Zerstörung Korinths, abgefasst worden. Hier wird die politische Haltung und Zielsetzung des Philopoimen und seiner Anhängern, zu denen wiederum Polybios' Vater Lykortas gezählt wird, durchaus nüchtern-distanziert, mitnichten aber heroisierend gesehen[9]. Auch die diplomatische Strategie der innenpolitischen Gegner unter der Führung des Aristainos, der dem Konflikt mit dem formal gleichberechtigten Partner aus dem Wege zu gehen suchte, honoriert der Historiker. Die innenpolitische Diskussion um die richtige Politik gegenüber Rom und die Bewertung der Zielsetzungen der Parteiungen wird in die Zeit um 190, direkt nach der Einigung der Peloponnes unter achäischem Vorzeichen, zurückprojeziert. Gerade in dieser Zeit wurden auch die letzten großen verfassungspolitischen Veränderungen im achäischen Bundesstaat im Sinne einer gleichberechtigten Beteiligung aller Glieder anvisiert bzw. durchgeführt. Der Bundesstaat hatte mithin gerade das in ihm angelegte Ziel mit einer natürlichen Grenze erreicht, war außenpolitisch ‚saturiert' und hatte sich auch innenpolitisch integrativ organisiert. Nun musste der Bundesstaat seine Rolle in einer römisch dominierten Mittelmeerwelt finden. Die Tatsache, dass dieser Strategieexkurs an die fatale Gesandtschaft des Kallikrates um 180 in Rom anschließt[10], bedeutet jedenfalls nicht, dass der Historiker einseitig die Politik seines ehemaligen Vorbildes im Nachhinein rechtfertigen wollte.

---

[6] Polyb. 2,37, gegen GELZER s.u. S. 59-62.
[7] Zur beschriebenen Kontinuität in der Politik von Aratos über Philopoimen zu Lykortas explizit: Polyb. 2,40,2. Für Aratos: Polyb. 2,43,7-8. Ehrungen für Aratos Polyb. 39,3,10.
[8] Vgl. Polyb. 23,16-18: Zur Rolle des Lykortas bei der Unterwerfung Messenes und der Eingliederung Spartas 182.
[9] Polyb. 24,11-13.
[10] Polyb. 24,8-10.

Kallikrates trat zwar aus der Anhängerschaft des Aristainos hervor, hatte aber mit seiner Rede, die in Rom einen Haltungswechsel des Senats zum Nachteil Achaias und der griechischen Staatenwelt insgesamt provozierte, sowohl die lauteren Zielsetzungen des Aristainos als auch die konkreten Aufträge des Bundesstaates, mit denen er als Mitglied einer achäischen Gesandtschaft im Jahre 180 nach Rom aufgebrochen war, verraten.

Vor- und Nachteile der Position des Philopoimen, die offen hinhaltende ‚Halsstarrigkeit' und das Beharren auf der formalen Gleichrangigkeit gegenüber Rom auf Grundlage des *foedus aequum* von 194, werden abgewogen gegen die konkurrierende Position eines Aristainos, die den Vorteil des Bundesstaates in einem vorauseilendem Gehorsam gegenüber Rom suchte (s.u.). Erst um 180 sei durch das egoistische Verhalten des Politikers Kallikrates eine „Wende zum Negativen" auch in der Haltung Roms gegenüber Achaia, gegenüber den Griechen generell, eingetreten, die letztlich auf das katastrophales Finale im Jahre 146 hinausgelaufen sei. Achaia erfüllt demnach für Polybios eine paradigmatische und eine pragmatische Funktion: Er verfügt über detaillierte Informationen, um am Schicksal des Bundesstaates und seiner Politiker den Wandel des Verhältnisses und des Verhaltens der Entscheidungsträger in Rom zu den griechischen Staaten beispielhaft vorzuführen.

2) *Taktika*

Eine weitere ‚Jugend'-Schrift genoss sehr früh hohes Ansehen unter den Zeitgenossen, besonders unter den Römern: sein militärisch-taktisches Fachbuch, die *Taktika*. Die Bildung und Erfahrung, die zu einem derartigen Werk nötig waren, prägten sich auch auf den Charakter seines Hauptwerkes generell aus. Nicht umsonst verdankte das Hauptwerk des Polybios bis ins 17. / 18. Jahrh. hinein seine Beliebtheit dem militärpädagogischen Grundcharakter.

Die *Taktika*-Abhandlung selbst ist jedoch leider ebenso wie die Biographie nicht mehr erhalten. Sie ist keineswegs das erste Werk dieser Art, welche die praktischen Bedürfnisse einer hochspezialisierten und -technisierten Kriegstechnik und -taktik im Hellenismus befriedigte[11]. Polybios' *Taktika* sind durchaus rezipiert worden und werden von Arrian und Ailian erwähnt[12]. Eventuell basieren auch die *Taktika* des Asklepiodotos in der Florentiner Handschrift indirekt auf Polybios' Ausführun-

---

[11] A. CHANIOTIS (2005), S. 97-101; G.L. Irby-Massie – P.T. Keyser (2002).
[12] Arrian, Takt. 1,1; Ailian, Takt. mehrfach, s. RE Bd. 1, Sp. 484.

gen[13]. Polybios weist selbst auf seine Sonderschrift im Exkurs des 9. Buches über die Feldherrnkunst hin[14]. Diese Abhandlung hatte er sicher vor seiner Internierung in Italien fertiggestellt. Sie verschaffte ihm nicht nur den entsprechenden Zugang zu den hohen römischen Kreisen, sondern erklärt vielleicht gar seine Sonderbehandlung (im Vergleich zu den ebenfalls im Jahre 168 deportierten Achäern) generell. Auf die militärtaktischen Kenntnisse, die Polybios als grundlegend für die historiographische Tätigkeit erachtete, werden wir zurückkommen.

3) Schrift: „Über die Bewohnbarkeit der Tropen"
Eine eigene Abhandlung „Über die Bewohnbarkeit der Tropen" schreibt der griechische Astronom, Stoiker und Mathematiker Geminos von Rhodos, der Schüler des Universalgelehrten Poseidonios, dem achäischen Historiker zu. Geminos, der im ersten Jahrhundert v. Chr. starb, erwähnte diese polybianische Sonderschrift in seiner „Einführung in die Phänomene"[15].

Wenn der Historiker und Geograph Strabon unseren Polybios zitiert, entnimmt er seine Informationen eher dem geographischen Buch 34 des Hauptwerkes als der oben genannten Spezialschrift „Über die Bewohnbarkeit der Tropen". Diese ist gesondert publiziert worden und diente als Vorbereitung auf die Abfassung von Buch 34[16], das wir unten beschreiben werden.

4) *Bellum Numantinum*
Eine weitere Sonderschrift, die allerdings erst nach den zwei hauptsächlichen Schaffensperioden am Hauptwerk abgefasst wurde, erwähnt Cicero im Brief *ad Lucceium*[17]. Sie behandelte den numantinischen Krieg. Polybios ist bei der Belagerung persönlich anwesend gewesen, über die er nach dem Ereignis, also nach 133 v. Chr. schrieb. Autopsie war ohnehin eine oft wiederholte polybianische Forderung an die pragmatische Historiographie gewesen – wiewohl der Historiker nachweisbar nicht immer seinem eigenen Prinzip treu bleiben konnte. In diesem Falle ist der Achäer seiner Forderung jedenfalls nachgekommen, da der Bericht des Appian

---

[13] RE Bd. 2, Sp. 1640; DEVINE (1995), S. 40-44.
[14] Polyb. 9, 20-21 (bes. 20,4).
[15] „Des Geminos Einführung in die Himmelserscheinungen" (*Geminu eisagoge eis ta phainomena*) 16,32 (RE Bd. 7,1, 1912, Sp. 1030-38: s.v. Geminos nr. 1).
[16] ZIEGLER, RE 1474.
[17] Cic. ad Lucceium, fam. 5,12.

über die Belagerung von Numantia, der mittelbar auf unseren Historiker zurückging, Ortskenntnis voraussetzt[18].

---

[18] Appian, Ib. 90, 392ff. S.o. zur Vita.

III. Das Hauptwerk: Die „Historien"

Polybios selbst benannte sein Monumentalwerk, wenn er sich auf dieses insgesamt bezog, *pragmateia* bzw. *pragmatiké historia*, um die besondere Gattung der Geschichtsschreibung zu betonen (S. 92ff.). Mitunter bezeichnete er dieses Werk aber auch einfach als *historia*, wie etwa im ersten Proöm und im Epilog[1]:

> *„Am Ende, nachdem ich nun dies alles zum Abschluss gebracht habe, bleibt übrig, die Zeit, die mein Geschichtswerk (historia) umfasst, sowie die Zahl der Bücher mitzuteilen und einen umfassenden Index meiner Art, Geschichte zu schreiben (pragmateia), zu geben."*

Der Plural „Historiai" bzw. „Historiae", der heute die Ausgaben als Titel ziert, kann somit aus Polybios' Text heraus begründet werden.

1) Erhaltungszustand

Die Darstellung des Polybios will die komplexen Geschehnisse, die auf die Weltherrschaft Roms hinausliefen, in allen Facetten und Bedingungen erörtern. Alle anderen erhaltenen Erzählungen über den Aufstieg Roms zur Weltmacht hängen entweder von dieser Darstellung ab oder bieten nur Einzelaspekte aus dieser spannenden Zeitperiode auf einem methodisch wesentlich niedrigeren Reflexionsniveau.

Die exzeptionellen Ereignisse, die Polybios schildert, aber auch die Berühmtheit des Werkes und Autors führten dazu, dass diese Abhandlung viel benutzt und – was für viele antike Schriften das Todesurteil bedeutete – zusammengefasst sowie exzerpiert wurde. Der Umfang des Werkes tat ein Übriges: 40 Bücher – so viele Bücher umfasste das Hauptwerk – sind wesentlich unhandlicher als die Zusammenfassungen. Die Historien haben darüber hinaus bis zum Tode des Autors nicht den letzten Schliff erhalten und sind mehrfach überarbeitet worden. Ihr Inhalt war komplex und differenziert. So haben nur die ersten Bücher im Original bis auf die heutige Zeit die Wechselfälle der Überlieferung überstanden. Die übrigen Bücher sind Zitate und Exzerpte späterer Zeit. Diese sind von unterschiedlicher Qualität, je nach Darstellungsinteresse. Jeder Exzerptor kürzte nicht nur nach Auftrag, sondern bearbeitete das Original auch in den einleitenden und ausleitenden Passagen, um es in den neuen Kontext einzuarbeiten. Auf diese Weise sind nach den Generalthemen der Exzerpte oder der Zitate die Inhalte des Werkes ausgesucht und daher ungleichmäßig überliefert.

---

[1] Polyb. 1,3,1; 39,8,8; vgl. 6,5,2 u.v.m.

Diese nicht unkomplizierte Überlieferungsgeschichte ist vom ‚Nachleben', von der Wirkung und der Nutzung des Werkes bis zum 10. Jahrhundert zunächst einmal zu trennen. Darauf werden wir später zu sprechen kommen. Im Folgenden geht es primär um die Überlieferung des Textes.

Schon zur Zeit des Livius, also in augusteischer Zeit, war gelegentlich durch Kopievarianten die polybianische Originalversion verwässert[2]. Im 10. Jahrhundert n. Chr. waren bereits die Bücher 17, 19, 26 (s. aber S. 31 Anm. 8), 37 und (vielleicht) 40 verloren. Vollständig erhalten sind nunmehr nur die Bücher 1-5, welche die Ereignisse einer Zeit wiedergeben, die der Historiker selbst nicht erlebt hat. Das sind gerade die Teile des Gesamtwerkes, die weder den eigentlichen Gegenstand betreffen noch für die Gattung der pragmatischen Geschichtsschreibung als typisch anzusehen sind. Hier, im Bereich des Vorspanns zum Kernbericht der Zeit zwischen 220 und 167 bzw. 146, basiert sein Bericht gerade für die Ereignisse im Westen oft auf Material, das tendenziös und mitunter im historischen Wert zweifelhaft ist: Es handelt sich dabei um die römische Annalistik, insbesondere das Werk des Fabius Pictor. Auch die prokarthagische Version des Philinos von Akragas ist als Grundlage zu veranschlagen, ohne dass im Einzelnen die Anteile im Bericht des Polybios immer genau bestimmt und zugeordnet werden könnten[3]. Von den restlichen 34 bzw. 35 Büchern existieren nur noch Exzerpte, so dass nach Maßgabe des Umfangs der ersten fünf Bücher nunmehr weniger als ein Drittel des (vierzigbändigen) Gesamtwerkes erhalten ist[4].

Die Bedingungen der Überlieferung sind zum ersten Mal von Schweighäuser erörtert worden[5]. Zuletzt hat J.M. Moore die Abhängigkeiten der erhaltenen Textmanuskripte dargelegt[6]. Die Siglen dieser Manuskripte, die zusammen den Gesamttext der Historien ausmachen, fin-

---

[2] MOMMSEN (1913), S. 274ff.
[3] S. unten sowie GELZER (1933/1964), S. 133-142; WALBANK (1945/1985), S. 84-94.
[4] In der Loeb-Ausgabe Patons entfallen 2,5 Bände auf die ersten fünf Bücher, die im Original erhalten sind; 3,5 Bände enthalten die letzten 35 fragmentarischen Bücher. Nach Maßgabe der ersten 5 Bücher müsste eine Gesamtausgabe der im Original erhaltenen Darstellung des Polybios 20 Bände umfassen. Die 6 Bände der Loeb Ausgabe enthalten demnach weniger als ein Drittel. Im Original ist nur ein Achtel des Monumentalwerkes erhalten.
[5] SCHWEIGHÄUSER (1789-1795).
[6] MOORE (1965), bes. S. 171; s.a. SACKS (1981), S. 11-20; WALBANK, Com. a.l.

III Die „Historien" 31

den sich in der heute maßgeblichen wissenschaftlichen Ausgabe von Büttner-Wobst[7]. Eine neue Textausgabe ist nach Jahrzehnten der Forschung an der Textkonstitution sowie nach etlichen Erkenntnissen etwa durch epigraphische Funde geboten[8], aber leider noch nicht in Angriff genommen worden, da neben philologischem Feingefühl auch historische Spezialkenntnis erforderlich ist.

Nach Moore liegt allen erhaltenen Manuskripten ein Archetypus zugrunde, der alle Bücher des Polybios noch vollständig (evtl. bis zum 10. Jahrhundert n. Chr.) enthielt. Von dem genannten *Archetypus* hängt ein *Hyparchetypus* ab, auf dem letztendlich alle noch erhaltenen Varianten der im Original erhaltenen Bücher 1-5 und der so genannten *Excerpta Antiqua* beruhen.

Neben dem oben angeführten *Hyparchetypus*, der auf dem *Archetypus* basiert, stehen alle Exzerpte der Zeit des Konstantinos VII. Porphyrogennetos im 10. Jahrh. n. Chr. (*Excerpta de Legationibus*, M, P, Q, T, die hier unter b) eingereiht sind) in einer gesonderten Überlieferungstradition. Es ist unklar, warum die *Excerpta Antiqua*, die wie die im Original erhaltenen Bücher 1-5 auf den *Hyparchetypus* zurückgehen, nur die Bücher 1-18 enthalten. Sie sind zwar etwa gleichzeitig mit den Konstantinischen Exzerpten (also im 10. Jahrhundert) anzusetzen. Beide Traditionen sind aber völlig unabhängig voneinander.

Das Interesse an den Inhalten der Bücher 1-5 erklärt, warum diese vollständig erhalten sind. Während die Überlieferung der *Excerpta Antiqua* für die Bücher 6-18 das Original ersetzte, verdrängten die vollständigen Bücher 1-5 die entsprechenden Bücher der *Excerpta Antiqua* nahezu. Das besondere Interesse an der römischen Verfassung und Wehrverfassung (s.u. zum Nachleben) hat dazu geführt, dass Teile der *Excerpta Antiqua* (die Bücher 6, 18 und 10[9]) bevorzugt überliefert wurden. Der Verlust der Originale und Exzerpte der Bücher 19-40 kann dann damit erklärt werden, dass die konstantinischen Exzerpte ihre Überlieferung, an denen ohnehin nicht ein vergleichbares Interesse bestand, überlagerten.

---

[7] Vgl. NISSEN, KU 1863; K. ZIEGLER, RE 1574-1577.

[8] S. etwa die wichtigen Erkenntnisse, die aus der Herausgabe des Sardeis-Dossiers durch Ph. GAUTHIER (1989), S. 15-19, für die Anordnung der Fragmente im 8. Buch des Polybios (Jahre ab 213 v. Chr.) folgen. - Vgl. Informationen aus Heliodor zur Polybios-Tradition des 26. Buches über Antiochos IV., in: PRIMO (2009), S. 358-60. Ebenda zur Überlieferungssituation bis zum 10. Jh., die auch B.-W. Bd. IV, S. 182 anführt (zwei Passagen aus Athenaios und eine aus Diodor, dazu die von Heliodor bei Athenaios.).

[9] H nach B.-W. (H nicht mehr als Gruppenbezeichnung bei Moore).

Die folgende Auflistung der Manuskripte gibt die Überlieferungsbedingungen nur vereinfacht wieder.

a) Zur Gruppe der im Original erhaltenen Werkteile gehören die Bücher 1-5. Sie sind in 6 Handschriften überliefert. Die älteste ist der *Codex Vaticanus graecus* 124 (A) aus dem Jahre 947 n. Chr. Daraus könnte der Codex Britannicus 11728 (B; ehedem Florentinus) gespeist sein, der im Jahre 1417 abgefasst wurde. Von Büttner-Wobst (B.-W.) wird er auf einen eigenen Archetypus zurückgeführt, der über die Bücher 1-18 vollständig verfügte[10]. Nach Moore sind jedoch beide Codices aus einem gemeinsamen Hyparchetypus herzuleiten, ebenso wie die codices Monac. 157 (C) und 388 (D), die beide aus dem 14. Jahrhundert stammen, und die codices Paris. 1648 (E) und Constantinopolit. 25 (S: B.-W./Z 2: Moore), die beide dem 15. Jahrhundert angehören.

b) Der restlichen Werkteile sind nur in Exzerpten erhalten:
i) Die wichtigste, im 11. und 12. Jahrhundert angefertigte Exzerptensammlung (cod. Vat. Urbinas Gr. 102=F) entstand auf Grundlage der Bücher 1-18. Da keine Exzerpte aus Buch 17 erhalten sind, ist es zu diesem Zeitpunkt wohl bereits verloren gewesen. Die Exzerpte folgen (mit einer verifizierbaren Ausnahme im 5. Buch) dem ursprünglichen Ablauf der Schilderung.
ii) Eine Sammlung von Exzerpten ließ der byzantinische Kaiser Konstantinos VII. Porphyrogennetos (912-959 n. Chr.) erstellen. Diese Exzerpte sind nach inhaltlichen Kriterien zusammengestellt worden. Von den ursprünglich 53 Büchern, die jeweils einem bestimmten Inhalt bzw. Thema vorbehalten waren, sind 26 dem Namen nach bekannt und vier relativ vollständig erhalten. Die in jedem Buch mit einem bestimmten Inhalt zusammengetragenen Exzerpte stammen aus mehreren verschiedenen antiken Autoren, also nur unter anderem aus dem Werk des Polybios. Die Exzerpte sind unterschiedlichen Umfangs. Von Polybios' Darstellung sind auf diese Weise fast 800 (Teubner-) Seiten erhalten geblieben, die dem Original bis auf die einleitenden und ausleitenden Passagen eines jeden Exzerptes nahe kommen. Wichtig sind:
α) ... die *Excerpta de legatis*. Sie bestehen aus Berichten „über die Gesandten der Staaten an die Römer" (*peri presbeon ethnon pros Romaious*) und „über die Gesandten der Römer an die Staaten" (*peri presbeon Romaion pros ethnikous*). Die ursprüngliche Handschrift im Escorial (10.

---

[10] Dagegen ZIEGLER RE 1575.

oder 11. Jahrhundert) ist im 17. Jahrhundert verbrannt. Die *Excerpta de legationibus* in den Excorial-Handschriften hat erstmalig *Ursinus Antwerpiae* im Jahre 1582 herausgegeben. Die Exzerpte über die Gesandten stammen aus den Büchern 15 bis 38 – Buch 17, 19, 26, 34 und 37 ausgenommen – und stehen in der ursprünglichen Abfolge ohne Buchzahl.

β) Große Bedeutung haben auch die *Excerpta de sententiis* (*peri gnomon*), die 1827 von Angelo Mai entdeckt und herausgegeben worden sind. Sie sind erhalten im *Codex Vaticanus rescriptus* 73 aus dem 10. bzw. 11. Jahrhundert (bei Büttner-Wobst Sigle M). Es haben sich hier Exzerpte aus allen Büchern außer aus 18, 25 und 35 und außer aus den im 10. Jahrhundert bereits verlorenen Büchern 17, 19, 26, 34, 37 und 40 erhalten. Diese Exzerpte geben oft ansonsten nicht überlieferte Informationen aus dem Werk unseres Historikers, haben aber keine Buchangabe, welche die Zuordnung erleichtern würde.

γ) Die *Excerpta de virtutibus et vitiis* (*peri aretes kai kakias*) sind im *codex Peirescianus* (bzw. Tauronensis 980, nach dem Aufbewahrungsort, herausgegeben von Valesius Parisiis im Jahre 1634) aus dem 11. Jahrhundert erhalten (bei Büttner-Wobst: P). Dieser *Codex* umfasst Exzerpte aus allen Büchern außer aus Buch 29 und 35. Aber schon in diesem *Codex* waren bereits diejenigen Bücher, die Büttner-Wobst unter der Sigle M fasst (also im Codex mit den *Excerpta de sententiis*), nicht mehr bekannt. Es liegen also auch im *Codex* P keine Exzerpte aus den Büchern 17, 19, 26, 34, 37 und 40 mehr vor. In diesen Exzerpten gibt es nur einmal eine Buchangabe.

δ) Die *Excerpta de insidiis* (*peri epibulon*), die im Jahre 1830 gefunden wurden, bieten ein zentrales Stück über die Geschehnisse am ptolemäischen Hof (15,25,3-27). Sie sind im *Codex Scorialensis* W I 11 aus dem 16. Jahrhundert erhalten (bei Büttner-Wobst: Q).

ε) Zuletzt sind die *Excerpta de strategematis* (*peri strategematon*) zu nennen. Sie sind im *Codex Paris.*, B.N., Suppl. Gr. 607, aus dem 10. Jahrhundert erhalten (bei Büttner-Wobst: T). Einige Exzerpte werden dem achten Buch des Historikers zugeordnet, soweit sie von der Belagerung von Syrakus im Jahre 212 handeln: 8,3,1-7,12. Weitere Exzerpte dieser Sammlung führen die Buchangabe 21 und berichten über die Belagerung Ambrakias: 21,27,2-6; 28. Andere sind bereits anderweitig bekannt gewesen, allerdings ohne Herkunftsbezeichnung[11].

---

[11] S. ZIEGLER RE 1577 (Polyb. 8,37; 9,8,2-13; 9,11; 42,1-4).

Bewertung:

Im Zentrum des Interesses bei der Exzerpierung der polybianischen Universalgeschichte standen die Ereignisse zwischen 200 und 168 v. Chr. Dieser Teil des Gesamtwerkes, das zu dem Zeitpunkt nicht mehr vollständig erhalten war, bot für die Exzerptoren aus dem 10. Jahrhundert – soweit ihre Arbeit erhalten ist – das meiste Material. An den Stellen, an denen die Gegenkontrolle vor allem durch die Berichte des Livius und Diodor möglich ist, lässt sich erschließen, dass der *codex Urbanus* dem polybianischen Original vollkommen treu geblieben ist. Die konstantinischen Exzerpte dagegen verändern bzw. verfälschen das Original mitunter. Diese Verfälschungen sind auf Missverständnisse zurückzuführen oder erklären sich durch den neuen Aspekt der Anordnung sowie durch Kürzungen besonders am Anfang und Ende des Exzerptes. Mitunter ergänzen erklärende Beifügungen der späteren Zeit das Original. Damit wird mitunter auch der Stil (s.u. S. 134ff.) verändert. Die Exzerptoren abstrahieren, wenn das Original konkret war und wählen eine der Zeit angepasste, ‚modernere' Sprache, nach den Usancen der Zeit.

Es bleibt festzuhalten, dass das Material, das sich heute in den „Historien" des Polybios findet, im Wert stark divergiert, je nachdem welcher Überlieferungsschicht die entsprechende Passage entstammt. Das ist nicht unwichtig bei der Bewertung des Autors und seiner Darstellung im Einzelnen.

c) Antike Benutzung und Zitate:

i) In geringerem Umfang haben sich auch Textpassagen aus dem Hauptwerk des Polybios durch das byzantinische Lexikon „Suda" erhalten, sowie durch das lexikalische Werk des Stephanos Byzantios. Umfangreichere Zitate aus Polybios bietet dagegen Athenaios. Seine fünf Zitatenfragmente stammen aus den Büchern 16-30. Drei weitere Fragmente aus Polybios finden sich bei Heron. Allerdings haben schon früher der Biograph Plutarch, der Historiker und Geograph Strabon, sowie Flavius Josephus, Diodor und Appian mehr oder weniger originalgetreue Textpassagen aus dem Hauptwerk bewahrt.

ii) Einen sehr wertvollen Beitrag bei der Rekonstruktion und Ergänzung der verlorenen Werkteile bietet das Werk *ab urbe condita* über die römische Geschichte von der Gründung der Stadt bis zum Tod des Drusus d.Ä. im Jahre 9 v. Chr. aus der Hand des Titus Livius. Livius hat mitunter schon beim Bericht der Ereignisse ab 218 (d.h. ab Buch 21 seines Werkes *a.u.c.*) von Polybios' Historien profitiert. Besonders aber

III Die „Historien"

die Ereignisse am östlichen Mittelmeer ab 200 v. Chr. (d.h. ab Buch 31) hat er bei Polybios ziemlich wortgetreu abgeschrieben.

Nach eigener Aussage ließ sich Livius häufiger zu umfangreicheren Referaten aus Polybios mitreißen als ursprünglich geplant[12]. Mehrfach wird Polybios als Quelle explizit erwähnt[13]. Livius übt gar Kritik an dem römischen Historiographen Valerius Antias mit Hilfe der Angaben aus Polybios[14].

Dabei ist festzustellen, dass Livius' Abschrift aus Polybios wesentlich originalgetreuer als die griechischen Exzerpte sein kann. Diese Abschrift ist aber auch deshalb so nahe am polybianischen Original, weil Livius nicht viel Zeit zur Verfügung stand (gest. 17, vielleicht auch 12 n. Chr.). Die 142 Bücher seines Werkes *ab urbe condita* sind in ca. 38 Jahren abgefasst worden. Livius hatte folglich etwa 3-4 Bücher pro Jahr abzufassen. Das ließ nicht viel Spielraum für ausgedehnte Nachforschungen, die sich erübrigten, wenn man der Quelle vertrauen konnte. Gleichwohl ist Livius dem polybianischen Original nicht immer gerecht geworden, selbst wenn er sich an diesem Werk ausrichten wollte[15]. Aber weder Sorglosigkeit oder Schwierigkeiten mit dem Griechischen können pauschal dafür verantwortlich gemacht werden[16]. Die Gründe sind auch hier komplex und können nur kurz und auswahlweise angeführt werden.

In der Regel waren Verfälschungen und (interpretierende) Veränderungen des Originals beiläufig, nicht prinzipiell motiviert. Sie traten bei Auslassungen und Verkürzungen in methodischen[17], geographischen Passagen[18] sowie bei Erörterungen zur makedonischen Taktik auf. Polybianische Aussagen wurden weiter in diachronischen Exkursen (in Ländergeschichten etwa) verkürzt. Auch Rechtfertigungen aus griechischer Perspektive gab Livius mitunter weniger Raum. Weniger fällt vielleicht ins Gewicht, dass Livius bei der Übertragung Verhältnisse und Gegebenheiten, die zur Zeit des Polybios existierten, im Präsens wiedergab, wenn sie gleichwohl für Livius längst der Vergangenheit angehörten[19]. Auslassun-

---

[12] Liv. 31,1,1-5.
[13] Liv. 30,45,5; 33,10,10; 34,50,6.
[14] Liv. 33,9,8.
[15] BRISCOE (1993), S. 39-52.
[16] So WALSH (1958), S. 83-88.
[17] Polyb. 22,18; vgl. Liv. 39,23,5f.
[18] Polyb. 16,29ff., vgl. Liv. 31,17.
[19] Liv. 33,17,5-8 (Leukas); 34,51,5 (Thessaler); 35,38,3 (Diana-Festlichkeiten) u.a.m.

gen und Verfälschungen konnten darüber hinaus rein äußerliche Gründe haben, etwa durch die Art der livianischen Übernahme. So konnte es sein, dass Livius ungenau oder fehlerhaft[20] bzw. mit Missverständnissen übersetzte[21].

Aber auch Stilbesonderheiten verfremdeten das polybianische Original: Livius konnte sich etwa zur Kürzung von Formulierungen des Polybios gezwungen sehen, die um Genauigkeit bemüht waren. Oder er schaltete rhetorische Stilfiguren ein, um holprige Sachverhalte zu glätten und der Schilderung Eleganz zu verleihen[22].

Weiter nahm Livius mitunter auch inhaltliche Umformungen vor, wenn Inhalte und Erörterungen aus römischer Perspektive uninteressant schienen. Das gilt für Erklärungen, die für Griechen bestimmt waren[23], darüber hinaus für die Namen von Gesandten. Livius nahm jedoch Ergänzungen vor, wenn er es für nötig hielt, dem zeitgenössischen, römischen Leserpublikum Erklärungen zu bieten – und nicht zuletzt auch bei patriotisch motivierten Einlassungen.

Generell jedoch, soweit Livius auf Polybios beruht, ist sein Quellenwert gar nicht hoch genug einzuschätzen. Es wäre jedoch problematisch, ihn gegen Polybios methodisch wie inhaltlich ins Feld zu führen und mit ihm den Griechen gar prinzipiell zurückzusetzen[24].

2) Inhalt
a) Die **Proömien** und die Werkökonomie

In den Proömien am Anfang der Bücher 1 und 3[25] erfolgt eine Einführung in den Inhalt. Im ersten Proömium stellte Polybios sein Werk in der ersten Konzeption für die Zeit von 220 bis 167 v. Chr. vor. Es ging ihm hier darum zu zeigen,

> *"wie und durch welche Art von Einrichtung und Verfassung ihres Staates beinahe der ganze Erdkreis in nicht ganz dreiundfünfzig Jahren unter die alleinige Herrschaft der Römer geraten ist."*[26]

---

[20] Liv. 38,11 u. 38: Polyb. 21,32 u. 42.
[21] Liv. 38,11,9: Polyb. 21,32,13 bei Liv. T.Q. statt L.Q. 192 v. Chr. Cos.; Liv. 38,38,8 („*monerem*" sinnlos): Polybios 21,42,13.
[22] NISSEN, KU, S. 23ff.
[23] Polyb. 21,10, vgl. Liv. 37,19,6-7.
[24] Wie bei TRÄNKLE (1977).
[25] Polyb. 1,1-5; 3,1-5.
[26] Polyb. 1,1,4-5.

III Die „Historien" 37

Die nachträgliche Erweiterung um die Zeit von 167 bis 146 v. Chr. wird im 2. Proömium im dritten Buch begründet[27]. Nach Polybios müsse man:

> „... *wohl zu den erwähnten Ereignissen noch eine Schilderung der Politik der Sieger in der Folgezeit hinsichtlich der Art, wie sie über die Welt herrschten, und eine Darstellung der Reaktionen und der verschiedenartigen Urteile der anderen über ihre Gebieter hinzufügen.*"[28]

Denn was in der ersten Konzeption durch den unwiderstehlichen Willen der Tyche (S. 83ff.) als des allgegenwärtigen Prinzips notwendig auf die Herrschaft der Römer hinauslief, reichte nun dem Historiker nicht mehr. Der Sinn der Herrschaft erschöpfe sich nicht im Siegen allein. Zugleich mit dem Perspektivenwechsel wird also suggeriert, dass darin der eigentliche Wert liege. Dadurch wird die Prägnanz des Entwurfs des ersten Werkteils jedoch aufgeweicht.

Weiter legte der Autor in den genannten Proömien die methodischen Prinzipien dar, die aus gegebenem Anlass laufend ergänzt und erweitert werden. Aus diesen Erörterungen wird klar, dass sich dieses Werk, das sich insgesamt als pragmatische Handreichung für Politiker und Feldherren verstand, insbesondere an die griechische Elite richtete[29]. Manchmal gewinnt man im zweiten Teil des Monumentalwerkes den Eindruck, dass darüber hinaus auch die römische Elite in den Adressatenkreis einbegriffen ist[30], nicht zuletzt da die griechischen Staaten und ihre Repräsentanten politisch zunehmend eingeengt wurden[31]. Die griechische Perzeptionsperspektive bleibt aber bis in die letzten Bücher des Werkes berücksichtigt, die auch deutlich in der Diskussion der Haltungen zur Expansion der Römer thematisiert wird[32]. Es gibt darüber hinaus Prinzipien und Schemata, die – vielleicht weil unbewusst mitgedacht – nicht in den Proömien direkt angesprochen werden und gleichwohl in den erhaltenen Werkteilen gelegentlich zum Tragen kommen. Angesprochen sei hier ein spezifisches Dekadenz-‚Modell', das bei Polybios vor dem Hintergrund der achäischen Katastrophe oder der gracchischen Unruhen besonders in den Werkteilen, die auch nachweislich späte Inserate sind, hineingespielt haben könnte. Derartige prinzipielle Vorstellungen, also Schemata, Topoi und Grundprinzipien, wenn sie wirksam gewesen sind, hinderten den

---

[27] Polyb. 3,4-5.
[28] Polyb. 3,4,6.
[29] Polyb. 3,21,9; 6,11,3-8.
[30] Polyb. 31,22,8.
[31] Polyb. 3,59,3-5.
[32] Polyb. 36,9.

Historiker jedoch nicht daran, stets eine adäquate, individuelle Fall- bzw. Situationsdiagnose anzustreben. Nicht immer konnte er dieses Bestreben einlösen[33]. Derartige Topoi widersprechen aber nicht den methodischen Prinzipien der Proömien. Vielmehr ist gerade die Auffassung der Verschlechterung der sittlichen Zustände (in Rom) geradezu als Antwort auf die in der erweiterten Konzeption im zweiten Proömium zugrunde gelegte Fragestellung zu verstehen (s.u. zum Grundcharakter des zweiten Werkteils, S. 62ff.).

Über die Werkökonomie gibt der Historiker in den Proömien am Anfang des 1. und 3. Buches, besonders aber im zweiten Proömium Auskunft. Dem Proömium zum Buch 11 zufolge gab es für die Bücher 1-6 *prographai* – dies könnte ein Indiz für eine Extraedition dieser Bücher sein (zum 6. Buch s.u.). In den Büchern, die folgen, gingen dem Haupttext *proektheseis* voraus: Im Falle der *prographai* handelt es sich um knappe Inhaltsangaben, die am Buchrollenäußeren angebracht waren und mithin leicht verloren gehen konnten. *Proektheseis* dagegen sind in den Haupttext eingegliederte Inhaltsangaben gewesen. Ab der 141. Olympiade liegt eine annalistische Ordnung der Darstellung zugrunde. Auf die Chronologie des Polybios und die systematisierend-analytischen Bücher[34] ist noch näher einzugehen.

b) Inhalt und Aufbau der „Historien"
Die im Original erhaltenen Bücher 1 und 2 sind als Vorspann (*prokataskeué*) gedacht gewesen.

In **Buch 1** soll mit dem Vorspann ein geeigneter Anfangspunkt gefunden werden[35]. Durch den Beginn der Schilderung mit den Jahren ab 272/264 v. Chr. stellt sich Polybios in die Tradition der *historia perpetua* (Cicero), indem er den Anschluss an einen Vorgänger suchte: Für die Geschehnisse im Westen, d.h. für Italien, Sizilien und Libyen (Afrika) griff er bis zum Ende des Werkes des Timaios von Tauromenion zurück[36], der seine Darstellung mit dem Tod des Pyrrhos abschloss[37]. Für

---

[33] CHAMPION (2004), z.B. bezogen auf den römischen Senat: S. 105-122. S.a. S. 118f.
[34] Die Bücher 6; 12; 24; 34, die sich strukturellen oder prinzipiellen historiographischen Fragen widmen und die Darstellung des Ereignisgangs unterbrechen.
[35] Polyb. 1,3,7-10; 1,5; 3,1.
[36] Polyb. 1,5,1; 39,8,4.
[37] Polyb. 3,32,2-3.

III   Die „Historien"   39

die Ereignisse im Osten setzte er mit dem Jahr 220 explizit am Ende der autobiographischen Erinnerungen des politischen Vorbildes aus Achaia, Aratos von Sikyon, ein[38]. Da er zunächst vor allem für ein griechisches Leserpublikum schrieb, setzte er die Ereignisse im Osten für die Zeit vor 220 mit Ausnahme der Geschichte Achaias im Wesentlichen als bekannt voraus[39]. Folglich ist die Schilderung im Buch 1 insbesondere den Ereignissen des Ersten Punischen Krieges (264-241) und des afrikanischen Söldnerkrieges (240-238) gewidmet.

Im **Buch 2** wird der Vorspann, die *prokataskeué*, mit der Schilderung des Ersten Illyrischen Krieges fortgesetzt. Zum polybianischen, von einer prorömischen Quelle abhängigen Bericht bietet die Darstellung des Appian (*Illyriké*) eine alternative Version, in welcher der Illyrerkönig Agron zuungunsten seiner Witwe Teuta größere Anteile an der Handlung erhielt (s. S. 139-140). Der achäische Historiker stellt weiter in diesem Buch die Entstehung des Barkidenreiches in Spanien dar, die Gallierkriege in Norditalien und die achäische Geschichte. Dieser geschichtliche Abriss, „Achaika" genannt, ist vermutlich ein Inserat aus der Phase vor der zweiten Konzeption des gesamten Geschichtswerkes[40] – wie sie im dritten Buch anvisiert ist[41]. Folglich ist der Überblick über die achäische Geschichte bereits vor 145 v. Chr. entstanden. Die fehlende Gesamtedition ist dafür verantwortlich zu machen, dass der Autor den Achaia-Exkurs nicht in den einleitenden Passagen zur Gesamtkonzeption im dritten Buch erwähnte, wenngleich die „Achaika" den Zielsetzungen der einleitenden Bücher durchaus gerecht werden[42]. In diesem achäischen Exkurs

---

[38] Polyb. 4,2,1. Vgl. 4,1,9. Da gerade der Beginn der Herrschaft des Philipp V. (im 4. und 5. Buch) mitunter aus der Perspektive des Aratos auch nach 222-221, also nach dem von Polybios angegebenen Ende der Autobiographie des Aratos, geschildert wird, ist es möglich, dass Familienberichte – etwa aus der Hand des gleichnamigen und im zweiten Jahrh. politisch tätigen, jüngeren Aratos – dem Historiker vorlagen (ERRINGTON (1967), S. 20, Anm. 9) oder dass Aratos' Autobiographie selbst Ausblicke auf die Zeit nach 220 lieferte.

[39] Polyb. 2,71,3-10.

[40] Polyb. 2,37.

[41] Polyb. 3,32,2-3.

[42] Zur *prokataskeué* s.u. u.a. 77. Zum Achaia Exkurs im 24. Buch und zu den Entstehungsperioden S. 52, 55-56 und 58ff.

sind „Ansätze einer Theorie der Bundesstaaten" in Auseinandersetzung mit Aristoteles enthalten[43].

Die Ereignisse im Vorspann der ersten zwei Bücher, die nach Ost und West bis etwa 220 getrennt verlaufen, enthalten dann noch den Kleomeneskrieg, und zwar bis zur Niederlage des Spartanerkönigs gegen den Makedonenkönig Doson bei Sellasia (222 v. Chr.). Doson war es kurz zuvor gelungen, einen ebenso schlagkräftigen wie freiheitlich gestalteten Hellenenbund mit dem Juniorpartner, dem Bundesstaat Achaia unter der Führung des Aratos, und anderen griechischen Bundesstaaten zu gründen, dem der Spartanerkönig nicht gewachsen war.

In **Buch 3** behandelt Polybios (nach dem zweiten Vorwort) die Ereignisse im Westen, vom Beginn des Hannibalkrieges bis zur Schlacht von Cannae (219-216 v. Chr.) sowie den Zweiten Illyrischen Krieg (219 v. Chr.).

Die **Bücher 4 und 5** haben die Ereignisse des Ostens zwischen 220-216 v. Chr. zum Inhalt, besonders den so genannten Bundesgenossenkrieg der Mitglieder des Hellenenbundes unter der Führung Philipps V., des Nachfolgers von Doson in Makedonien, gegen die Aitoler, den Koilesyrienkrieg zwischen Antiochos III. und Ptolemaios IV. Philopator, sowie die zeitgleichen Ereignisse in Kleinasien, in der Ägäis und an den Meerengen. Mit diesen Büchern enden die im Original überlieferten Bücher der polybianischen Universalgeschichte.

Ab **Buch 6** ist das Werk nur noch fragmentarisch erhalten. Die Überlieferung ist aber von Buch zu Buch unterschiedlich. Vom Buch 6 ist weniger als die Hälfte, vielleicht gar weniger als ein Drittel überliefert. Die Erörterung der römischen Verfassung ist für Polybios wichtig, denn ihr Zustand erkläre den Aufstieg Roms zur Weltmacht. Weiter dient dem Autor die Verfassungsanalyse als Begründung dafür, dass die Römer nach Cannae ihre größte Bestandskrise bewältigten. Nicht umsonst unterbricht das systematische Kapitel gerade an dieser Stelle den Erzählgang[44], als nämlich die Römer gerade gegen Hannibal zu unterliegen schienen. Polybios hält mehrfach für seine systematischen Bücher in der chronologischen Darstellung ein, insbesondere bei Umbruchssituationen. Zur Analyse der Ursachen (*aitiai*) und zu den Ursachenkategorien bei Polybios werden wir später kommen.

---

[43] Zu dieser Auseinandersetzung s. unten S. 61ff.; die Nachwirkungen der polybianischen Ausführung zum Achäischen Bund (über die Rezeption des Livius) s. S. 142ff.
[44] Polyb. 6,2; 6,11,1-2; vgl. 3,118,11-12.

Die Beschreibung der Verfassung der römischen Republik bietet der Historiker vor allem den griechischen Lesern[45]. Zunächst wird theoretisch entwickelt, warum die Mischverfassung, gerade die römische, die beständigste aller Verfassungen (Verfassungsgrundformen) ist[46], die den Griechen geläufig sind. Dabei wandte Polybios übliche und den griechischen Zeitgenossen bekannte Theorien an und kombinierte sie: die Kreislauftheorie, die keineswegs nur bei Platon, auf den sich Polybios bezieht (6,5,1), zu finden und auf die Staatstheorie beschränkt ist, und das aristotelische Prinzip der *Mesótes*, das sich auch auf die soziale und institutionelle Organisation der Staaten anwenden ließ (s.u. Quellen für Buch 6). Auch für die nicht selbstverständliche Verbindung beider Theorien war Polybios nicht der Erfinder[47]. Ziel seines philosophisch bzw. staatstheoretisch untermauerten Argumentationsgangs ist es, den griechischen Lesern (eben nicht nur mit rhetorischen Mitteln, sondern „wissenschaftlich" begründet) die Überlegenheit der römischen Verfassung darzulegen und nahe zu bringen.

Dabei ist zu bedenken, dass eine Verfassung nach antikem Verständnis wesentlich mehr umfasst als das reine institutionelle Gefüge und das schriftlich abgefasste Korsett von Gesetzen, das sich nach modernem Verständnis ein jeder Staat zulegt. In der Antike dagegen war ein Staat ‚verfasst' oder gar nicht existent. In dem *erhaltenen Teil* des 6. Buches geht es jedoch im Wesentlichen ‚nur' um das institutionelle Gefüge und die Wehrverfassung, soweit es die römische Republik betrifft. Was in der ursprünglichen Version noch zum römischen Sozialsystem gesagt worden ist, lässt sich anhand der polybianischen Äußerungen zum Bestattungsritus allenfalls erahnen.

Zur Zeit des Polybios galt die Mischverfassung allgemein, gleichgültig welche konkrete Verfassung (im Spektrum zwischen Demokratie und Aristokratie) damit verbunden wurde, als ein Ideal. Dem Gesetz des Kreislaufs (*anakyklosis*), des Werdens und Vergehens, ist jede Konstitution prinzipiell ausgesetzt. Dabei durchlebt jede der drei Verfassungstypen in der Folge seine Grundstufe und seine Entartungsstufe, um dann in den nächsten Verfassungstyp über zu springen. Es folgen also idealer Weise aufeinander: Grundstufe: das ursprüngliche Königtum bzw. die Monarchie – Entartung: Tyrannis: = Wechsel zur Grundstufe: Aristokratie – Entartung: Oligarchie: = Wechsel zur Grundstufe: Demokratie –

---

[45] Polyb. 6,11,3-8.
[46] Polyb. 6,3-10.
[47] WALBANK, Comm. III, S. 635-662, bes. 640-641.

Entartung: Ochlokratie usw. Der innere Umsturz folgt demnach einer (berechenbaren) Gesetzmäßigkeit im Gegensatz zu demjenigen von außen.

Derjenige Staat, der in einer Mischverfassung organisiert ist, ist beständiger[48]. Eine Mischverfassung entsteht durch ein Gleichgewicht der Kräfte jeder Grundform. In Rom sei dies nach Polybios erreicht worden: Die führenden Magistrate mit der ursprünglich königlichen Allmacht, der *imperiums*-Gewalt, die Konsuln, repräsentierten die Monarchie. Der Senat als Versammlungsort der *nobiles* stünde für die Aristokratie und das Volk, die *plebs*, für die Demokratie. Deutlich wird jedoch gesagt, dass auch die Mischverfassung dem Verfallsprinzip nach Maßgabe der Kreislauftheorie unterliege, auch die nahezu ideale Mischverfassung in Rom. Der Verfall der Mischverfassung tritt nach der Auffassung unseres Historikers entweder durch äußeren Druck ein oder indem die demokratischen Elemente Überhand gewinnen. Die demokratiekritische Haltung des Historikers wird nicht nur hier deutlich.

Polybios kennt den Beginn der innerrömischen Unruhen ab 133 v. Chr., die durch die gracchischen Reformversuche ausgelöst wurden, zu dem Zeitpunkt, an dem er sich daran machte, das in einer Version bereits vorab veröffentlichte 6. Buch nachzubessern. Seiner Meinung nach krankte auch die römische Verfassung an der Zunahme des demokratischen Elements, und zwar durch die Verselbständigung des Volkstribunats. Dadurch werde eine *Ochlokratie*, die regellose Pöbelherrschaft, ermöglicht[49]. Damit stellt sich Polybios im innenpolitischen Streit deutlich auf die Seite der Scipionen und reiht sich in die Gruppe der Kritiker der Gracchen, die sich zunehmend innerhalb der Nobilität isolierten, ein. Ihre Polemik stigmatisierte besonders Gaius' politische Praxis als Tyrannis, mit der er am Senat vorbei mit der Volksversammlung langfristige und nachhaltige Politik zu betreiben schien.

Aber der Historiker erörtert nicht nur *en detail*, inwiefern die römische Verfassung eine herausragende Mischverfassung ist[50]. Auch die Darstellung der römischen Wehrverfassung – konsequent nach der erörterten antiken Auffassung über Verfassungen – soll die Argumentation der

---

[48] S. MIONI (1949), S. 49-78, bes. 57ff.
[49] Polyb. 6,57 (s.a. Polyb. 6,10; bes. auch Polyb. 2,21,8 und das negativ konnotierte Wirken des Marcellus in Polyb. 18,42; vgl. Vorahnung Scipios in Polyb. 38,21-22 – dies mit Ed. MEYER gegen ZIEGLER RE 1495/1497, der hierfür die Reformen des Laelius um 140 v. Chr. anführt.
[50] Polyb. 6,11-18.

III Die „Historien" 43

Leistungsfähigkeit der römischen Republik insgesamt unterstützen[51]. Nach der Erörterung des Charakters der Konstitution und nach der Darstellung der Wehrverfassung geht Polybios darauf ein, warum die römische Mischverfassung unter allen anderen Mischverfassungen[52] sowie im Vergleich mit Athen und Theben, deren Verfassungen qualitativ jedoch allzu sehr von leitenden Personen abhängig gewesen seien, überlegen ist[53].

Die römische Verfassung lässt aber nicht nur diese, sondern auch die Gemeindeverfassungen auf Kreta und in Platons Staat weit hinter sich. Hier argumentiert Polybios nicht konsequent, denn die Gemeinden auf Kreta werden von ihm als korrupt, also in der Praxis, und Platons Staat wird als theoretisches Konstrukt abgetan. In die Endausscheidung im ‚Wettstreit' der besten Verfassungen kommen eigentlich nur zwei weitere Staaten: das Lykurgische Sparta und die „Mischverfassung" Karthagos. Die von Lykurg geschaffene Verfassung Spartas hat mit den verfassungspolitischen Aktivitäten des Kleomenes, der sich zwar propagandistisch auf alte Traditionen berief, aber damit letztlich nur ein Herrschaftsinstrument nach innen und eine Basis für eine künftige Hegemonie auf der Peloponnes schaffen wollte[54], nichts gemein[55]. Nach Polybios sei die Lykurgische Verfassung nur für die Vormachtstellung über die Peloponnes hin konzipiert und auch nur so lange tauglich gewesen, wie die Spartaner sich auf die Vorherrschaft in diesem Gebiet selbst beschränkt hätten. Diese Verfassung, die dem Intellekt einer einzelnen, wenn auch überragenden Persönlichkeit geschuldet ist, ist gegenüber der römischen im Nachteil, die organisch sowie vom Kollektiv gestützt gewachsen und daher für die Weltherrschaft tief gerüstet sei[56].

---

[51] Polyb. 6,19-42.
[52] Polyb. 6,43-53.
[53] Vgl. Polyb. 9,23,6 für Athen; zur Begründung der negativen Haltung des Polybios zu Athen s. DREYER (1998), S. 235-240; Athens Hegemonie ist nach Polybios von der *Hybris* geprägt, ähnlich derjenigen der Rhodier 177 v. Chr., Polyb. 25,4, die daher auch bestraft wird: Polyb. 30,4-5.
[54] Buch 2; vgl. Plut. Kleom. 20,3 (auf Basis der Darstellung Phylarchs).
[55] Explizit Polyb. 4,81,12-14; der Abstieg Spartas schon mit Agesilaos, Polyb. 9,23,7.
[56] Sparta Lykurgs Polyb. 6,10-11: Vorteil der römischen Verfassung besteht in der natürlichen Entstehung, so dass sie für Expansion geeignet sei, und ist nicht lediglich Geburt eines immerhin rational gelenkten Geistes, s. dafür Polyb. 10,2,8-12.

Am nächsten kommt nach Polybios qualitativ nur die Verfassung Karthagos, die *an sich* ebenbürtig mit derjenigen Roms, allerdings nach den Kriterien des natürlichen Kreislaufs schon jenseits des Höhepunktes ihrer geschichtlichen Entwicklung gewesen sei, als der Konflikt mit Rom ausbrach[57].

„*Denn da es überall – sowohl im Organismus als auch in der Verfassung als auch im Handeln – von Natur Wachstum, danach einen Scheitelpunkt, darauf ein Absinken gibt und alles auf seinem Höhepunkt am kraftvollsten ist, so war es eben der Punkt in dieser Entwicklungskurve, worin sich beide Verfassungssysteme voneinander unterschieden. Da nämlich die Verfassung der Karthager früher stark war und früher in Blüte stand als die der Römer, hatte sie damals auch schon den Höhepunkt überschritten, während Rom ihn in seiner Verfassungsordnung gerade zu dieser Zeit erreicht hatte.*"

Hinsichtlich des Verfassungsaufbaus und -charakters ist dies – und das ist bemerkenswert – der einzige Unterschied, der sich zum Nachteil Karthagos ausgewirkt habe. Den staatlichen Aufbau der punischen Metropole wertet Polybios damit sicherlich über die Maßen auf. Aber es kommt noch weiteres hinzu, wenn auch die entsprechenden Ausführungen des Historikers nicht mehr vollständig erhalten sind und zum Ende des überlieferten Teils des 6. Buches abbrechen.

Denn der Vergleich mit Karthago gab vielleicht dem Historiker den Anlass, ebenfalls die römischen Sitten (vergleichend) zu betrachten. Auch diese Erörterung sollte die Überlegenheit Roms gegenüber den Puniern erklären. Pauschalisierend qualifizierte der Historiker den Charakter der Punier als unzuverlässig ab. In diesem Zusammenhang wirkte sich die demokratische Verfassungsentwicklung, die Polybios zufolge nach dem Verlassen des Idealzustands in Karthago zu konstatieren sei, negativ aus. Folglich bestimmten dort nicht mehr die Besten die Entscheidung und die Schwächen im Militärwesen hätten zugenommen[58] – ganz im Unterschied zu Rom. Das führte Polybios zu einem weiteren wichtigen Aspekt der römischen ‚Verfassung', der jenseits des institutionellen Gefüges lag.

Der Historiker bewies in diesem Zusammenhang – leider nicht mehr in einer bis ins Letzte nachverfolgbaren Art und Weise – seine Sensibilität gegenüber der Bedeutung des römischen Sozialsystems. Das Fehlen einer entsprechenden Darstellung in der ursprünglichen Fassung wird daher oft zu Unrecht inkriminiert. Vielmehr wird noch in den erhaltenen

---

[57] Polyb. 6,51,4-5.
[58] Polyb. 6,53-59.

III Die „Historien"

Fragmenten die ursprünglich vorhandene Aufmerksamkeit für das römische Sozialsystem erkennbar, das nach Polybios eine nicht zu unterschätzende, dynamisierende, die Opferbereitschaft steigernde, die innere Integration aller Bevölkerungsteile fördernde Funktion erfüllte.

Diese Funktion und ihre Bedeutung war sicherlich dem griechischen Betrachter nicht leicht verständlich zu machen. Es wäre schön, wenn dieser Teil des 6. Buches noch vorläge: Immerhin spielt der erhaltene Teil im Rahmen der Erörterung der römischen Bestattungssitten noch auf die Bedeutung des römischen Ritus und der Religion, der gentilizischen Traditionen und des Klientelsystems an. Die Erörterungen über die römische Wehrverfassung (Aufstellung und Organisation des Heeres, Hierarchien, Disziplin, Belohnungs- und Bestrafungssystem, Lagerbautaktik, Marschordnung etc.), welche sowohl die römische Sozialverfassung als auch die politische Ordnung spiegelt, stellen heute die wertvollsten und differenziertesten Auskünfte über das römische Militärwesen im 2. Jahrhundert v. Chr. dar. Sie sind immerhin relativ umfangreich erhalten und geben so einen Eindruck von der Dynamik, die von diesem sozialen und politischen System ausgeht[59].

Mit der Erörterung der Verfassung will Polybios erklären, warum das römische Weltreich unter allen Vorgängern das beständigste ist. Ebendies hatte er schon im ersten Proömium des ersten Buches zu begründen gesucht, als er das römische Weltreich in der Abfolge der drei vorangehenden Weltreiche charakterisierte und hervorhob. Auch hier betrat Polybios ausgetretene Pfade. Schon vor ihm und natürlich nach ihm wurde (etwa aus jüdischer oder christlicher Perspektive) das derzeitige oder das prospektierte Weltreich als ideale Endstufe in einer Reihe von Reichen gesehen. Die Abfolge war dabei keineswegs kanonisch festgelegt. In Polybios' Fall gingen dem römischen, vollkommenen Weltreich (so wenigstens im ersten Buch!) dasjenige der Perser, Spartaner und der

---

[59] S.o.; Polyb. 6,19-42. Diese Erörterungen werden bei sich ergebender Gelegenheit durch Polybios laufend ergänzt, etwa die Spezifika der römischen Lagerbautechnik, im Vergleich zur makedonischen, anlässlich der Schilderung der militärischen Auseinandersetzungen im Philippkrieg (Polyb. 18,18), die in der Schlacht von Kynoskephalai 197 v. Chr. kulminierten (Polyb. 18,19-26), mit dem römischen Sieg in einer Feldschlacht über die Armee, die in der Nachfolge Alexanders mit der Phalanxkampftaktik noch immer bis dahin als unbesiegbar galt. Polybios gibt sich viel Mühe, diesen römischen Sieg zu erklären (Polyb. 18,27-32). – Über den historischen Wert der Ausführungen des Polybios über die römische Wehrverfassung s. z.B. Walbank, Comm. I, p. 697-723.

Makedonen voraus[60]. Im Vergleich zum römischen hätten die vorangegangenen Weltreiche nie die ganze Oikumene (*ta peri ton holon*) beherrscht, insbesondere nicht die kriegstüchtigen Völker des westlichen Mittelmeers. Daraus könnte man ableiten, dass Polybios am Orient kein wirkliches Interesse hatte und der Beherrschung dieser Gegend, besonders wenn sie jenseits des Tauros lag, keine wirkliche Bedeutung zumaß. Diese eingeschränkte Perspektive hat in der Einengung des Hellenenbegriffs in seiner Zeit, die der Historiker übernimmt, sowie in der auswählenden Bemühung um Primärquellen aus den geographischen Bereichen, denen sein Hauptinteresse gilt, eine Entsprechung (s.u.). So war Polybios – ganz wie die Mehrheit seiner Zeitgenossen – primär an den Folgen der spektakulären Rückeroberung der Oberen Satrapien durch den Seleukiden Antiochos III. zwischen 213 und 205 für die Griechen, die in Kleinasien und Europa wohnten, interessiert[61], selbst wenn man in Rechnung stellt, dass nur noch ein Torso des polybianischen Berichts über die „Anabasis" des Antiochos III. nach dem Vorbild Alexanders erhalten ist. Weiter war das römische Weltreich für den achäischen Historiker im Jahre 168 ‚vollendet', obwohl es nicht alle Bereiche im Orient umfasste, die zumindest den Achaemeniden und den Makedonen botmäßig waren – es sei denn, der „Tag von Eleusis" würde als formeller Unterwerfungsakt des Antiochos IV. und des Seleukidenreiches unter die Herrschaft Roms betrachtet[62]. Doch war im Jahre 168 noch nicht jeder Widerstand gegen diese neue Weltherrschaft endgültig gebrochen.

Wie die Einschätzung von einzelnen römischen Adligen durchaus differenziert und unterschiedlich ausfallen kann (s.u. etwa zu Titus Quinctius Flamininus, Scipio Africanus Maior), so ist die polybianische Sicht auf Rom, die römische Verfassung und die römische Politik vielschichtig: Polybios bewertet die Entwicklung der inneren Verhältnisse in Rom keineswegs einheitlich und nur positiv. Auch die Politik des Senats gegenüber den schwächeren griechischen Staaten beurteilt er im jeweiligen Fall verschieden. Hier wie bei den herausragenden Persönlichkeiten seiner Geschichte (Antiochos III. und Philipp V. etc.) gibt es für ihn generelle Tendenzen zum Positiven bzw. Negativen, die von der Bewertung im Einzelfall zu unterscheiden sind, nicht nur im Falle Roms und römischen Hauptgegner: Auch Achaia hat in der Geschichte viele Höhen und Tiefen erlebt: Von der Unterwerfung des Aratos unter Antigonos

---

[60] Polyb. 1,2,1-7. Vgl. 38,22,2.
[61] Polyb. 11,39,14-16.
[62] Polyb. 29,27.

III Die „Historien" 47

Doson in den 220er Jahren, um den Bundesstaat vor der sicheren Niederlage gegen Kleomenes zu bewahren, über den Aufstieg bis hin zum Jahre 198, bzw. 191, und bis zur zunehmenden Abhängigkeit von Rom zwischen 188 und der Katastrophe von 146. Hierin spiegelt sich auch die Bewertung der Außenpolitik Roms, die zwar vor 172 gelegentlich negativ bewertet, der aber prinzipiell ehrenhafte politische Prinzipien und Reglementarien unterstellt werden. Ab 180, besonders ab 171 wird die Politik des Senats in der Bewertung des Historikers immer willkürlicher und unberechenbarer eingeschätzt, sei sie nun durch das Misstrauen gegenüber den zeitgenössischen Griechen geprägt oder wegen der mangelnden Konkurrenz provoziert.

Athens Hegemonie im Seereich – am Ende zur *Arché* verkommen – verdient nicht Polybios' Erwähnung. Der Hegemonie Philipps II. wird dagegen eine ganz wichtige Funktion zugeschrieben, da sie Griechenlands Bestand vor der Bedrohung durch Barbarenvölker vom Rand her gesichert hat – ein wichtiger Grund, warum das Bild dieses Herrschers bei Polybios positiv konnotiert ist (s.u. S. 70ff.).

Diese theoretischen Erörterungen sowie das Regelwerk auf rational-abstrakter Ebene, das im Zusammenhang der Verfassungserörterung die römische Verfassung für griechische Leser verständlich machen sollte, hinderten Polybios aber nicht daran, in anderen Werkteilen fallweise und individuell den Charakter der griechischen Staaten wie der in ihnen handelnden Personen einzuschätzen[63]. Dabei lassen sich nicht immer die Fallanalysen mit den generellen Aussagen, soweit erhalten, nahtlos in Übereinstimmung bringen. Hier wie bei anderen Gelegenheiten ist mitunter ein gewisser Hiat zwischen dem ‚theoretischen' Polybios der systematisierenden Exkurse und der einleitenden Erklärungen auf der einen Seite und dem ‚empirischen' Polybios der Ereignisdarstellung festzustellen[64]. Es wäre aber ein Fehlschluss, den Historiker mit seinen Fallanalysen gegen die Passagen anzuführen, in denen er auf abstrakter Ebene wirkungsmächtige Faktoren herauszuarbeiten versucht.

Das gilt auch für die prinzipiellen Erörterungen in den anderen Büchern: Im Falle der Verfassungserörterung zum Achäischen Bund im zweiten Buch[65] ging es dem Achäer nicht um eine Verfassungsanalyse der Gliedstaaten. Vielmehr stand der Grad der Beteiligung der Gliedstaa-

---

[63] LEHMANN (1989/1990), S. 70; WAHLBANK (1990), S. 21-26.
[64] Vgl. Josiah OBER über Thukydides: Political Dissent in Democratic Athens. Intellectual Critics of Popular Rule, Princeton N.J. 1998, S. 52-121.
[65] Polyb. 2,37; vgl. 2,38,6-9.

ten an der Bundespolitik im Vordergrund. Die Charakterisierung kulminiert in der Auffassung des Historikers, dass der Bund die (hier positiv verstandene[66]) „demokratische" Beteiligung der Gliedstaaten – in typischer zeitgenössischer Ausweitung des Demokratiebegriffes – garantiert habe. Unter Bezugnahme auf die aristotelische Definition der klassischen Polis führt er in diesem Zusammenhang aus, dass *„die ganze Peloponnes sich nur darin von einer einzigen Stadt unterschied, dass ihre Bewohner nicht von einer Mauer umschlossen waren, in allem übrigen aber, sowohl im Ganzen wie in den einzelnen Staaten, völlige Übereinstimmung bestand."*[67]

Dem Verfassungsexkurs im 6. Buch galt schon immer ein besonderes Interesse in der Forschung[68]. Die zentrale Bedeutung dieses Buches wird aber auch durch die häufigen Verweise in den übrigen erhaltenen Werkteilen deutlich[69]. Oft werden Lücken, Widersprüche und einseitige Tendenzen an der Darstellung im fragmentarisch erhaltenen 6. Buch beklagt. Sicherlich ist Polybios abhängig von seinen Quellen. Insbesondere scheint die harmonisierende Perspektive des Cato auf die römischen Verhältnisse in Polybios' Darstellung durchzuschlagen.

Wenn wir von keinen ausgedehnten und direkten Diskussionen zwischen beiden ausgehen dürfen, so hatte Cato sicher Kontakt zu den Aemiliern, mit denen Polybios nachweislich diskutierte (s. vita). Auf diese

---

[66] Das demokratische Staatswesen hat oft für Polybios eine negative Konnotation (etwa in Buch 6), da sich damit eine Tendenz zur (Willkür-) Herrschaft der Masse verbinde (Ochlokratie, unterschieden von Demokratie in Polyb. 6,4,4-5 und A. ECKSTEIN, (1995), S. 129-140). Dabei steht nicht die Demokratie selbst als Staatsform in der Kritik, vielmehr die mit ihr gegebene Gefahr, dass der politische Souverän in ihr sich jeden Gesetzes jederzeit entledigen kann: Ergebnis ist ein Zustand der Regellosigkeit. Dies ist es, was Polybios an Staatsformen fürchtet, die zur Demokratie tendierten. Daher resultiert seine positive Haltung zur Staatsreligion (insbes. in Rom) als ein die Massen disziplinierender Faktor, s. Buch 6 und unten zur Religion.

[67] Vgl. LEHMANN (2001). Vgl. zur Volksversammlung Achaias auch WALBANK (2002), S. 153-161.

[68] Ältere Forschungsliteratur zu Buch 6 s. bei ZIEGLER RE 1489-1490; vgl. NIPPEL (1980), S. 142-156 (neuere Lit. ebd. S. 143, A. 5: insbes. K.v. FRITZ; F.W. WALBANK, PÉDECH, AALDERS); WALBANK (1972), S. 130-156; BLÖSEL (1998), S. 31-57 (mit der aktuelleren Lit. S. 56-57). Neuere Lit. s. auch bei WALBANK (2002), S. 1-27.

[69] Polyb. 1,64,2; 3,2,6; 3,87,9; 3,118,11-12; 10,16,7; 18,28,1; 21,13,11.

III   Die „Historien"   49

Weise haben catonische *bon mots* den Weg in die Darstellung des Historikers über die römische Verfassung gefunden. Diese und andere Kontakte haben Polybios zu einer intimen Kenntnis der politischen Struktur Roms verholfen. Die Betonung der Bedeutung des „demokratischen Elements", d.h. des römischen Volkes, in der Verfassungsdarstellung des 6. Buches, die dem Historiker oft vorgeworfen worden ist, hat vielmehr gerade im Zuge der aktuellen Forschungsdiskussion in Auseinandersetzung mit den Thesen von Fergus Millar eher eine Bestätigung gefunden, gerade wenn man auf die legitimierende Rückbindung der nobilitären Karrieren im Volk abhebt[70].

Weiter ist vom Praktiker und Empiriker Polybios, der um Verständlichkeit bei schwierigen und unbekannten Sachverhalten bemüht ist, kein philosophisch durchgebildetes Gedankengebäude zu erwarten. Er selbst sagt:

„Vielleicht ist die Theorie des natürlichen Übergangs der Verfassungsformen ineinander genauer und eingehender bei Platon und einigen anderen Philosophen ausgeführt. Da diese Theorie dort aber in komplizierter Weise und in großer Breite ausgeführt ist, ist sie nur für wenige nachvollziehbar. Soweit sie mir daher für eine pragmatische Geschichte erforderlich und dem allgemeinen Verständnis zugänglich schien, versuche ich, diesen Sachverhalt in knapper Zusammenfassung darzulegen. Wenn man in dieser allgemein gehaltenen Erörterung etwas vermissen sollte, so wird der ins Einzelne gehende Bericht im Folgenden für die jetzt noch ungelösten Fragen Erklärungen bieten."[71]

Bis auf die nachträglichen Einschübe vornehmlich aus dem Kontext der gracchischen Reformen – in ihnen erkennt der Historiker eine gefährliche Tendenz zu einer Demokratisierung[72], die letztlich sogar der dauerhaften

---

[70] K.-J. HÖLKESKAMP, Rekonstruktionen einer Republik, Historische Zeitschrift Bh 38, München 2004.

[71] Polyb. 6,5,1-2.

[72] Auf jeden Fall gehe oft mit der Herrschaft der Masse eine Regellosigkeit einher, die auch den zivilen Kontakt unter Staaten zum Einsturz bringe (vgl. VON SCALA). Doch nicht nur von dieser Seite wird der zivile Kontakt unter den Mächten bedroht: s. Polybios' Kritik an dem Verhalten von Philipp V. und Antiochos III. gegenüber dem Ptolemäerreich nach 205, Polyb. 15,20. In diesen Zusammenhang gehört auch die Kritik an den Römern, die mit der Annexion Sardiniens und Korsikas im Jahre 237 den nachvollziehbaren Revisionsbestrebungen der Barkiden Vorschub geleistet hätten. Während die Römer noch bis 172 durchaus mit legitimen Kategorien im internationalen Staatenverkehr ver-

Mischverfassung Roms das Verderben bereiten werde – finden sich gleichwohl kaum innere Widersprüche[73], die nicht in den verlorenen Teilen ausgeglichen worden sein könnten.

Als Quellen insbesondere für das 6. Buch dienten Polybios – soweit verifizierbar – neben Platon[74] hinsichtlich des Konzepts der Mischverfassung auch Aristoteles oder eher Dikaiarchos[75] und aus der Schule der Stoa Zenon, Diogenes von Seleukeia[76]. Über den persönlichen Kontakt hinaus mag Cato in seinen *Origines* für die römischen Verfassungsorgane vorgelegen haben[77]. Der Einfluss des Panaitios[78], den Polybios in den Kreis der Scipionen eingeführt haben soll, kann nur in größerem Umfang gewirkt haben, wenn entweder Buch 6 als ganzes ein spätes Produkt aus der Zeit nach 133 v. Chr. gewesen ist – was weniger wahrscheinlich ist – oder der stoische Philosoph sich bereits in den 150er Jahren in Rom aufgehalten hat. Immerhin scheint zur Zeit der Abfassung des 6. Buches Karthago noch bestanden zu haben. Also wird es in einer Zeit vor 149-146 überwiegend fertig gestellt worden sein.

Mit den **Büchern 7 bis 11** beginnt im engeren Sinne die Darstellung in annalistischer Anordnung. In diesen Büchern finden die Ereignisse in Italien und Sizilien im Zweiten Punischen Krieg (218-201), in Griechenland und Illyrien im Rahmen des so genannten Ersten Makedonischen Krieges (215-205) und die Geschehnisse in Kleinasien in dieser Zeit Berücksichtigung. Soweit es die Ereignisse des Jahres 215/214 v. Chr. anbelangt, werden sie in Buch 7 abgehandelt, die des Folgejahres 213/212 in Buch 8, die des Jahres 211/210 in Buch 9, die des Jahres 209/208 in Buch 10 sowie des Jahres 207/206 in Buch 11. Darüber hinaus werden die Kriege im Osten, insbesondere der Eroberungszug, die Anabasis, Antiochos' III., des Großen, dargestellt, ebenso wie – auf der anderen Seite – die

---

fahren seien (s. ECKSTEIN 2007), sei ab 172, seitdem ihre Macht konkurrenzlos geworden war, ihr Verhalten (s. *nova sapientia*) immer ungezügelter geworden (s. die Behandlung des Eumenes II. nach 168, später die des Demetrios I. und der Stadt Karthago).

[73] Vgl. ZIEGLER RE 1495-1498.
[74] Polyb. 6,5,1.
[75] LAQUEUR (1913), S. 246ff.; Theophrast, allg. Peripatos.
[76] MIONI (1949), 62ff.
[77] NICOLET (1974), S. 209-265.
[78] HIRZEL, VON SCALA, SCHMEKEL; s.a. Cic. rep. 1,21,34 über die Diskussion zwischen Polybios, Panaitios und Scipio.

Auseinandersetzungen in Spanien im Kontext des Hannibalkrieges ab dem Ende des Buches 9.

In **Buch 12** wird die Darstellung der Ereignisse unterbrochen: In dem zweiten systematischen Buch nach dem Buch 6 über die römische Verfassung legt der Historiker seine eigenen historiographischen Prinzipien dar. Er verbindet diese insbesondere mit der Aufforderung zur Autopsie, die zu dem reinen Aktenstudium treten müsse. Weiter fordert er geographische Kenntnis und die Praxis als Politiker ein sowie die Wahrhaftigkeit in der Darstellung. Er verbindet diese Prinzipien mit einer umfangreichen Kritik an den Vorgängern, insbesondere an Timaios, Ephoros, Theopomp und Kallisthenes[79]. Diese Kritik dominiert angesichts des heutigen Erhaltungszustandes und damit auch in der Rezeption und der Bewertung durch die Forschung. Es fällt auf, dass gerade in seiner Kritik an den Vorgängern im 12. Buch Polybios sich häufig auf dokumentarisches Material beruft[80].

Während Frank Walbank tendenziell die polemische Seite in der Argumentation des Polybios gegen Timaios in den Vordergrund gestellt hat, erkannte Paul Pédech, der sich auch um die Erschließung der Gliederungsprinzipien im Buch 12 bemühte[81], mit seinem (vielleicht zu stark) systematisierenden Ansatz ein rein methodisches Anliegen bei Polybios. Schepens hat versucht, in dieser Frage einen Mittelweg zu gehen: Danach sei das methodische Anliegen des Polybios – sein Appell für das Aktenstudium, die geographische Kenntnis und Autopsie, für die politische Praxis und die Wahrhaftigkeit – zwar durchaus ernst zu nehmen. Gerade aber die Verfechtung dieser Prinzipien sei angesichts der allgemein anerkannten Autorität seiner historiographischen Kollegen, die er in Buch 12 anspricht, nicht ohne überspitzte Formulierungen möglich gewesen. Auf diese Weise wollte Polybios die Fehlleistungen der Kollegen deutlich vor Augen führen und hoffte, dass die Leser ihnen nicht mehr so leicht auf den Leim gingen[82].

---

[79] Lit.: LEHMANN (1974), S. 145-205; VERCRUYSSE (1990); SCHEPENS (1990).

[80] Dies ist ein wesentliches gemeinsames Ergebnis der Beiträge von L. PRANDI, Tre riflessioni sull'uso dei documenti scritti in Polibio; M.L. SCHETTINO, Documenti diplomatici scritti e documenti militari non scritti nel Polibio "romano"; G. ZECCHINI, Le lettere come documenti in Polibio, alle in: BIRASCHI – DESIDERI – RODA – ZECCHINI (2003), S. 373-422. – S.a. unten zu den Quellen, S. 100ff.

[81] PÉDECH (1961).

[82] MEIẞNER (1986), S. 313-351.

In den **Büchern 13 bis 29** werden die Ereignisse in Italien, Spanien und Afrika zunächst bis zum Jahr 201 v. Chr. dargestellt. Es folgen die Geschehnisse in Griechenland und Asien vom Ausgang des 2. Punischen Krieges (bis 201), vom Ende des 1. Makedonischen Krieges (bis 205) sowie ab der Rückkehr des Antiochos III. von seiner Aufsehen erregenden Anabasis in die Oberen Satrapien (205). Dabei genießen die Ereignisse des Zweiten Makedonischen Krieges (200-197), des Antiochoskrieges (192-188) und des Perseuskrieges, der parallel zum ptolemäisch-seleukidischen Krieg (171-168 v. Chr.) verlief, besondere Aufmerksamkeit.

Buch 24 ist fast ganz verloren. Polybios hat hier wahrscheinlich ein Thema systematisch abgehandelt. Vermutlich wurde anlässlich der fatalen „Wende zum Schlechteren" um 180 und nach der letzten großen Verfassungsreform, nach welcher der Hauptort des Bundes fortan (ab 188) immer wechselte, die Verfassung Achaias abgehandelt. Wenn tatsächlich die fatale Gesandtschaft des Kallikrates um 180, die nach der Auffassung des Historikers die besagte „Wende" einleitete, den Anlass bildete, so hat Polybios diese vor dem Hintergrund der Zeit nach der Katastrophe Korinths im Achäischen Krieg 146 v. Chr. beschrieben – ganz im Unterschied zum Abfassungskontext für die „Achaika" in Buch 2[83], die unter dem Eindruck der Einigung der Peloponnes am Ende der 190er Jahre, also mit einer positiven Berichts-Perspektive, abgefasst worden sind.

In den **Büchern 30 bis 40** ergänzte Polybios den ersten Werkteil um die Darstellung der Ereignisse zwischen 167-144 mit dem Ziel, die weitere Entwicklung des Verhältnisses zwischen Römern und Griechen zu verfolgen (s.o. zum zweiten Proömium), nachdem die Römer die Weltherrschaft errichtet hatten.

Der zweite Werkteil findet sein Ende mit der Katastrophe Karthagos und des Achäischen Bundes 146 in Buch 38 und der Neuordnung der Römer in Buch 39. Auf die persönliche Beteiligung von Polybios ist oben bei der Darstellung seiner Vita eingegangen worden[84].

Das Buch 40, wenn es das letzte gewesen ist (belegt sind nämlich nur Fragmente für 39 Bücher), enthielt wohl einen Generalindex – so wäre

---

[83] Polyb. 2,37-71, S. 47-48, 59ff.
[84] Lit.: WALBANK (1977), S. 139-162; ders., (1972), S. 157-183, bes. 182-183 (der zweite Werkteil wird als Antiklimax zur ursprünglichen Weltgeschichte des ersten Werkteils aufgefasst. Gegen die Bewertung als Biographie mit nachträglicher Erweiterung der Perspektive s.u.).

der schon erörterte Passus in 39,8,8 zumindest auslegbar. Die Anzahl von vierzig Büchern für das Monumentalwerk gibt Polybios im dritten Buch an[85].

Das Buch 34 unterbricht erneut die Darstellung des Ereignisgangs und gibt eine systematische und zusammenfassende geographische Beschreibung der Oikumene, die ebenfalls im dritten Buch angekündigt wird[86]. In dieser Hinsicht knüpft unser Historiker an historiographische Prinzipien Herodots an[87]. Das Klima von Regionen und der Charakter ihrer Bewohner hängen auch für Polybios zusammen – wie für viele seiner Vorgänger und Nachfolger (z.B. Poseidonios). Strabon, der Polybios durchaus kritisiert, und Plinius der Ältere haben dieses Buch benutzt. Die meisten erhaltenen Fragmente des Buches 34 stammen von diesen Autoren.

Neben dem systematischen Buch zur Geographie unterbrechen unterschiedliche geographische und topographische Erörterungen die Darstellung des Ereignisgangs. Diese geographischen Exkurse, die oft dem eigenen Postulat der Autopsie gerecht werden, mitunter diese aber doch vermissen lassen, dienen der praktischen Orientierung der Handelnden und der nachvollziehenden Leser. Die Erörterungen sollen dem Betrachter eine Einsicht in die Palette der Handlungsmöglichkeiten der Akteure vermitteln. Diese Funktion gibt Polybios selbst an[88]. Die geographischen Angaben des Historikers sind also kein Selbstzweck, sie sind vielmehr Mittel für ein übergeordnetes Ziel; der Achäer würde sich selbst nicht als der erste historische Geograph bezeichnet haben[89].

c) Chronologie

Ab dem 7. Buch, d.h. ab der 141. Olympiade (216/215), ist die polybianische Darstellung annalistisch angeordnet[90]. Nach dem Vorbild des Timaios[91] werden diese Berichte dann in Olympiaden zusammengefasst.

---

[85] Polyb. 3,32,2.
[86] Polyb. 3,57,5; Buchzahl bei Athen. 7,302c, 8,330 und 332a; Steph. Byz. s.v. *Aithale*.
[87] BICHLER – ROLLINGER (2000), S. 27; BICHLER (2001), S. 15.
[88] Polyb. 9, 12-16; bes. 9,14.
[89] OLSHAUSEN (1991), S. 7.
[90] Eine Rechtfertigung für die Praxis der annalistischen Darstellung findet sich in Polyb. 38,5-6, und zwar unter didaktisch-pragmatischem Aspekt.
[91] Polyb. 12,10,4 und 12,11,1 zu Timaios' synchronistischen Listen. Vgl. WALBANK (1994), nr. 2.

Durch die annalistische Darstellungsweise ergaben sich Probleme der Zuweisung der Ereignisse, die in Polybios' Quellen unter verschiedenen Jahren angeführt waren[92]. Die Zuordnungsprobleme erhöhten sich bei Livius' Abschrift aus Polybios in augusteischer Zeit. Der griechische Historiker ließ in der Regel den Bericht eines Jahres mit dem Herbst enden. Das machte die Zuordnung zu einem Konsulatsjahr, das erst ab 153 im Januar begann, für Livius nicht immer leicht, sowohl nach der Rechnung vor als auch nach 153, besonders mit einem Abstand von 150 Jahren zum Bericht des griechischen Historikers. Diese chronologischen Zuordnungsprobleme lassen sich etwa am Beispiel der Darstellung der Eroberungen des Antiochos III. am Ende des Konsuljahrs 197 und am Anfang des Konsuljahres 196 demonstrieren[93]. Für Datierungen nach dem römischen Kalender vorcaesarischer Zeit, der zu Polybios' Zeit um mehrere Monate aus dem Ruder gelaufen war, sind Zuordnungen innerhalb des Jahres kaum möglich gewesen.

Die chronologischen Ungenauigkeiten, die sich aus den unterschiedlichen Datierungssystemen der vorliegenden Quellen geradezu notwendig ergaben, hat Polybios bei wichtigen Ereignissen durch die Angabe von Synchronismen auszugleichen versucht[94]. Mit der Beendigung des Vorspanns (*Prokataskeué*) am Ende des zweiten Buches und besonders mit der Verwebung, der *Symploké*, der Ereignisse des westlichen und östlichen Mittelmeerraums im Jahre 217/216 v. Chr. gibt es zur annalistischen Darstellung ab Buch 7 keine wirkliche Alternative, wenn man sich der Aufgabe der gegenseitigen Beeinflussung der Ereignisse in der gesamten Oikumene, der Mittelmeerwelt, stellen will.

Auch die Darstellungsweise selbst empfindet den gegenseitigen Einfluss der geschilderten Inhalte bis zum 7. Buch zunehmend nach: Mit Ausnahme des systematischen Buches 6 stehen in Buch 1 und 2 die Ereignisse in West und Ost noch völlig unverbunden nebeneinander, während dann in Buch 3 bis 5 für die Zeit von 220 bis 217/216 v. Chr. die Darstellung in größeren (mehrjährigen) Zusammenhängen parallel erzählt, aber auch aufeinander (etwa in 4,28) bezogen wird.

Je nach Stoffmenge fasste Polybios dann ab Buch 7 in einem Buch die Ereignisse einer (und zwar in Buch 19; 22; 25; 26; 30-33), einer halben Olympiade (und zwar in Buch 7-11; 13; 16-18; 20-21; 23-24; 27; 35-36;

---

[92] ZIEGLER RE 1564-1567.

[93] Liv. 33,38,1-8; dazu ausführlich SCHMITT (1964), S. 289ff.

[94] Polyb. 1,3,1; 1,6,1; 2,41,1; 2,43,3-6; 5,29,7-9. Auch von den Vorgängern wurde diese Praxis geübt, s. etwa Thukydides 2,2.

39) oder nur die eines Jahres (und zwar in Buch 14-15; 28-29; 37-38) zusammen. Einige Bücher lassen sich aufgrund des Erhaltungszustandes hier nicht leicht einordnen: So umfasst Buch 20 die Geschehnisse eines Jahres, Buch 21 die von drei Jahren, wenn man nach der Anordnung der Fragmente in der Ausgabe bei Büttner-Wobst gehen darf.

Ausnahmen von der annalistischen Darstellung werden in der Regel durch den Autor angekündigt[95], dann etwa, wenn sich die Erzählung in größeren zeitlichen Zusammenhängen anbietet. Daneben werden ganze systematische Bücher meist an inhaltlichen Wendepunkten eingeschaltet, um nicht durch Einzelexkurse den Zusammenhang immer wieder unterbrechen zu müssen[96]. Für den Aufbau sind auch äußere, ästhetische Gesichtspunkte, etwa die Anordnung der systematischen Bücher nach Hexaden, erwogen worden[97]. Dieses Prinzip passt allerdings nur zu den systematischen Büchern 6, 12 und 24. Buch 34 im zweiten Werkteil fällt allerdings aus dem Rahmen. So ist wohl das inhaltliche Kriterium zur Einschaltung maßgeblich gewesen, etwa die Niederlage von Cannae im Falle von Buch 6 (s.o.)[98]. Selbst wenn Themen in ganzen Büchern systematisch abgehandelt wurden, konnten gleichwohl Ergänzungen später erfolgen. Gerade die Ausführungen in Buch 6 zur römischen (Wehr-)verfassung wurden durch weitere Exkurse zu gegebenen Anlässen in anderen Werkteilen ergänzt[99]. Inhaltliche Kriterien waren also immer ausschlaggebend.

Das Buch 12 ist anlässlich des Übergangs von Scipio nach Afrika, demnach ebenfalls nach inhaltlichen Kriterien, eingefügt. Nicht umsonst dominiert hier Polybios' Kritik insbesondere an Timaios und seinen topographischen Angaben. Der Historiker beginnt in diesem Buch mit dem Tadel an dessen afrikanischer Topographie, die mangelnde Ortskenntnis demaskiere. Diese mangelnde Ortskenntnis ist gleichsam die inhaltliche Klammer im 12. Buch, denn mit ihr endet auch der erhaltene Teil des Buches.

Das Buch 24 enthält einen Exkurs zu Achaia am Wendepunkt der römischen Haltung zu Griechenland um 180[100], anlässlich der Kallikrates-

---

[95] Polyb. 14,12; 15,24a; 28,16,10; 32,11,2-7.
[96] Polyb. 3,57; 12,11,6.
[97] ZIEGLER RE 1483.
[98] ZIEGLER dagegen 1548: „Willkürakt".
[99] Polyb. 10,16-17; 18,18, 18,28-32.
[100] Polyb. 24,10-12. – Der ausführlich erhaltene narrative Bereich im Buch 24 widerspricht der Annahme der Einschaltung eines Exkurses über die achäische

Rede vor dem Senat. Dieser Wendepunkt wird mit einem Rückblick auf die maßgeblichen Politiker um 190 mit einer sensiblen Diskussion über die Möglichkeiten von formal freien, aber schwächeren Staaten wie Achaia gegenüber der Hegemoniemacht Rom verbunden[101]. Dieser Rückblick mündete vermutlich in eine eingehende Analyse zur Situation und Verfassung des achäischen Bundesstaates (*Koinon*, *Ethnos*, später *Sympoliteia*) um 190, nach der Einigung der Peloponnes. Die Analyse mit dem pessimistischen Ausblick auf die zunehmend negative Haltung Roms, die durch das Parteiengezänk in Achaia und besonders mit dem Eintritt des Kallikrates in die Politik begründet war, lässt es wahrscheinlich erscheinen, dass der Autor den Exkurs in der Zeit nach der Katastrophe Achaias 146 v. Chr. schrieb, in die Kallikrates und sein Nachfolger Diaios den Bundesstaat maßgeblich hineingetrieben hatten.

Von den Aussagen über die Verfassung Achaias in diesem Buch ist allerdings nichts erhalten. Unsere Kenntnis über Achaia speist sich aus Passagen zu den Institutionen aus anderen Teilen der Darstellung des Polybios, direkt und indirekt[102]. Sie werden durch die dokumentarischen Quellen bestätigt (s.u.). Diese Indizien ermöglichen die Einschätzung des Charakters der achäischen Verfassung vornehmlich in Abgrenzung zum aitolischen zentralistisch-stammstaatlich ausgerichteten Bundesstaat mit den politisch entscheidenden Gruppierungen in den Apokletengremien[103]. Im Gegensatz dazu entwickelte der achäische Bund zunehmend und besonders nach 217 demokratisch-repräsentative Institutionen und Einrichtungen.

Polybios hatte bekanntlich wenig gute Worte für den aitolischen Bundesstaat übrig, was dem Achäer als Parteilichkeit ausgelegt wurde. Seine Charakterisierung Aitoliens als Räuberstaat entspricht jedoch der zeitgenössischen Ansicht sowie der Sicht der historiographischen Vorgänger. Seine Bewertung, die im Übrigen die Rolle der Aitoler bei der Abwehr der Kelten positiv in Rechnung stellt (s.u. S. 126), wurde durch die Politik des mittelgriechischen Bundesstaates laufend bestätigt[104].

Verfassung an dieser Stelle nicht, auch wenn in den systematischen, aber eben nur fragmentarisch erhaltenen Büchern 6, 12 und 34 narrative Erörterungen in diesem Umfang nicht mehr erhalten sind.

[101] Polyb. 24,11-13.
[102] Etwa: Polyb. 38,17-18; Liv. (P) 31,25,9-10; Liv. (P) 32,19,1-21,3; Liv. (P) 38,30,2-5.
[103] LARSEN (1968); zur Rolle der Apokleten im Jahr 192: Liv. 35,44.
[104] LEHMANN (1967), S. 331-333; 339-342; LEHMANN (1983), S. 237-261.

III Die „Historien"

Die Rechtfertigung für den Ort der Einschaltung des Buches 34 erschließt sich aufgrund des fragmentarischen Erhaltungszustandes der letzten zehn Bücher nicht auf Anhieb. Im dritten Buch wird der Exkurs mit folgenden Argumenten begründet[105]:

> „... *erstens weil wir die Erzählung nicht jedes Mal unterbrechen und die interessierten Leser nicht vom Hauptgegenstand der pragmatischen Geschichtsschreibung ablenken wollen, zweitens weil wir es für richtig halten, sie* (sc. die geographischen Verhältnisse und die Beschaffenheit der Länder am äußersten Rand der bewohnten Erde) *nicht bruchstückweise und beiläufig zu erwähnen, sondern diesen Fragen den ihnen zukommenden Ort und Zeitpunkt zuzuweisen und dann, soweit wir es vermögen, die Wahrheit darüber zu berichten.*"

Vermutlich sollte vor dem spanischen „Feuerkrieg" (Buch 35), in dem die Krise der römischen Weltherrschaft und besonders der römischen Wehrverfassung deutlich zutage trat, ein Überblick über die Oikumene, über die bekannte Welt, geliefert werden. Die konzentrierte Erörterung und daher bessere Kenntnis der Geographie der Oikumene ist gerade für Historiographen der Zeit des Polybios geboten,

> „... *da aber in unseren Tagen die Länder Asiens durch die Herrschaft Alexanders, die übrigen Gegenden durch die Macht Roms fast alle zu Schiff und Lande zugänglich geworden sind, da ferner die Männer der Tat sich von all ihren militärischen und politischen Ambitionen hatten verabschieden müssen und ihnen daher reichlich Zeit und Gelegenheit für neugieriges und gezieltes Forschen zugefallen war.*"[106]

Da es im zweiten Werkteil nun nicht mehr um den Aufstieg Roms, sondern um die Organisation der römischen Weltherrschaft ging, sollte an dem Scheidepunkt, bei der Bewältigung der Krise, die aus dem Missverhältnis zwischen dem römischen Stadtregime, für welche die Bürger-Bauernarmee geschaffen worden und ausreichend war, und dem Umfang der römischen Oikumeneherrschaft resultierte, dem politisch interessierten Leser der pragmatischen Geschichte die Gelegenheit zur Information über die zu bewältigende Aufgabe geboten werden. Dies hatte vor der letzten großen *Kinesis* und *Taraché* zu geschehen[107], welche Karthago, Makedonien und Achaia erfasste. Damit wurde der letzte große Wendepunkt des Werkes ab dem Ende der 150er Jahre markiert, der dem Werk somit einen deutlich pessimistischen Charakter verleiht (s.u.).

---

[105] Polyb. 3,57-59, bes. 57,4-5.
[106] Polyb. 3,59,3-5.
[107] Polyb. 3,4,12-13. Die zeitliche Angabe („vor") ist deutlich (trotz Class. Rev. 64,2, 2014, S. 413, ansonsten hier S. 62-65).

Daneben existieren nur kleine topographische Exkurse im restlichen Werk[108]. Nur zweimal weicht der Autor vom Prinzip ab, größere geographische Exkurse im Buch 34 zu konzentrieren: im dritten und vierten Buch[109], wenn wir von dem Zenon-Antisthenes-Exkurs absehen dürfen[110].

Weitere Exkurse zu anderen Themen[111] – zusätzlich zu den beschriebenen systematischen Büchern – sollen Sachverhalte erklären und Personen vorstellen. Polybios gesteht es aber auch den verantwortungsvollen Historiographen durchaus zu, Exkurse (etwa über Mythen) mit dem Ziel einzuschalten, dass sie dem Leser als Ruhepausen dienten[112].

3) Entstehungsperioden und postume Gesamtedition

Die Erörterung, innerhalb welcher Zeit das polybianische Monumentalwerk entstanden ist, ist von zentraler Bedeutung für die Beantwortung der Frage, welche Einflüsse auf den Autor eingewirkt haben. Seine Haltung zu den Handelnden und seine Auffassung über die historische Methode könnten sich im Laufe der Zeit verändert haben. So erschließen sich der Abfassungskontext, die auktoriale Zeit, und damit die Bewertungskriterien des Autors.

Die Entstehungsperioden sind allerdings in der Forschung sehr umstritten. Die ältere Forschungsdiskussion[113] hat zu keinem eindeutigen Ergebnis geführt. Trotz der intensiven, wenn auch verebbten Diskussion gilt dies auch bis heute: Die Vorschläge reichen von einer Abfassung in einem Zuge in den 140er Jahren[114], wogegen die von Polybios vorgestellte Veränderung der Konzeption vom ersten zum zweiten Proömium

---

[108] ZIEGLER RE 1549.

[109] Polyb. 3, 36-38; 4, 39-43.

[110] Polyb. 16,14-20.

[111] Polyb. 4,20-21 (arkadische Bildung); 4,32-33 (Mahnung zur Treue und Zusammenarbeit von Messene und Megalopolis); 5,9,7-12,8 (Philipp V. und die makedonischen Könige); 7,9,10-12 (Philipp V. und Messene); 8,1-2 (Kriegsschauplätze für Rom im Hannibalkrieg); 9,8-9 (Epameinondas und Hannibal); 9,10 (Beute aus Syrakus); 9,12-21 (Lehren für den Feldherrn); 10,43-47 (Entwicklung des Feuersignalsystems); 18,13-15 (über Verräter); 18,28-32 (römische und makedonische Taktik nach der Schlacht bei Kynoskephalai); 23,5 (Deinokrates von Messene); 27,9-10 (Sympathien für Perseus in Griechenland nach Reitersieg).

[112] Polyb. 38,6,1.

[113] ZIEGLER RE 1485-1489.

[114] ERBSE (1951), S. 157-179.

spricht[115], bis hin zu *fünf* Auflagen[116], die jedoch im einzelnen nicht zwingend nachzuweisen sind.

Wegen der Inkonzinnitäten im Werk wird man in der Tat kaum mit einer harmonisierenden Endredaktion durch Polybios rechnen können. Gleichwohl hatte der Historiker sein Werk – wenigstens ursprünglich – auf vierzig Bücher angelegt. Das deutet er selbst an: Die Gefahr des Untergangs eines solchen Monumentalwerkes und der Abschreckung potentieller Leser allein wegen des Umfangs teilen dabei antike wie moderne Autoren, wenn auch nicht in gleicher Weise. Wenn ein Buch in der Antike nicht abgeschrieben wurde, war es dem Untergang geweiht. Die antike Praxis des Epitomierens ersetzte oft das kompliziertere, differenziertere und längere Original. Vor dem Hintergrund auch dieser Gefahr argumentiert der Historiker:

„*Daher befinden sich auch diejenigen im Irrtum, die meinen, unser Werk sei schwer zu erwerben und wegen der Zahl und Länge der Bücher schwer zu lesen. Denn wie viel leichter ist es, vierzig Bücher zu erwerben und durchzulesen, die gleichsam in einem Stück durchgewebt sind, und in ihnen die Ereignisse in Italien, Sizilien und Libyen von der Zeit des Pyrrhos bis zur Eroberung Karthagos und in der übrigen Welt von der Flucht des Spartaners Kleomenes in ununterbrochener Folge bis zur Schlacht zwischen Achäern und Römern auf dem Isthmos genau zu verfolgen, als die Werke von denen zu lesen oder zu kaufen, die über Spezialaspekte schreiben?*"[117]

Wenn die Angabe von 40 Büchern nicht nur als ungefähre Angabe zu verstehen ist, kann man vielleicht annehmen, dass der Historiker entweder sein Werk auf 39 Bücher mit einem Indexband plante oder – da keine Spuren vom 40. Buch erhalten sind – nach einer erneuten Revision mit nur noch 39 Bücher auskam.

Es können hier nicht alle Annahmen über die Schaffensperioden und über nachträgliche Eingriffe entweder durch den Autor selbst oder postum erörtert werden. Einige seien hier aber exemplarisch vorgeführt[118]:

α) M. Gelzer hat die These vertreten[119], dass die sog. *Achaiká*[120] aus einer Schaffensperiode vor dem Exil, d.h. aus einer Zeit vor 167 v. Chr.

---

[115] Polyb. 1,1,1f. zu 3,1,1f.

[116] LAQUEUR (1913): 1. Auflage zwischen 160 und 155, 2. nach 155, 3. nach 150, 4. zwischen 145 und 140 und 5. Auflage danach.

[117] Polyb. 3,32,1-3.

[118] ZIEGLER RE 1485-1489; vgl. MEISTER (1990), S. 153ff.

[119] GELZER (1940b); s.a. GELZER (1940a), 27ff.

stammen. Dieser selbständige Exkurs sei aber erst nachträglich und dann nur dürftig eingearbeitet worden. Diese These wird vornehmlich aus Polybios' Darstellung selbst erschlossen[121], *e negativo*, da diese Passage im Überblick über das Werk durch den Historiker nicht erwähnt worden sei.

Der ausführliche Exkurs über den achäischen Bundesstaat, der selbst unter den griechischen Staaten allenfalls als Mittelmacht einzuschätzen ist, bedarf in der Tat der Erklärung. Dieser geschichtliche Überblick – im Vergleich zu gar nicht oder nur kurz behandelten anderen Staaten von ähnlicher Bedeutung – erscheint auf ersten Blick überdimensioniert. Petzold sah die Funktion des Exkurses im Rahmen der *prokataskeué*, der Einleitung in den ersten zwei Büchern, darin, dass mit ihm ethische Normen eingeführt werden sollten. Danach habe der Exkurs als ein späterer, zum ursprünglichen Vorhaben der Einführung in die Voraussetzungen der römischen Weltreichsbildung konträrer Zusatz zu gelten[122].

Beide skizzierten Erklärungsversuche, derjenige einer nachträglichen, aber unvollständigen Einfügung eines ursprünglich selbständigen Frühwerkes und derjenige einer nachträglichen Einfügung zusätzlicher ethischer Normen, wollen jedoch nicht überzeugen:

In diesem Exkurs, in den *Achaiká*, wird die Gestalt des Aratos durch Polybios ganz in den Dienst der Einigung der Peloponnes unter achäischem Vorzeichen gestellt. Eine solche Politik ist erst in den 190er Jahren aktuell gewesen und realistisch geworden. Sie wurde bekanntlich erst zum Ende dieses Jahrzehnts erreicht. Die 180er Jahre waren ganz von den Bemühungen um eine innere Integration nach der äußeren Einigung geprägt. Diese Politik war besonders von Philopoimen, dem politischen Ziehvater des Polybios, und durch Polybios' Vater Lykortas vertreten worden. Ihre Politik stand in markanter Weise im Gegensatz zu den tatsächlichen Zielsetzungen des historischen Aratos, der insbesondere die Gewinnung der Isthmosregion und Attikas für den achäischen Bund anstrebte. Die beschriebenen Ziele des historischen Aratos werden in Plutarchs Aratosvita erkennbar, die auf der Grundlage der Memoiren des Aratos verfasst worden ist.

---

[120] Polyb. 2,37-71: über die Verfassung und den Aufstieg Achaias im dritten Jh.v. Chr.
[121] Polyb. 3,32,2-3; 39,8,4-5.
[122] PETZOLD (1969), zusammenfassend S. 183.

Der Historiker verfolgte mit der Verfassungsstudie über den blühenden Achäischen Bund[123] und der Geschichte des Aufstiegs Achaias unter der Leitung des Aratos – die in jedem Fall vor 145, vor der Niederlage Achaias gegen die Römer, konzipiert worden ist – eine andere Absicht als im Achaia-Exkurs in Buch 24, der vor dem Hintergrund der fatalen, durch achäische Politiker hervorgerufenen Wende Roms verfasst wurde, die nach der Ansicht des Polybios die Katastrophe Achaias des Jahres 145 vorbereitete (s.o.).

Die Erörterung der Verfassung Achaias im zweiten Buch zeugt von einer profunden Kenntnis der Geschichte des Bundesstaates, einer praktischen Vertrautheit mit seinen Institutionen und beruht auf eigenen politologischen Studien. Die Darstellungen stellen Ansätze zu einer Theorie der Verfassung der griechischen Bundesstaaten, resp. derjenigen Achaias dar. Die Analyse stellte sich der Auseinandersetzung mit den aristotelischen Verfassungsstudien (etwa im 3. und 4. Buch der *Politika*), die den Bundesstaaten kein eigenes Gewicht zumaßen.

Das eigene Gewicht erhalten die Bundesstaaten, insbesondere derjenige Achaias, in der polybianischen Darstellung durch die Verifizierung der drei Elemente, die in Anlehnung an Aristoteles auch die griechischen Poleis charakterisieren und konstituieren: die allen Mitgliedern gemeinsamen Bundesmagistrate, der Bundesrat und die Bundesgerichte. Im Bundesgebiet agierte man auf der Basis von einheitlichen Gesetzen und nutzte vereinheitlichte Gewichte, Maße und Münzen. Nach Polybios entspräche daher das Verhältnis des Bundes zu den einzelnen Mitgliedsstaaten demjenigen zwischen Vollbürgern und dem traditionellen Stadt-„Staat"[124]. Die Küsten der Peloponnes erfüllten die Funktion von Mauern einer Stadt. Deutlich wird die Bemühung des Polybios, das dem klassischen Polisverständnis verpflichtete Vokabular (bei Aristoteles) auf die eigene Zeit zu übertragen, in der im Konzert der großen Flächenmonarchien und der römischen Republik die klassische Polis ihre autonome Politik am ehesten als Glied eines Bundesstaates verwirklichen konnte. Tatsächlich prägen diese Bundesstaaten auch das Bild seit dem 3. Jahrhundert wenigstens im griechischen Mutterland. Am sinnfälligsten wird dies beim Vergleich der Hellenenbündnissysteme, deren Mitglieder 337 (unter der Führung Philipps II.) noch fast ausschließlich Stadtstaaten waren, dagegen 224 (unter der moderaten Leitung des Antigonos Doson) vornehmlich Bundesstaaten.

---

[123] Polyb. 2,37.
[124] Polyb. 2,37,10-11.

Der ausführliche Umfang der *Achaiká* erscheint daher nur auf den ersten Blick überdimensioniert. Hier wie in den anderen Passagen des Monumentalwerkes, die sich den Ereignissen und Zuständen Achaias widmen, ist die Ausführlichkeit folglich mit der paradigmatischen Funktion, den dieser Bundesstaat erfüllte, zu erklären. Der Bundesstaat war mit typischen Problemen konfrontiert, denen ein jeder griechische Staat (und jede Mittelmacht) in der Phase des römischen Aufstiegs zu Weltmacht ausgesetzt war. Dafür hatte er Lösungsmechanismen entwickeln müssen, die in vergleichbarer Weise auch in anderen griechischen Staaten erarbeitet werden mussten. Im Falle von Achaia konnte Polybios daher differenziert berichten, weil er mit den Verhältnissen dort sehr vertraut war und über gute Quellen verfügte.

Die fehlende Gesamtedition durch Polybios kann dann den unterlassenen Hinweis auf die *Achaiká* in den angegebenen Konzeptionen und Inhaltsangaben erklären. Gleichwohl erfüllten die *Achaiká* im Rahmen der *prokataskeué* die Funktion der Einführung, eine Funktion, die den ersten beiden Büchern zugemessen war.

β) Die erste Konzeption der „Historien", im ersten Proömium vorgestellt[125], für die 53 Jahre, in denen die Römer ihre (Vor-) Herrschaft[126] über die Oikumene (220-168 v. Chr.) durchsetzten, wurde wohl ab der zweiten Hälfte der 160er Jahre verfolgt und in der Hauptsache bis 146 fertig gestellt. Allerdings wurden im ersten Teil, der sich bis zum 30. Buch erstreckte, Nachträge aus der Zeit nach 146 oder gar vor dem Hintergrund der gracchischen Unruhen – etwa aus Anlass der Verfassungsdiskussion im sechsten Buch – in den Erzählgang eingefügt.

γ) Die nachträgliche Erweiterung der ursprünglichen Konzeption um den zweiten Teil in den Büchern 31 bis 39 bzw. 40 wird im zweiten Proömium im dritten Buch erörtert[127]. Der Begründung des Entschlusses, der Inhaltsangabe und dem Ziel des zweiten Teils widmete Polybios eine besondere Aufmerksamkeit[128]. Die Erweiterung begründet der Autor vor allem damit, dass die Erringung der Weltherrschaft durch Rom nicht mehr ausreiche. Es müsse vielmehr auch dargelegt werden, wie sich die Völker unter der als unvermeidlich betrachteten römischen Herrschaft zurechtfanden und wie sie zur römischen Expansion standen. Damit verbunden ist die Frage, ob die siegreichen Römer die besiegten bzw.

---

[125] Polyb. 1,1,5.
[126] Nach Polybios: Herrschaft: griech. *kratein*; bzw. *dynasteia* in 3,1,4; vgl. 3,3,9.
[127] Polyb. 3,1-5.
[128] Polyb. 3,4-5.

abhängigen Gebiete und Völker als Beutegut betrachteten oder darüber hinaus willens und in der Lage waren, eine integrative Politik zu entwickeln, von der alle Glieder des römischen Herrschaftsbereiches – abhängig vom rechtlichen Status – profitierten[129]. Die Stringenz der ursprünglichen Themenstellung ging mit dieser Erweiterung allerdings verloren: Die grundsätzlich positive Haltung zum römischen Aufstieg im ersten Teil und der kritisch distanzierte Blick auf die römische Herrschaft im zweiten Teil sind letztendlich unversöhnlich, weniger in der empirischen Einzeldarstellung, da hier die methodischen Prinzipien wirken, als in den grundsätzlichen Passagen der Proömien.

Eine Verbindung beider Werkteile wird von Polybios bis zu seinem Tode nur rein äußerlich vorgenommen, und so sollte es wohl auch bleiben: Denn offen bekennt sich der Historiker zu dem ‚Neubeginn' mit dem Jahr 167 (3,4,13). Dieser Neubeginn markiert im Wesentlichen eine Veränderung in der Haltung des Autors zu den Handelnden, insbesondere aber zur römischen Herrschaft und zur römischen Republik zwischen den 160er und 120er Jahren. Der Neubeginn wirkte sich aber nicht auf die historische Methode aus: Hier bleibt der Autor sich treu (s.u.).

Entgegen Walbank[130] hatte jedoch die zweite Konzeption, soweit aus den erhaltenen Teilen zu erschließen ist, weder einen „affirmativen" Charakter, welcher die römische Gewaltherrschaft grundsätzlich bejahte, noch war der zweite Werkteil wegen der prominenten eigenen Beteiligung des Autors (s. vita) persönlich-memoirenhaft geprägt.

Vielmehr gewinnt man den Eindruck einer pessimistischen Schau bei der Lektüre der erhaltenen Fragmente. Dies ist schon allein wegen des gewählten Endpunktes (146 v. Chr.) mit der zeitgleichen Zerstörung Korinths und Karthagos der Fall. Er ist als Antwort auf die bei der Vorstellung der zweiten Konzeption gestellten Fragen zu verstehen, inwiefern sich die gerade errungene römische Weltherrschaft gegenüber den neuen (griechischen) Untertanen bewähre (bis zur Gegenwart des schreibenden Autors).

Wäre eine affirmative Absicht verfolgt worden, hätten sich durchaus alternative Zäsuren als Endpunkte angeboten, die wesentlich versöhnlicher gewesen wären, wie etwa die Orientreise Scipios i. J. 140 v. Chr.[131]. Schon aus dem zweiten Proömium im dritten Buch, in dem die Motive für die Abfassung des zweiten Werkteils in den letzten zehn Büchern

---

[129] Polyb. 3,4,4-13.
[130] WALBANK (1972), S. 25 u. 183. Vgl. WALBANK (1994), nr. 2.
[131] LEHMANN (1974), S. 186ff.

vorgetragen werden[132], wird deutlich, dass Polybios weniger seine persönliche Geschichte als vielmehr die Bedeutung der Geschehnisse (wie auch im ersten Werkteil) veranlasst hat, nunmehr die Ergänzung seines Monumentalwerkes um weitere 21 Jahre vorzunehmen. Die Gewichtung in der Ausführlichkeit der Schilderung einzelner Episoden lässt sich auch jetzt mit der Quellenlage sowie nach dem Kriterium der Autopsie erklären – wie bereits im ersten Teil, nur dass sich diese Kriterien in den letzten zehn Büchern erheblich stärker auswirkten:

„Daher wird auch die Vollendung dieses Geschichtswerkes darin bestehen, dass man den Zustand kennen lernt, der in den einzelnen Staaten nach der Besiegung und Unterwerfung der ganzen Welt unter die Macht der Römer geherrscht hat, bis zur danach erneut entstandenen Unruhe und Verwirrung. Wegen der Größe der dabei verrichteten Taten und wegen der Unvorhersehbarkeit der Wechselfälle, vor allem aber, weil ich von dem meisten davon nicht nur Augenzeuge, sondern entweder daran beteiligt war oder gar es maßgeblich gestaltete, sah ich mich veranlasst, darüber zu schreiben, als ob ich ein neues Werk begönne."

Ein besonderes Augenmerk im zweiten Teil des Hauptwerkes galt auch den innenpolitischen Gegnern des Polybios in Achaia. Dazu gehörten Politiker wie Kallikrates und Diaios, der Sohn des Diophanes, die sich zunächst wenigstens von Rom durch die Deportation von 1000 missliebigen achäischen Politikern und Gegnern des Kallikrates ab 167 uneingeschränkt unterstützt fühlen konnten.

Die Folgen der „neuen Unruhe und Bewegung" mit Beginn des spanischen Feuerkrieges, insbesondere aber der makedonische, der tragische karthagische und der selbstverschuldete achäische Krieg veranlassten nicht nur den Schüler und Freund des Polybios, Scipio Aemilianus, den Adoptiv-Sohn des Siegers von Pydna, zum pessimistischen Ausblick auf die Zukunft Roms.

Vielmehr stellten die Konsequenzen dieser Ereignisse gerade auch Polybios persönlich vor die Notwendigkeit, die ‚Hinterlassenschaft' seiner innenpolitischen Gegner in Achaia leidlich zu ordnen. Dabei ist natürlich eine gewisse Genugtuung in der Schilderung erkennbar.

Dieser Auffassung einer pessimistischen Ausrichtung des zweiten Werkteils entspricht die Diskussion über den Charakter der römischen Expansion aus Anlass des römischen Verhaltens gegenüber den Karthagern, und zwar aus griechischer Perspektive[133]:

---

[132] Polyb. 3,4,12-13.
[133] Polyb. 36,9,3-17.

III Die „Historien" 65

„*Manche billigten das Verhalten der Römer. Dass sie die Stadt (Karthago) ... vernichteten und damit die Herrschaft für ihr Vaterland sicherten, zeuge* (sc. ihrer Meinung nach) *von politischer Vernunft und Weitblick.*

Einige aber brachten gegen diese vor: Sie (sc. die Römer) *hätten nicht an den Grundsätzen festgehalten, mit denen sie die Hegemonie errungen hätten, und wären mehr und mehr ... entartet...*

Wieder andere sagten, die Römer seien grundsätzlich ein zivilisiertes Volk ... Jetzt aber, in ihrem grundsätzlichen Verhalten gegen die Karthager, seien sie immer nur mit Trug und List vorgegangen. ...

Andere aber erhoben gegen diese Einwände: ... Sie (sc. die Römer) *hätten sich weder an den Göttern, Eltern oder Toten vergangen noch Eide und Verträge gebrochen. ... Denn da ihnen jene freiwillig das Recht eingeräumt hätten, nach freiem Ermessen mit ihnen zu machen, was sie wollten, dann aber den Befehlen nicht hätten nachkommen wollen, hätten sie folgerichtig Gewalt gegen sie* (sc. die Karthager) *ausgeübt.*"

Die Diskussion im 36. Buch korrespondiert direkt mit der neuen Fragestellung im zweiten Proömium des dritten Buches, differenziert, ohne einer der Parteien einseitig die Schuld zuzuweisen. Vielmehr haftet dem unglücklichen Ausgang der Charakter von etwas Fatalem an.

Eine ähnliche Auffassung vom negativen Finale, das den Grundcharakter des zweiten Werkteils maßgeblich bestimmt, wird auch von vielen Zeitgenossen und Nachfolgern vertreten. Allein der programmatische, im Titel dokumentierte Anschluss des Stoikers Poseidonios an das Werk des Polybios (*historia he meta Polybion*) zeigt dies. Damit betonte er die Ausrichtung seiner Abhandlung, mit der er auf der Basis seiner Kulturtheorie eine zunehmende Entfernung des Menschen vom göttlichen Logos, dem allseits präsenten Prinzip, feststellte[134].

Eine umfassende Behandlung des „zweiten Werkteils" des Polybios unter dieser Perspektive steht noch aus. Während dieser Schaffensperiode wurde der erste Teil überarbeitet. Anlass dazu boten neue Ereignisse, die ein verändertes Licht auf die früheren Darstellungen warfen, aber auch die aktuelle Diskussion über bereits veröffentlichte Passagen (s.u.).

δ) Die beiden großen Abfassungsperioden lassen sich auch durch weitere Argumente bekräftigen oder zumindest nahe legen:

---

[134] REINARDT (1953), Sp. 630-641; 805-808; BRINGMANN (1986), S. 29-66; s.a. MALITZ (1983), bes. S. 409-428.

- Karthago ist in manchen Darstellungsteilen noch unversehrt[135]. Andere Stellen setzen jedoch die Kenntnis der Zerstörung der Stadt voraus[136]. Es fällt auf, dass der Autor die Bücher 1-15 (bzw. bis 17?) bis auf die Werkteile im dritten Buch, die nachweislich spät abgefasst worden sind, überwiegend vor der Zerstörung Karthagos verfasst hat.
- Die Denkschriften im 4. Buch zu einzelnen Landschaften der Peloponnes[137] wurden in der Zeit nach 145 v. Chr. abgefasst, als Polybios sich dort als Bevollmächtigter Roms aufhielt und in Achaia nach der Katastrophe Korinths die Verhältnisse regelte[138].
- Die Anwendung der verschiedenen Verfassungstheorien im 6. Buch könnte vielleicht als ein Argument für spätere Eingriffe dienen[139]. Viel eher jedoch scheint die als negativ charakterisierte Tendenz der Demokratisierung der römischen Verfassung ein Hinweis auf eine nachträgliche Einfügung etwa aus der Zeit der gracchischen Unruhen zu sein. Dabei stand Polybios eindeutig auf der Seite der reaktionären Kräfte unter der Führung der Cornelier.
- Die Kenntnis bzw. den Hintergrund der gracchischen Unruhen setzen auch weitere Stellen mit einiger Wahrscheinlichkeit voraus[140]. Aus anderen Passagen lässt sich die proscipionische Haltung des Historikers in diesem Konflikt erschließen[141]. Hier zeigt der Autor sich zumindest

---

[135] Polyb. 1,65,9; 1,67,13; 1,73; 6,51-56, bes. 6,52,1-4; 6,56,1-5; s.a. 6,47,1; 12,25?; 14,10,5; 15,30,10; 31,12,12.

[136] Polyb. 3,3-5; 3,32; 6,51?; 18,35,9-11; 29,12; 31,28,13 (nach Scipios Tod?); s.a. LEHMANN: (1974), S. 187 (mit Diskussion); nach ZIEGLER RE 1486 ist die Zerstörung der Stadt darüber hinaus in den Exkursen der Bücher 3,6-9,5; 21-31; 36-38 generell vorauszusetzen.

[137] Polyb. 4,20-21 (Ethnos der Arkader); Polyb. 4,30 (gute Haltung der Akarnanen – negative Haltung der Epiroten 220/219 v. Chr.); Polyb. 4,32-33 (Mahnung zur Treue und Zusammenarbeit von Messene und Megalopolis); Polyb. 4,73-74 (Mahnung zur Neutralität von Elis); Polyb. 4,38 (Rolle von Byzanz für Hellas).

[138] LEHMANN (1974), S. 186ff.

[139] Gemeint sind vor allem die Kreislauftheorie und die Theorie der Mischverfassung; gegen eine Mehrphasigkeit hinsichtlich der Theorien ist aber oben zu Buch 6 argumentiert worden, S. 40-50.

[140] Polyb. 2,21,8; 6,5-9 (bes. 6,9,12-14) mit 6,57,5-10 (Verfall der Mischverfassung), s. Ed. MEYER (1910), I 392ff.

[141] Polyb. 31,25,3 (Entartung der senatorischen Jugend nach Pydna, 168 v. Chr.); Polyb. 38,22 (Trauer Scipios 146: Blick auf die Zukunft Roms; Vorahnung);

hinsichtlich der Gefahren für die aristokratische Ordnung allgemein und für die römische Verfassung im Besonderen sensibel[142]. Die Distanz gegenüber demokratischen Tendenzen, welche die Gefahr der Regellosigkeit in sich bergen, und Massenbewegungen[143] schließt aber eine Sensibilität für die soziale Frage generell nicht aus. Sowohl prinzipiell[144] als auch in Einzelfällen, etwa bei der Diskussion der Ursache der Kinderlosigkeit im zeitgenössischen Griechenland, gibt er sozialen Problemen in seiner Darstellung Raum.

- Es ist wahrscheinlich, dass Polybios seinen Tadel über Athens Maßlosigkeit im Jahr 166 v. Chr., als die Stadt nicht nur Haliartos, sondern auch Delos und Lemnos einforderte, mit dem Wissen um die Zurückdrängung der Kleruchie auf Delos nach 145 ausgesprochen hat, wie die Formulierung an der entsprechenden Stelle suggeriert[145].
- Der Herrschaftsantritt des Attalos III. (i. J. 138/137) ist im 30. Buch, also anlässlich der Schilderung der Ereignisse des Jahres 167/166, dem Autor bekannt[146].
- In anderen Passagen seines Monumentalwerkes lässt Polybios erkennen, dass er um den Tod des Scipio im Jahre 129 wusste[147].
- Die Anlage der *via Domitia* (i. J. 120 oder 119) war Polybios bekannt, wie die erwähnte Passage im 3. Buch zeigt[148].
- Die Schilderung der eigenen Mitwirkung und Beteiligung an Maßnahmen zur Neuordnung gerade im geschundenen Achaia nach 145 deutet auf eine späte Abfassungszeit weiterer Episoden auch im ersten Werkteil[149].
- Das Buch 12 ist nach 145 v. Chr. konzipiert worden[150]. Diese Aussage lässt sich insbesondere auf Grundlage des Zeitkontextes treffen, den der Lokroi-Exkurs voraussetzt[151].

Polyb. 29,21,4-9 (Regiment der Tyche nach Demetrios von Phaleron); vgl. aber ZIEGLER RE 1495-1498, s.a. Erörterungen zu Buch 6 S. 40-50.

[142] Dagegen MOMIGLIANO (1998), S. 223-239.

[143] LEHMANN (1967), S. 347-348.

[144] Polyb. 4,73; 5,93; 36,16; 36,17,5-15; s.a. LEHMANN (1967), S. 343-347; 391.

[145] Polyb. 30,20, bes. 8-9; DREYER (1998), S. 245-248.

[146] Polyb. 30,2,5. Hierzu jetzt COŞKUN (2011), S. 94-114.

[147] Polyb. 31,28,13?; 38,21,3.

[148] Polyb. 3,39,8.

[149] Polyb. 3,4,13 (*synergos ... kai cheiristes*, vgl. auch die Ehrung in Megalopolis: Paus. 8,30,8: *symmachos Romaion*).

[150] LEHMANN (1974), S. 186ff.

ε) Neben Unstimmigkeiten, die im Falle einer Gesamt-Edition durch den Autor bereinigt worden wären, gibt es Indizien für postume Bearbeitung. Sie liegen insbesondere im 39. Buch vor[152]: Es enthält den Hinweis auf Ehrungen nach dem Tod des Polybios. Allerdings sind nur wenige Zusätze durch den postumen Editor verifizierbar. Dagegen stammt vermutlich der Epilog im 39. Buch[153] von Polybios selbst. In diesem Epilog wollte der Historiker einen Bezug sowohl zum ersten Proömium im ersten[154] als auch zum zweiten Proömium im dritten Buch herstellen.

ζ) Es ist unsicher, in welchem Umfang Polybios Teile seines Werkes, wenn nicht publiziert[155], so doch einem weiteren Kreis vorab zugänglich gemacht und zur Diskussion gestellt hat. Nach Cicero berichtete Laelius, dass oft Scipio und Panaitios in Gegenwart des Polybios über die beste Verfassung diskutiert hätten, welche die römischen Vorfahren ihnen hinterlassen hätten[156]. Es ist aber nicht zwingend, allein auf der Basis dieser Nachricht eine Vorabveröffentlichung des sechsten Buches anzunehmen, auch wenn dort Polybios und Panaitios gleichermaßen zu den Griechen gezählt werden, die in Staatskunde die meiste Erfahrung gehabt hätten. Zu einem solchen Schluss veranlasst dann schon eher das Proömium des elften Buches. Danach liegt es nahe, dass die Bücher 1-6 vorab ediert worden sind (s. S. 38).

---

[151] Polyb. 12,5-12a, bes. 12,5,2 (nach 135), LEHMANN (1974), S. 151-154, bes. 153 (s.o. zu Buch 12 und unten S. 127ff.).
[152] Polyb. 39,5.
[153] Polyb. 39,8.
[154] Polyb. 1,4.
[155] ZIEGLER RE 1486-1489.
[156] Cic. rep. 1,21,34.

IV. Polybios' Auffassung über Geschichte und seine historische Methode

1) Allgemeine Einleitung

Trotz der stark fragmentarischen Überlieferung des Gesamtwerkes ist relativ viel Substanzielles aus der Hand des Historikers über die historiographischen Prinzipien erhalten. Obwohl vielfältige methodische Nachträge die grundlegenden Prinzipien, die in den Proömien von Buch 1 und 3 vorgestellt wurden, ergänzten, finden sich keine unvereinbaren Widersprüche, und das, obwohl der Empiriker Polybios zwar viele systematisierende Ansätze, nie aber ein zusammenhängendes geschichtsphilosophisches System vorstellen wollte bzw. konnte. Es ist allerdings in Rechnung zu stellen, dass eine rekonstruierende Zusammenstellung der verstreuten Äußerungen – wie sie hier vorgenommen wird – die Gefahr einer nicht ursprünglich beabsichtigten Systematisierung birgt.

2) Wahrheit als Ziel

Wie alle Historiker nach Thukydides hat sich Polybios der Wahrheit verpflichtet[1], wenn sie auch ihm zufolge weniger geachtet werde als die Übertreibung[2]. Natürlich könne auch er irren[3], nur Vorsätzlichkeit sei verdammungswürdig[4] und mache das Werk wertlos. Allerdings sind Irrtümer im Rahmen einer Universalgeschichte verzeihlicher als in einer Spezialgeschichte, deren Autoren generell eher, um ihre Sache groß zu machen, zum Lügen neigten[5]. Gegen die Wahrheit stehen somit Verfälschungen und Wundergeschichten, um die Leser zu fesseln[6]. Abträglich ist weiter Parteilichkeit, über die sich Polybios mehrmals beschwert[7]. Nur Patriotismus sei erlaubt[8], solange die Tatsachen nicht deswegen verfälscht würden. Ebenso abträglich seien schematischer Lobpreis und Tadel. Vielmehr habe man jede Tat gesondert zu bewerten[9]. Am Beispiel

---

[1] Polyb. 1,14,6; 12,11,8; 38,4.
[2] Polyb. 16,20,3 und 4.
[3] Polyb. 16,14,6; 29,12,9-12.
[4] Polyb. 16,20,8.
[5] Polyb. 7,7,6.
[6] Polyb. 16,12,4-11 (s.a. 4,40,1-3).
[7] Polyb. 1,14; 8,8,5 (gegen die Historiographen über das Leben Philipps V.).
[8] Polyb. 16,14,6; 16,17,8.
[9] Polyb. 16,28.

des Makedonenkönigs Philipp V. kann man die Einhaltung dieser Prinzipien gut studieren:

Schon K.-W. Welwei erkannte[10], dass Polybios nach der Maßgabe seiner (Hof-)Quellen – die er nachgewiesener Weise im Falle Antiochos' III., bei den Ptolemäern und für den Untergang der Antigoniden nutzte – nicht einer einheitlichen, schematischen Vorstellung über das Königtum folgte.

Der Historiker beurteilte vielmehr empirisch die einzelnen Taten und setzte sie in ein Bezugssystem zur griechischen Vergangenheit, das durchaus differenziert gewesen ist. Nach Polybios hatte dabei jeder Herrscher, jeder verantwortungsvolle Politiker, auch jeder römische Senator, zu beweisen, inwiefern er über den eigenen persönlichen Egoismus und die patriotische Empfindung hinaus in der Lage war, den Bestand der erhabenen griechischen Vergangenheit bzw. Gegenwart[11], insbesondere vor der (Barbaren-) Gefahr von außen, zu sichern[12]. Dieser zentralen Aufgabe hätten sich politische Entscheidungsträger jeder Generation und aller Epochen der griechischen Geschichte zu stellen. In diesem Sinne habe man das allein von den Interessen Athens geleitete politische Streben eines Demosthenes (ohne jedoch zu pauschalisieren) negativ zu beurteilen[13]. Die Taten seines Gegners Philipps II. dagegen, gegen den der Redner zu jeder Gelegenheit wetterte, verdienten nach Polybios Lob, weil er als Hegemon der Griechen die an ihn gestellten Schutzaufgaben erfüllte. Gleiches gilt für Philipp V., der sich mit seiner Politik bis 217 v. Chr. erfolgreich in diese Tradition gestellt habe.

Das Wirken dieser Könige ‚vom Rande her' habe im Unterschied zum Egoismus Athens und seiner Politiker den Bestand der griechischen – d.h. der festländischen und ägäischen (so der zeitgenössisch-eingeschränktere Hellenenbegriff bei Polybios) – Welt gesichert[14]. Vor diesem Bewertungshorizont erklärt sich die positive Einordnung der aitolische Abwehr der Kelten im Jahre 279 v. Chr.[15]. Der Blick auf die griechische Vergangenheit ist somit weniger auf eine primär proachäische Sichtweise zurückzuführen. Folglich ist der geschichtliche Horizont

---

[10] WELWEI (1963), S. 185-186.
[11] Polyb. 8,11,3-8.
[12] Polyb. 2,35,7.
[13] Polyb. 18,13-15.
[14] LEHMANN (1989/1990), S. 68-69.
[15] Polyb. 2,35,7; 9,35,1-4.

des Historikers auch nicht auf das 4. Jahrhundert oder gar auf die Zeit nach der Schlacht Leuktra 371 v. Chr. beschränkt[16], als es den Staaten der Peloponnes gelang, sich von der spartanischen Hegemonie freizukämpfen.

Übermäßigen Tadel gegen die Zunftgenossen müsse man vermeiden, so Polybios, besonders wenn die Schelte aus Neid gespeist ist[17]. So hält er bei seiner ausgiebigen Kritik am Vorgänger Timaios ein, indem er schreibt:

„Wir haben es aber vermieden, zur Befriedigung des Hasses ihm gegenüber mehr als nötig zuzuteilen, dagegen haben wir es nicht unterlassen, dem Angemessenen nach Maßgabe der Auffassung über die Gegenstände selbst Ausdruck zu verleihen."[18]

Und anlässlich der Kritik am Zeit- und Zunftgenossen Zenon möchte der achäische Historiker sich folgenden Kriterien der Bewertung seiner Aussagen unterwerfen:

„Hierum möchte ich aber in dieser Hinsicht meine Zeitgenossen wie spätere Generationen bitten, dass sie uns unnachsichtig rügen, wenn wir ertappt werden, mit Vorsatz im Werk zu lügen und die Wahrheit zu missachten. Wenn es aus Unkenntnis geschieht, sollen sie Nachsicht üben, vor allem uns gegenüber vielleicht mehr als anderen wegen der Größe des Werkes und des erschöpfenden Umfangs der dargestellten Taten."[19]

Vor allem mit diesem Argument setzte sich Polybios von denen, die Spezialuntersuchungen verfassten, ab, da gerade durch den Umfang Fehler im Kleinen ins Verhältnis gesetzt würden.

Wenn der Historiker in manchen Diskussionen den Vorgängern gegenüber[20] jedes Maß zu verlieren scheint, so erklärt sich dies oft mit der Autorität des Vorgängers, mit der Popularität der von diesem ausgeübten historiographischen Praxis und der Wirksamkeit der von ihm vertretenen Methodik, die Polybios tadeln zu müssen glaubte[21].

Reden und Wahrheit stehen schon bei Thukydides in einer heiklen Beziehung. Das Problem wird bei Polybios nicht verschwiegen,

---

[16] Vgl. WALBANK (1990), S. 16; 26-30; dens. (1993), 21, der die Kenntnis des Polybios zur griechischen Geschichte ab 480 gering einschätzt.
[17] Polyb. 12,15,9-12; 16,20,6.
[18] Der Inhalt der Aussage ist klar, jedoch ist die Überlieferung des Wortlauts in Polyb. 12,15,12 defektiv.
[19] Polyb. 16,20,8-9.
[20] Polyb. 2,56; 12,26b,4.
[21] Siehe auch oben S. 51.

vielmehr direkt angesprochen. Er ist in der Benutzung von Reden, soweit erkennbar, zurückhaltend, obwohl er dieses für die antike Historiographie legitime Mittel nicht grundsätzlich und höchstens aufgrund der Stoffmenge ablehnte. Einen Überblick über die bei Polybios erhaltenen Reden liefert K. Ziegler[22].

Wenn man die inhaltliche Ausrichtung der byzantinischen Exzerptensammlungen und die Auswahlkriterien ihrer Autoren in Rechnung stellt, ist die Anzahl der heute erhaltenen Reden bei Polybios im Vergleich zur restlichen (überlieferten) Darstellung verhältnismäßig groß.

Die (vielleicht etwas zurückhaltender ausgeübte) Praxis der Einschaltung von Reden ist umso bemerkenswerter, als auch auf diesem Gebiet – nachdem man im 4. Jahrhundert vom Darstellungsmittel der Reden betont Abstand genommen hatte[23] – Polybios an die thukydideische Maxime wieder anknüpft[24].

Es scheint so, als habe Polybios für die Phase vor dem römischen Sieg gegen Hannibal und vor der Auseinandersetzung Roms mit Philipp häufiger zu diesem Stilmittel der Rede gegriffen als danach. In dieser Zeit, die vor der Geburt des Polybios lag, hatte Rom nach der Auffassung des Historikers noch nicht den „Plan zur Eroberung der Welt" gefasst. In diesem Fall wäre die Rede für Polybios – wie für antike Maßstäbe ganz gewöhnlich – auch ein prominentes Mittel gewesen, die Motive der Handelnden in noch unentschiedenen Situationen und Konstellationen einzuführen. Weiter mag die spezifische Quellenlage für ihn Anlass gewesen sein, Reden, die er nicht selbst gehört hatte, einzufügen.

Diese polybianischen Reden waren nicht rhetorisch deklamierend aufgebaut. Sie waren vielmehr inhaltlich orientiert (also meist im gewohnten Darstellungsstil oder nahe am Dialekt des Originals) und nur knapp ausgestaltet[25]. Im Zusammenhang mit der Kritik an Timaios' Reden[26] – und hierzu passt der Tenor der kritischen Äußerungen des Historikers über die Zunftgenossen Chaireas, Sosylos[27] sowie Phylarchos[28] – wandte sich

---

[22] ZIEGLER RE 1525-1527.
[23] Diod. 20,1-2,2.
[24] Ausführlich hat CANFORA über die Rückkehr zu den thukydideischen Standards der Rede gehandelt: (1990), S. 313-322; s.a. P. PÉDECH (1964), S. 254ff.; 275f.
[25] Polyb. 29,12,7-12; 36,1,6-7 (vgl. Thuk. 1,22,1).
[26] Polyb. 12,25a,3-25b,4; bes. 12,25b,1f. u. 4.
[27] Polyb. 3,20,1-5.
[28] Polyb. 2,56,10.

IV   Auffassung über Geschichte und Methode   73

Polybios gegen den Einsatz fiktiver Reden in einem Geschichtswerk. Mit ihnen ginge der Nutzen, nämlich die Erkenntnis über die Motive der Handelnden, aber auch die Einsicht in die Ursache des Erfolges und des Scheiterns[29], verloren.

In der Praxis ist Polybios das Bestreben, in seinen Redeausschnitten immer das wirklich Gesagte einzufangen[30], nicht abzusprechen. Darin ist er – soweit man von dem Erhaltenen schließen darf – wesentlich undichterischer als mitunter Thukydides in seinen Reden erscheinen mag. So hielt er sich noch deutlicher an die seit Thukydides kanonischen Vorgaben, sich bei der Abfassung des momentanen Genussgewinns zu enthalten[31].

Ein gutes Beispiel ist die Agelaosrede im fünften Buch, deren Historizität heftig diskutiert wurde[32]. Sie wurde von Polybios an einem inhaltlichen Wendepunkt anlässlich der *symploké* der Ereignisse am westlichen und östlichen Mittelmeer eingeschaltet. Das zentrale Thema dieser Rede, die in indirekter Rede wiedergegeben wird, ist die „Ausrichtung der Aufmerksamkeit nach Westen", auf den Gigantenkampf zwischen Rom und Karthago im Hannibalkrieg. Ihr Inhalt wird bestätigt durch den zeitunmittelbaren, dokumentarisch erhaltenen, zweiten Larisäerbrief Philipps, in dem der König mit der ihm eigenen ironischen Überspitzung die wehrlose Stadt Larisa[33] auf die römische Praxis der Koloniegründungen und Einbürgerungen verpflichtete[34]. Ein weiteres Beispiel wäre die Thrasykrates-Rede aus der Phase nach dem Abschluss des römisch-aitolischen Bündnisvertrages von 212[35]. Hier verzichtet Polybios nachweisbar darauf, den eigenen Stil in die Rede einzuarbeiten. So bleibt die rhodische Dokumentensprache erhalten[36]. Weitere wichtige Gelegenheiten zur Einsicht in die polybianische Praxis der Einschaltung von Reden

---

[29] Insofern geht Polybios über Thukydides hinaus, ZIEGLER RE 1525.
[30] Die Skrupel des Historikers, die wörtlichen Beiträge der Handelnden zu analysieren, werden mehrfach deutlich, z.B. in Polyb. 18,8,8; mehr prinzipiell in Polyb. 36,1.
[31] Wie er mit fast wörtlichem Anklang an Thukydides ausführt: Polyb. 38,4,8; Thuk. 1,22,4.
[32] Polyb. 5,103,9-105,1, pos. DEININGER (1973), S. 103-109, und MØRKHOLM (1974), S. 127-132.
[33] Vgl. Polyb. 4,76,1-3.
[34] Syll³543, Z. 31-34.
[35] Polyb. 11,4-6.
[36] LEHMANN (1974), S. 166 mit Lit.; DREYER (2002), S. 33-39.

ist die des Lykiskos[37] und die des Astymedes[38], ohne dass hier im Einzelnen darauf eingegangen werden kann.

3) Ursachenforschung und teleologisches Geschichtsbild

Allein das Bestreben eines Historikers, von den gegenwärtigen Zuständen und Verhaltensweisen die Ursachen darzulegen, kann Nutzen für das eigene Handeln bringen. Polybios begründet:

> *„Denn wenn ähnliche Situationen der Vergangenheit zu der eigenen in Beziehung gesetzt werden, dann gibt einem das die Möglichkeit, sich vorausschauend ein Urteil über die Zukunft zu bilden."*[39]

Ansonsten wäre Geschichtsschreibung eine bloße Reihung von Ereignissen[40].

> *„Denn wenn jemand aus der Geschichte die Erörterung streicht, aus welcher Ursache, auf welche Weise und zu welchem Zweck das Geschehene geschehen ist und ob es den Ausgang genommen hat, der vernünftigerweise zu erwarten war, dann wird das, was übrig bleibt, vielleicht ein unterhaltsamer Roman, eine Bereicherung der Erkenntnis nicht. Das Resultat gewährt für den Augenblick Genuss, bringt aber überhaupt keinen Nutzen für die Zukunft."*[41]

Daher ist sein Werk gewiss keine leichte Lektüre[42]:

> *„Ich bin mir freilich darüber nicht im Unklaren, dass mein Werk etwas Strenges, Abweisendes an sich hat und wegen der Einseitigkeit und Beschränkung in der Stoffauswahl nur eine bestimmte Art von Lesern ansprechen und bei Ihnen Beifall finden wird."*

Der Nutzen, den man aus einer die Ursachen ergründenden Geschichtsdarstellung gewinnt, stellt sich im Kleinen wie im Großen ein. Die ausschlaggebenden Bedingungen, die treibenden Motoren der historischen Prozesse, können im Persönlichen, in den Absichten, Plänen und Zielen der Handelnden[43], gesucht werden. Polybios referiert ausführlich über die Schwierigkeiten, auf dieser Ebene zu den wirklichen Ursachen zu gelangen[44].

---

[37] Polyb. 9,32,1-39,7.
[38] Polyb. 30,4,10-15; 30,31,1-20.
[39] Polyb. 12,25b,3.
[40] Polyb. 11,19a; 12,25b,2 und 4; vgl. 5,21,6.
[41] Polyb. 3,31,12-13.
[42] Polyb. 9,1,5.
[43] Polyb. 1,3,7-9; 10,21,2-3 (Philopoimen); 29,12.
[44] Polyb. 29,5,1-3 (Zitat S. 103-104).

Ursachen können weiter in den Umständen, in den Strukturen gesucht werden: Der Zustand der Verfassung sei gar die wichtigste Ursache (*megiste aitia*)[45] und prominenteste Begründung für die Blüte und den Niedergang eines Staates[46].

Im Unterschied zu allen anderen Ursachenkategorien sind die strukturellen Ursachen, die Zustände einer Verfassung, voll beschreibbar, theoretisch, wenn sie unabhängig auftreten. Polybios ist jedoch nicht so naiv, dies zu glauben, denn auch Verfassungen und andere Umstände sind von Personen mitbestimmt.

Eine Kombination der persönlichen und verfassungsmäßigen *aitiai* liegt etwa in der Entwicklung Athens und Thebens vor. Hier hänge in besonderem Ausmaß die Qualität der Politik und der Verfassung, die vom politischen Souverän, also von den Launen der Masse in der Ekklesia bestimmt sei, von den Politikern ab[47].

In diesem Zusammenhang ergebe sich auch Einsicht in den Urgrund, in die *aitia aitias*, womit der Historiker die Lücke, die in der Forschung bemängelt wurde[48], durchaus schließt: In Hinsicht auf die strukturelle Ursachenkette zeigt er zumindest implizit im sechsten Buch den Weg zum Urgrund beim Vergleich der Verfassungen Spartas, Karthagos und Roms und bei der Erörterung ihrer jeweiligen Entstehungsbedingungen und ihres jeweiligen Entwicklungsstandes. Auch auf dieser Ebene verweben sich personelle und charakterliche Ursachen mit strukturellen[49]. Er trennt also nicht kategorisch, beide Ursachengattungen führt er immer und auf jeder Ebene der Ursachenerörterung ins Feld – soweit sie nach seiner Meinung wirkungsmächtig[50] und für den Historiker rational erklärbar sind. Auch die Tyche, die mitunter als göttliche Wirkungsmacht in der Forschung bei Polybios eingeführt wird, kann Ursache sein (s.u. S. 83ff.). Sie ist jedoch weniger göttliche Ursache im herodoteischen Sinne, sondern eine Variable, die sich dem aufgeklärten, nach den Ursachen su-

---

[45] Polyb. 6,2,2-3 und 6,2,8-10; auch 1,1,5; 8,2,3; 39,8,7.
[46] Polyb. 2,38; 15,21,3.
[47] Polyb. 6,43-44; dazu ZIEGLER RE 1514.
[48] ZIEGLER RE 1514/1515.
[49] Polyb. 6, 48-58.
[50] Vgl. WALBANK (1994), nr. 4, der die Ursachen in den Umständen, nicht den Entscheidungen (in Auseinandersetzung mit P. Derow) sucht.

chenden Historiographen entweder im Moment teilweise oder gar nicht erschließt oder rational nicht vollständig erklärbar ist[51].

Es ist eine wesentliche Aufgabe des nach den Ursachen forschenden Historikers auf dem Pfad der handelnden Politiker und Feldherrn, deren Taten er im jeweiligen Kontext beschreibt, der Tyche auf jedem Feld, in der sie wirksam ist, durch rationale Erklärung ihre für die Masse omnipräsente Allmacht ‚abzugraben' und dabei weiter zu gehen, als es den meisten Handelnden der dargestellten Zeit möglich war[52].

„Dass man ein Vorhaben zum guten Ende führt und wohl auch, wenn man die Tyche gegen sich hat, den nachlassenden Schwung des Anfangs durch kluges Planen bei jedem Schritt ausgleicht, ist wenigen gegeben."

Schon bei der Angabe des Generalthemas wird diese Auffassung über die Ursächlichkeiten deutlich[53], besonders wenn es um die Anknüpfung des Ereignisganges an das Ende des Geschichtswerkes seines Vorgängers Timaios (für den Westen: die 129. Olympiade: 264-261) geht[54].

„Ferner werden wir den Grund für den Übergang (sc. der Römer nach Sizilien) anzugeben haben, jedoch mit klarer Beschränkung auf diesen selbst, damit nicht, wenn wir nach der Ursache der Ursache fragen, der Anfang unseres ganzen Werkes und die Behandlung seines Gegenstandes sich ins Bodenlose verliert. Wir müssen aber auch einen Anfangspunkt wählen, der zeitlich unbezweifelbar festliegt und allgemein bekannt ist, der auch sachlich aus sich selbst verstanden werden kann, auch wenn wir chronologisch etwas weiter zurückgehen und die dazwischen liegenden Ereignisse in knapper Zusammenfassung ins Gedächtnis rufen müssen. Denn wenn der Anfangspunkt unbekannt oder am Ende gar umstritten ist, dann kann auch von dem Folgenden nichts auf Zustimmung und Glauben rechnen. Wenn dagegen über jenen eine allgemeine Übereinstimmung erreicht ist, dann findet auch die ganze folgende Erzählung bei den Lesern williges Gehör."

Mit der Begründung des Beginns um 264 steigt der Historiker in die Erzählung ein, welche die Grundlage für die Haupterzählung liefern sollte, die mit der 140. Olympiade (220-217, genauer im 3. Jahr dieser Olympiade, d.h. 217 v. Chr.), mit der neuen Verflechtung der Ereignisse

---

[51] Sehr klar aus der Charakterisierung des Scipio, Polyb. 10,2-5; 10,5,8-10. Ein scharfer Intellekt eines herausragenden Handelnden (Feldherr oder Politiker) kann den Wirkungsbereich der Tyche (als Wirkungsgrund) einschränken.

[52] Polyb. 16,28,2.

[53] Polyb. 1,1,5; 1,4,8-1,5,5; 3,1,4-1,11.

[54] Polyb. 1,5,3-4; vgl. 39,8,7.

IV   Auffassung über Geschichte und Methode   77

in Ost und West, einsetzt⁵⁵. Denn die Ursachen des Zustandes um 220 (217) v. Chr., mit welchem Jahr sein Hauptthema einsetzt, bedürfen der ausführlichen Darlegung⁵⁶. Diese Notwendigkeit liefert mithin den Anlass zum Vorspann (*prokataskeué*) der ersten zwei Bücher, um zu dem oben genannten allgemein anerkannten Beginn um 264 zu kommen⁵⁷.

In gleicher Weise entschloss sich Polybios zur Fortführung seiner ersten Konzeption, die zunächst nur bis 167 v. Chr. reichen sollte, um darzulegen, welche Absichten und Pläne zur Katastrophe der 140er Jahre führten⁵⁸.

In Auseinandersetzung mit seinen Vorgängern (und erneut in gedanklicher Anlehnung an Thukydides⁵⁹) entwickelt Polybios darüber hinaus – ohne sich daran jedoch sklavisch zu binden⁶⁰ – ein differenziertes, hierarchisierendes Kategoriensystem zur Unterscheidung von Beginn (*arche*), Anlässen (*prophaseis*) und tieferen Ursachen (*aitiai*) der dargelegten Ereignisse⁶¹. Das Problem der Kausalreihen⁶² hat den Historiker mithin sehr beschäftigt.

Biographisches Element
Da der Historiker dem Individuum eine große Bedeutung in der Ursachenergründung zumisst⁶³, hat sein Werk ein sehr dominantes biographisches Element. Historiographie hat sich allerdings nach Polybios deutlich von einem Enkomion (Lobschrift) abzugrenzen und muss die Person in ihrer Vielfältigkeit (positiv wie negativ) erfassen⁶⁴. Am Beispiel des

---

⁵⁵ Polyb. 4,28,4; 5,105,9 (s.a. 2,71,3-6).
⁵⁶ Polyb. 1,3,7-9; 1,5,2; 1,12,6-9; 1,20,8.
⁵⁷ Polyb. 1,5,4; s.a. 5,32.
⁵⁸ Polyb. 3,4,6.
⁵⁹ Thuk. 1,23,5-6; dazu GOMME (1945), 153f., und LEHMANN (1974), S. 165-169. Dabei scheint Polybios weniger das Repertoire des großen athenischen Historikers weiterzuentwickeln, entgegen P. PÉDECH, der zu sehr schematisiert: (1964), S. 54-354. Vielmehr interpretiert er Thukydides, der mit einer bemerkenswerten begrifflichen Variante, mit einer Verdrehung der Begriffe, den Leser aufmerksam machen will.
⁶⁰ Entgegen PÉDECH (1964), S. 80, 99.
⁶¹ Polyb. 22,18,8, vgl. 3,6,1.
⁶² Polyb. 1,5,3.
⁶³ WALBANK (1990), S. 20; vgl. ZIEGLER RE 1527-1532.
⁶⁴ Polyb. 10,21,8; vgl. 10,26,9f. Zum Begriff „mit *apodexis*" (mit ausführlicher Darlegung, d.h. ausführlich im Sinne eines wissenschaftlichen Nachweises) als

Philopoimen, seines politischen Ziehvaters, erörtert er dieses Verhältnis prinzipiell:

"Denn wie jenes Werk, das dem Manne ein Denkmal zu setzen bestimmt war (die Biographie für Philopoimen, s.o. S. 23 mit Zitat Polyb. 10,21), eine sich auf das Wesentliche beschränkende Verherrlichung seiner Taten verlangte, so fordert das Geschichtswerk, das unparteiisch nach Verdienst Lob und Tadel auszuteilen hat, einen absolut wahrheitsgetreuen, auf Tatsachen gegründeten und die Erwägungen, welche die Ereignisse begleiteten, und die Motive, die das Handeln veranlassten, klarstellenden Bericht."

Der Charakter des Königs Philipp V. bewegt Polybios[65], der viele Ereignisse miterlebte, die von diesem König und seiner Auseinandersetzung mit den Römern stark geprägt waren.

"Keiner unter den Vorgängern Philipps besaß größere Eigenschaften, die einen guten und die einen schlechten Herrscher ausmachen, als er. Und zwar waren die Vorzüge, wie mir scheint, ihm von Natur eigen, während seine Fehler mit fortschreitenden Jahren hinzukamen, sowie es manchmal bei Pferden der Fall ist, wenn sie alt werden. Urteile dieser Art (sc. Lob und Tadel)*, um dies beiläufig zu bemerken, tragen wir nicht wie die übrigen Historiker in den Einleitungen vor, sondern wir fügen jeweils an die Ereignisse selbst die entsprechenden Betrachtungen über Könige und andere hervorragende Männer an, weil wir diese Form der Charakterisierung vom Standpunkt sowohl des Autors wie des Leser für angemessener halten."*[66]

Mehrfach werden die guten Anlagen und der Wandel zum Negativen in groben sowie in fein nachgezeichneten Zügen thematisiert, etwa anlässlich der Plünderung von Thermos. Die Kritik an Philipp ist Anlass zu einem Exkurs zu dessen Vorgängern auf dem makedonischen Thron[67]. Hier wird auf die Beeinflussbarkeit des jungen, aber gleichwohl talentierten Philipp Bezug genommen[68]. Nach der Beseitigung der ersten Equipe, der von seinem Vorgänger Doson beigegebenen Berater, darunter Apelles, wirkten auf den jungen Philipp V. – der Meinung des Historikers zufolge – zum Guten der achäische Politiker Aratos von Sikyon, der das Vorbild des Polybios war, und zum Schlechten der Illyrer Demetrios von

---

Gegenkategorie zu *kephalaiodes* („nur" die wesentlichen Punkte) folge ich PETZOLD (1969), S. 19-20; dazu mehrfach WALBANK (im Sinne von Ursachenforschung), zuletzt (2002), S. 7-8.

[65] Polyb. 4,77,1-4; 4,82,1.
[66] Polyb. 10,26,7-10.
[67] Polyb. 5,9,6-5,12,8.
[68] Polyb. 5,102,1-2.

IV Auffassung über Geschichte und Methode

Paros ein[69]. Dieser war zunächst von den Römern im Jahre 228 v. Chr., nach deren Sieg über die Illyrerkönigin Teuta, als Fürst der Illyrer eingesetzt und dann im zweiten Illyrerkrieg 218 vertrieben worden. Von dort ist er an den makedonischen Hof geflohen und soll daraufhin die Ziele Philipps nach Westen hin umorientiert haben. Dabei weckte er angeblich in diesem König die Begierde zur Weltherrschaft. Die Begierde führte ihn in den Konflikt mit Rom, der dem makedonischen Königtum letztlich den Untergang bereiten sollte.

Heftige Kritik wird weiter an der Moral der Könige Philipp V. (221-179 v. Chr.) und Antiochos III. geübt[70], die sich an die Aufteilung der ptolemäischen Gebiete des jungen, noch wehrlosen Ptolemaios V. im Jahre 203/202 v. Chr. gemacht hätten, nachdem sie zuvor noch dem Vorgänger Ptolemaios IV. ihre Hilfe gegen einheimische Erhebungen angeboten hätten. Eine solche Bestrebung demaskiere jedoch nach Polybios nur ein gleichsam naturgegebenes, nach seiner Meinung durchaus legitimes Herrschaftsstreben solcher Monarchen[71].

Während amoralisches Handeln kurzfristigen Erfolg bringen kann, langfristig aber schadet (etwa die Plünderung von Heiligtümern), ist die Kritik des Historikers an der mangelnden Fähigkeit zum entschiedenen Handeln, wie es die Teilungsvereinbarung der beiden ehrgeizigen Könige von 203/202 konsequenterweise verlangt habe, viel entscheidender und grundsätzlicher[72]. Es sei keine Kunst, sich hochtrabende Ziele zu setzen. Ihnen aber gegen Widerstand treu zu bleiben und mit Ratio Schritt für Schritt planend vorzugehen, sei wenigen gegeben[73]. Von herausragenden Persönlichkeiten müsse man dies aber verlangen dürfen.

Wer es versäumt, gemäß seiner eigenen Zielsetzungen zu handeln, und den *kairos*, den günstigen Zeitpunkt, ungenutzt verstreichen lässt, den trifft nicht nur das unerbittliche Urteil des Historikers, sondern den strafen unmittelbar die Ereignisse selbst. Hier trennt sich die Spreu vom Weizen, d.h. derjenige Politiker oder Monarch, der an seinen Zielen wegen Inkonsequenz scheitert, von demjenigen Politiker oder Monarchen, der Einfluss auf die geschichtlichen Prozesse – sogar gegen die

---

[69] Polyb. 9,23,9.
[70] ECKSTEIN (1995). Zur Gewichtung moralischer Kriterien gegenüber der Forderung des Polybios an Herrscher, den eigenen Zielen treu zu bleiben und sie konsequent durchzuführen, s.u.
[71] Polyb. 7,12; 8,8; 10,26,7; 15,20.
[72] Polyb. 16,10.
[73] Polyb. 16,28,2, Zitat oben: S. 76.

Tyche, gegen das Schicksal, das im ersten Proömium so unwiderstehlich die römische Weltherrschaft zu errichten schien[74] – gewinnen kann. Dementsprechend fällt das Urteil des Polybios gegenüber Philipp, dem sich nach dem Sieg bei Lade für ein kurzes Zeitfenster im Jahre 201 v. Chr. die Chance zur Verwirklichung seiner Ziele durch einen Angriff auf Alexandria geboten habe, vernichtend aus, zumal sich hier – nach seiner Ansicht – ein grundsätzliches Charakterdefizit des Makedonenkönigs offenbart[75]:

„Als die Seeschlacht von Lade geschlagen war und die Rhodier das Feld geräumt, Attalos aber noch nicht als ihr Verbündeter eingegriffen hatte, hätte es Philipp offensichtlich freigestanden, die beabsichtigte Fahrt nach Alexandria durchzuführen. Hieran kann man besonders klar erkennen, dass Philipp wie von Sinnen war, als er so handelte, wie er tat. Was also hat die Ausführung seiner Absicht verhindert? Nichts anderes als die natürlichen Gegebenheiten. Wenn sie weit vom Schusse sind, setzen sich wohl viele einmal das Unmögliche zum Ziel um der großen Hoffnungen willen, die ihnen zu winken scheinen, da die Begierde stärker ist als die vernünftigen Überlegungen; wenn aber die Ausführung an sie herantritt, dann lassen sie ohne ersichtlichen Grund ihren Plan wieder fallen, da die Schwierigkeiten und Hindernisse, denen sie sich gegenüber sehen, die Klarheit ihres Denkens umnebeln und es in die Irre leiten."

Ein ähnlich vernichtendes Urteil ergeht über Philipps großen Widerpart, den Seleukidenkönig Antiochos III. (223-187 v. Chr.), der gleichfalls zur Enttäuschung wird, zu einer wirklich persönlichen Enttäuschung für den Historiker, der als Heranwachsender viel von diesem ‚neuen Alexander', der als unbesiegbar galt und von den Römern gefürchtet wurde, hielt[76]:

„Der König Antiochos schien am Anfang eine Persönlichkeit, die nicht nur große Pläne fassen konnte und waghalsig war, sondern auch fähig war, diese Pläne durchzuführen. Als er aber älter wurde, blieb er bei weitem hinter den

---

[74] Polyb. 1,4.
[75] Polyb. 16,10.
[76] Polyb. 15,37; er teilte inbesondere die Ansicht und die Bewunderung der Zeitgenossen, „der Griechen in Asien und Europa", über Antiochos kurz nach der „Anabasis" von 213 bis 205. In dieser „Anabasis" war es dem Herrscher noch einmal gelungen, nach Alexanders Siegeszug und dem erfolgreichen Feldzug des Dynastiegründers Seleukos Nikator den Seleukiden ein Weltreich bis zum Indus wenigstens formal zu unterwerfen, in: 11,39,16.

IV   Auffassung über Geschichte und Methode   81

Erwartungen, die er selbst schürte, zurück und wurde zur Enttäuschung für alle."
Aber auch der Charakter Philipps V. wird in zunehmend düsteren Zügen gezeichnet[77]. Dem entsprechen die Wertungen bei Livius, dort, wo er erkennbar auf Polybios als Quelle basiert. Gleichwohl wird nicht pauschalisiert: Immer wieder wird die Geistesgegenwart und Energie auch des älteren Herrschers positiv gegen die Tatenlosigkeit seiner Gegner abgegrenzt, etwa im Jahre 200 v. Chr. gegenüber Rhodos und dem Pergamenerkönig Attalos[78]. Hier bleibt also Polybios seinen Prinzipien, der Einzelbewertung der Taten, treu, wenngleich er eine langfristig wirksame negative Entwicklung bei diesem König – angelegt im Charakter – feststellt[79].

Bei der dramatisch-eindringlichen Schilderung über den Untergang des makedonischen Königtums zwischen 188 und 168 v. Chr. wird man Polybios nicht vorwerfen können, gegen die eigenen Prinzipien nun doch der von ihm kritisierten, so genannten mimetischen Geschichtsschreibung (s.u.) anheim gefallen zu sein. Das Bestreben des Historikers, die Entscheidungen der letzten beiden Könige Makedoniens zu erklären, lässt ihn zu einer Quelle aus der nächsten Umgebung des Königs am makedonischen Hof greifen. Diese Quelle bemüht aus der Perspektive nach 168 v. Chr., also nach dem Untergang des makedonischen Königtums, beständig den Vergleich zwischen den Argeaden Philipp II. und Alexander dem Großen in einer aufsteigenden Linie der makedonischen Geschichte und den Antigoniden Philipp V. und Perseus (179-168 v. Chr.) für den unwürdigen Untergang des Königreiches. Die Attraktivität der Quelle besteht für Polybios vor allem darin, dass sie, wie er selbst, in den unwürdigen, inkonsequent handelnden Nachfolgern Philipps II. und Alexanders des Großen eine wesentliche Ursache für den Untergang des Königtums sah. Anders als seine Quelle führte Polybios die Ursache dafür jedoch auf eine Charakterschwäche der Monarchen zurück. Philipp V. und Perseus, die beiden letzten makedonischen Monarchen, hatten demnach Chancen, ihre Ziele auch unter widrigen Umständen zu verwirklichen. Sie scheiterten, weil sie in der Befolgung der Ziele inkonsequent waren[80].

---

[77] Polyb. 16,28; 18,33,4-7; 23,10; 25,3,9-10.
[78] Liv. 31,15,10-16,1.
[79] Polyb. 10,26,7-10, Zitat s.o.
[80] S. unten S. 107ff. Vgl. WERNER (1977), S. 149-216.

Auch das Urteil über die negative Entwicklung des Seleukidenkönigs Antiochos III. ist differenziert, wenn auch nicht unabhängig von den seleukidischen Hofquellen. Hier wie bei den anderen Persönlichkeiten analysiert Polybios Chancen und Grenzen der Einflussmöglichkeiten auf geschichtliche Prozesse ausführlich. Zu solchen Persönlichkeiten gehören natürlich Hannibal[81] sowie sein Vater Barkas, der den unfähigen karthagischen Feldherren beim Söldneraufstand von 237 gegenübergestellt wird[82]. Die römische Furcht vor Hannibal und dessen Einfluss beim seleukidischen König Antiochos III. nach seiner Flucht 196 v. Chr. werden häufiger thematisiert[83]. Dies geschieht gerade an den Stellen, an denen Hannibals Doppelstrategie, die eine erneute Invasion Italiens (nach 201) vorsah, als einzige Chance zur Bezwingung Roms angesprochen wird, wenn man nur konsequent gehandelt hätte[84].

Ebenso ragt Publius Cornelius Scipio unter Zeit- und Standesgenossen in der Darstellung hinsichtlich seines Einflusses heraus[85].

„Da er infolgedessen seinen Schritt auf die Stimmung des Volks und das zu erwartende Verhalten seiner Mutter klug berechnet hatte, erreichte er nicht nur seine Absicht, sondern es verbreitete sich auch die Meinung, eine göttliche Eingebung habe ihn dabei geleitet. Denn wer entweder aus Mangel an Gaben des Verstandes oder an Erfahrung aus geistiger Trägheit die Situationen, die Gründe und Motive in jedem Fall nicht klar zu erkennen vermag, führt Erfolge, die ein scharfer Intellekt mit kluger Berechnung und Voraussicht erringt, auf die Götter und die Tyche zurück. Dies habe ich bemerkt, damit meine Leser nicht der allgemein verbreiteten irrigen Meinung über ihn beipflichten und daher an den bewunderungs- und verehrungswürdigsten Eigenschaften dieses Mannes vorübergehen, ich meine seine Fähigkeit, jede Lage zu meistern, und seine Härte, die den schwersten Belastungsproben standhielt."

Um das Ausmaß der in den einzelnen Charakteren angelegten Einflussmöglichkeiten von herausragenden Individuen zu ergründen und ihren Anteil am Ablauf geschichtlicher Prozesse darzulegen, flicht Polybios daher Charakterstudien wichtiger Hauptpersonen in den Erzählgang ein,

---

[81] Polyb. 9,22-26 (vgl. 11,19).
[82] Polyb. 1,67.
[83] Liv. (P) 33, 44,5ff., bes. 33,45-49; 34,43,4-9; 34,60-62; 35,14,1-12; 35,23,1-6; 38,38,7f.
[84] DREYER (2007), S. 223-228.
[85] Polyb. 10,5,7-9.

etwa in konzentrierter Weise die Nekrologe auf Philopoimen, Hannibal und Scipio anlässlich ihres Todes im Jahre 183[86].

Mit der hohen Taxierung der Einflussmöglichkeiten herausragender Persönlichkeiten auf historische Prozesse trifft Polybios Zeitvorstellungen, die dem Individuum eine große Bedeutung einräumen[87]. Dennoch gibt es Grenzen, sowohl für den Handelnden als auch für den, der über dieses Handeln forscht – und hier ist eine Kontingenzkategorie für die Momente eingeführt, in denen nicht nur das menschliche Handeln eine Grenze hat, sondern auch der menschliche Intellekt, der dieses beschreibt.

Tyche[88]

Allem Streben nach Ursachenergründung werden praktische – wie die Äußerungen zum allgemein anerkannten Beginn – und rationale, für Menschen erfahrbare Grenzen gesetzt. Das irrationale oder nicht ergründbare Element in der Geschichte benennt Polybios vielleicht unter dem Einfluss der Schrift des Demetrios von Phaleron[89] mitunter mit *Tyche*, bereits bei der Formulierung des Generalthemas[90]. Es ist letztlich nicht klar, inwiefern dabei philosophische Vorstellungen isoliert oder in einer geronnenen, popularisierten Form wirksam sind. Der Historiker wollte in jedem Fall nicht einer bestimmten philosophischen Schultheorie oder einem Theorem folgen und brauchte dies auch nicht. *Tyche* wurde als Göttin im 2. Jahrhundert vielfältig verehrt, etwa als Stadtgöttin (z.B. in Antiocheia), und in Polybios' Umgebung, so etwa von Aemilius Paullus[91]. Sicherlich ist Polybios auch hier kein konsequenter Systematiker; die *Tyche* des Polybios ist weder nur Nemesis noch nur Determinismus.

Die *Tyche* kann bei Polybios sowie bei Livius, wenn er von Polybios abhängig ist[92], verschiedene, scheinbar sich widersprechende Funktionen ausüben. *Tyche* kann jeden Plan, jede Absicht (*prohairesis, epibule, logismos*) durchkreuzen, alles Bestehende (u.a. *dynamis*) zerstören. Sie

---

[86] Polyb. 23,12-14.
[87] F. Leo (1901), S. 107ff.; 242ff.
[88] Ziegler RE 1532; Walbank, Comm. I, S. 16-26.
[89] Polyb. 29,21.
[90] Von Scala (1890), S. 153ff.
[91] Polyb. 29,20; Plut. Aem. 26; 27; 36; Liv. 45,8; 41; Vell.Pat. 1,10,4; Plin. nat.hist. 34,54.
[92] Liv. 33,16,8.

kann aber auch positiv wirken[93], gar „eingesetzt" werden, wie das eben genannte Beispiel Scipios zeigt[94]. In Wirklichkeit sind ihre Arten nur Erscheinungsformen des Irrationalen. Daher ist die Zuordnung einzelner Textstellen im Weiteren sicherlich – abhängig von der Perspektive – interpretierbar[95]:

a) Das ganze Geschehen kann einem einzigen Prinzip zugeschrieben werden, der ‚Weltenlenker'-*Tyche*, die Affinitäten mit der spezifisch stoischen Auffassung des Logos hat[96]. Diese *Tyche* lenkt alles auf ein Ziel, das – so in der Einleitung über die römische Weltherrschaft[97] – als ein Fortschritt einzuschätzen ist[98]. Diese überdimensionale Wirkungsmacht ist durch einen Rationalisten wie Polybios nicht ohne weiteres beschreibbar. Dennoch will er ihren Wirkungsbereich wenigstens prinzipiell einschränken, indem er ihn durch rationale Erklärungen sukzessive eingrenzt, da er grundsätzlich alle Probleme methodisch (*methodikos*[99]) lösen zu können glaubt. Auf diese Weise sind auch Polybios' Versuche einer rationalen Mythenerklärung zu interpretieren[100].

b) Die *Tyche* kann fallweise und dann vornehmlich im persönlichen Bereich eingreifen, als ob sie wie eine höhere Gewalt „*in den wichtigsten Dingen wider Berechnung zu entscheiden*" pflege[101]. Sie kann dort abhängig von der Perspektive:

---

[93] Z.B. Polyb. 3,5,7; 8,20,10; 15,6,8-7,9; 15,34,2; 18,46,14-15; 29,21; 30,10,1-2.

[94] Polyb. 10,5,7-9; Zitat s.o.

[95] Vgl. WALBANK (1990), S. 18-20.

[96] Bei Polybios: Proömium 1,4,1-5; vgl. 1,58,1; 2,4,3; (2,70,2;) 4,2,4; 15,9,4-5; 15,10,5-7; 15,19,5; 20,7,1-2; 21,16,8; 23,10,12-16 (Philipp-„Drama", s. Suda s.v. *proskenion*); 29,19,2; 29,21; 29,27,12; 38,2,1; 38,2,7.

[97] Polyb. 1,4,1.

[98] Dieser im Unterschied zum methodisch-rational erworbenen Fortschritt in den Wissenschaften: P. PÉDECH, La culture de Polybe et la science de son temps, in: GABBA (1974), S. 39-64: Polyb. 9,2,5 (s.u.); zur aktuellen neuen Perspektive auf die „Welt" und ihre aktuelle Entwicklung aufgrund der (wissenschaftlichen) Errungenschaften und Entdeckungen: 2,37,4-6 (hier in Verbindung mit *Tyche*); 3,58,2-9; 59,3-8; 4,40,2-3; 10,47,12-13 (allg. 10,43-47); WALBANK (1990), S. 20-21; s.a. Zuversicht des Polybios über seine Nachfolger 3,5,7-8.

[99] Polyb. 9,2,5.

[100] Gegen WALBANK (1990), S. 21. Zur Repräsentation der mythischen Zeit (bis zu den Diadochen) s. LEHMANN (1989/1990), S. 75.

[101] Polyb. 9,21,2.

IV Auffassung über Geschichte und Methode

i) ausgleichend gerecht – unterstützend oder widrig – wirken[102]. Allerdings wird sie dabei oft von Polybios als wirkende Kraft nach der Meinung der Allgemeinheit zugunsten einer rationalen Ursachenerklärung in Abrede gestellt.

ii) Oder *Tyche* kann in dem persönlichen Bereich scheinbar willkürlich – mitunter neidvoll wie die Olympischen[103] – bestrafen bzw. ungerechtfertigter Weise ‚belohnen'[104]. Gerade die letzte Erscheinungsform der *Tyche* soll ertragbarer werden durch das Studium der Geschichte, da diese das Schicksal anderer – indem die *Tyche* jene auf die Probe stellt[105] – lehrt und den Leser damit für die eigene Zukunft rüstet[106] und mahnt, auch im Glück besonnen zu sein[107]. Hier äußert sich erneut der didaktische Aspekt des Studiums der Geschichte[108], für den auch die *Tyche* eingespannt werden kann, wenn eine rationale Erklärung, die natürlich prinzipiell zu bevorzugen ist, augenblicklich nicht möglich ist.

Es ist geradezu die Aufgabe des Historikers, das ‚Reich', auch das Regiment der *Tyche,* so weit wie möglich durch die *Ratio* einzugrenzen. Mitunter gelingt dies bei der *Tyche*, die an einer Person wirkt. Oft erfolgt diese Eingrenzung bei Polybios in Auseinandersetzung mit den Vorgängern und der allgemeinen Meinung[109]. Der Historiker ‚ringt' mit der Tyche, um ihr möglichst viel durch rational-natürliche Erklärung an Terrain abzugewinnen, zum Beispiel am Beginn der Hauptgeschichte um 220 v. Chr., als in allen Reichen neue Akteure auftraten, die ehrgeizig ihre Ziele verfolgten[110]:

„Vor allem aber haben wir mit diesem Zeitpunkt angefangen, weil damals auch die Tyche in der ganzen Welt gleichsam alles hat neu beginnen lassen. Philipp nämlich, der leibliche Sohn des Demetrios, hatte erst vor kurzem,

---

[102] Polyb. 2,4,3; 4,81,5; 15,17,6; 15,20,5; 15,23,1; 20,7,1-2; 23,10; 23,12,3; 27,16,4; 29,19,2; 31,29,2; 36,13; 38,18,8; 38,20,1.
[103] Polyb. 39,8,1-2.
[104] Polyb. 1,35,2; 2,7,1; 2,70,2; 4,81,12; 6,43,3; 8,20,10; 9,8,13; 15,6,8-7,1; 15,34,2; 16,28,2; 16,32,5; 23,12,3; 29,21; 29,22,2; 30,10,1-2; 32,4,3.
[105] Polyb. 18,33,7.
[106] Polyb. 1,1,2.
[107] Polyb. 38,21,3.
[108] Polyb. 12,25b,3; Zitat oben S. 74.
[109] Polyb. 1,63,9; 2,38,5; 10,9,2; 15,21,3; 18,28,4-5; 31,30,3 (s.a. Suda s.v. *esomatopoiei*; ebd. s.v. *Tyche*); 36,17.
[110] Polyb. 4,2,4-11.

noch ein Knabe, die Herrschaft über die Makedonen angetreten. Achaios, der über das Land westlich des Tauros herrschte, okkupierte nicht nur die Führung, sondern auch die königliche Macht. Antiochos mit dem Beinamen der Große hatte wenig vorher nach dem Tode seines Bruders Seleukos als dessen Nachfolger, ebenfalls noch ganz jung, den syrischen Königsthron bestiegen. Gleichzeitig mit ihnen hatte Ariarathes die Herrschaft in Kappadokien übernommen. Zur selben Zeit war Ptolemaios Philopator Herr über Ägypten geworden. Bei den Spartanern wurde wenig später Lykurgos als König eingesetzt. Und kürzlich erst hatten die Karthager Hannibal zum Feldherrn für den im vorigen Buch berichteten Krieg gewählt. Da so in allen Reichen ein neuer Zeitabschnitt begann, war auch der Anfang neuer geschichtlicher Entwicklungen zu erwarten. Denn dies ist naturgemäß und pflegt immer zu geschehen. So auch in diesem Fall. Die Römer und Karthager begannen den genannten Krieg, Antiochos und Ptolemaios gleichzeitig denjenigen um Koilesyrien, die Achäer und Philipp denjenigen gegen die Aitoler und Spartaner."

Das Reich der *Tyche* einzugrenzen, steht beispielsweise auch hinter den rationalisierenden Erörterungen der Leistungen und des Charakters herausragender Persönlichkeiten wie der Hannibals[111] und Publius Cornelius Scipios[112]. Polybios strebte danach, das Absichtsvolle in den Aktionen zu erkennen[113]. Oft hat er selbst – wenn er sich gezwungen sah, die *Tyche* als Begründung anzuführen, weil rationale Ursachen nicht ersichtlich waren – an ihr Wirken nicht recht geglaubt. Das wird durch Formulierungen wie „*hosper* = als ob" an den entsprechenden Stellen deutlich[114].

Irgendeine Entwicklung im polybianischen *Tyche*-Begriff, einen Einfluss, der während der Abfassungszeit wirkte, festzustellen, dürfte allerdings schwer bleiben[115].

Religion
Polybios ist zu aufgeklärt, um das göttliche Element als wirkungsmächtig zu erachten. Gleichwohl ist der Bereich des Göttlichen, wenn auch mehr aus praktischen und ethischen Gründen, zu achten. Letzteres äußert sich im Bericht des Polybios dann, wenn er die überzogene Plünderungspraxis

---

[111] Polyb. 9,22-26.
[112] Polyb. 10,5,7-9.
[113] Polyb. 1,63,9; 2,38,5.
[114] S. Stellen oben und ZIEGLER RE 1538/1539. Mißverstanden von Class. Rev. 64,2, 2014, S. 414.
[115] Wie VON SCALA (1890), S. 153ff. (Einfluss des Panaitios) oder CUNTZ (1902), S. 43ff.

IV   Auffassung über Geschichte und Methode   87

in Heiligtümern geißelt[116]. Allerdings haben die Heiligtümer kein privilegiertes Ansehen oder Anrecht auf eine bevorzugte Behandlung, denn die sinnlose Plünderung und Verwüstung von Ländereien, die einem Volk die Ernährungsgrundlage auf Dauer entziehen, ist ebenso zu verdammen[117]. Beides vergeudet Ressourcen und gründet dauerhaften Hass.

Der einzige Bereich, in dem der Historiker der Religion einen ‚konstruktiven Beitrag' zumisst, ja sie gar für wichtig hält, ist der des Staatskults, der die Macht und Ordnung sichere und die wankelmütige Masse im Zaume halte. Den Beitrag der Masse[118] schätzt Polybios immer negativ ein, besonders im Rahmen demokratischer oder zur Demokratie tendierender Verfassungen, die dann leicht zur regellosen Ochlokratie pervertieren[119]. So geschah es mit den regellosen Massen der karthagischen Vielvölkerarmee, als sie einmal in Rage gebracht worden war: Sie verhielten sich wie Bestien – irrational[120]. Ob nun im Innern (etwa im Rahmen einer Stasis[121]) oder jenseits – entfesselte Massen sind bei Polybios negativ besetzt.

In bewunderungswürdiger Weise wirke dagegen die Religion im römischen Staat[122]. Eine Folge sind die guten Sitten bei den Römern, gera-

---

[116] Etwa die Kritik an der Plünderung von Thermos durch Philipp V.; Polyb. 5,8-9. – Zur Moral und Ethik: ECKSTEIN (1995).

[117] Polyb. 23,15.

[118] Polyb. 21,7,6; 27,9-10; 31,6,6.

[119] Polyb. 6,4,4-5; ECKSTEIN (1995), S. 129-140. Der Begriff der Demokratie und der Freiheit ist zeitgenössisch positiv besetzt (s.u. Zitat im Text). Polybios selbst betont dagegen in der Regel die damit verbundenen Gefahren und assoziiert dem Begriff nur im erweiterten Gebrauch der Zeit (im zwischenstaatlichen Bereich, s. etwa für Achaia hier mehrfach) positive *Epitheta*.

[120] Polyb. 1,67,6.

[121] Zur Nutzung des Begriffs s. Polybios-Lexikon III 1, s.v. nr. 3, 75-76. Der Begriff scheint weiter gefasst, gerade bei der Schilderung des karthagischen Söldneraufstandes, da seine Diagnose Polybios die Unterlegenheit der karthagischen Verfassung gegenüber der römischen erklären hilft. Radikaler und expliziter als das Vorbild Thukydides (s. Kerkyrastasis) beschreibt Polybios bei der Stasis einen Prozess, der nicht mehr zu revidieren ist: Seine Lösung ist es daher, diese unkontrollierbaren Zerwürfnisse vorab zu verhindern: Polyb. 1,81,5-11.

[122] Polyb. 6,56,6-11. Die Verfassung Roms erklärt den Erfolg. Sie besteht nicht nur aus Institutionen, es gibt einen gesamtgesellschaftlichen Kitt, zu dem auch die Religion gehört. Der gesellschaftliche „Beitrag" stand im zweiten Teil des 6. Buches, der verloren gegangen ist.

de im Vergleich zu den Sitten der auch charakterlich unzuverlässigen Karthager (6,56,6-11).

„Der größte Vorzug des römischen Gemeinwesens aber scheint mir in ihrer Ansicht von den Göttern zu liegen, und, was bei anderen Völkern ein Vorwurf ist, eben dies die Grundlage des römischen Staates zu bilden: eine beinahe abergläubische Götterfurcht... Vielen wird das wahrscheinlich seltsam erscheinen. Ich glaube indessen, dass es um der Masse willen geschieht. Denn wenn man ein Staatswesen bilden könnte, das nur aus Weisen besteht, würden solche Methoden wohl nicht nötig sein. Da jedoch die Masse immer leichtfertig ... ist, ... bleibt nichts übrig, als sie durch dunkle Angstvorstellungen und eine gut erfundene Mythologie im Zaume zu halten."

Die „Weisen" sind diejenigen, die sich nicht mit dem Hinweis auf das Wirken der Tyche als Begründung zufrieden geben und daher auch als Leser seines Universalwerkes in Frage kommen[123].

Aber selbst am römischen Staat, der mit seiner Mischverfassung (s.o.) sehr widerstandsfähig ist, wirkt das unvermeidliche Gesetz des Verfalls, der etwa durch eine Gefahr von innen eingeleitet werden kann. Letztere ist in erster Linie mit der Zunahme der Macht der Masse verbunden, im Zuge der Demokratisierung und der damit verbundenen Regellosigkeit des Souveräns, der alles an sich ziehen und im demokratischen Rahmen auch gegen sich selbst wüten (=Stasis)[124] kann. Diese Befürchtungen sind von Polybios vielleicht vor dem Hintergrund der gracchischen Unruhen niedergeschrieben worden:

„Wenn ein Staat viele große Gefahren abgewehrt hat und zu einer unbestrittenen Machtstellung und Herrschaft gekommen ist, und wenn dann lang dauernder Wohlstand eingezogen ist ..., dann beginnt der Niedergang ... Den zweifelhaften Ruhm aber, den Niedergang herbeigeführt zu haben, wird das Volk für sich in Anspruch nehmen dürfen, wenn es nämlich einerseits meint, es geschehe ihm Unrecht durch die Habsucht der anderen, wenn es andererseits durch die Schmeicheleien der Ehrgeizigen aufgebläht wird. Dann mag die ... Masse nicht mehr gehorchen ..., sondern sie will selbst alles an sich reißen. Wenn das geschieht, dann erhält die Verfassung den schön klingenden Namen Freiheit und Demokratie, in Wirklichkeit ist sie die schlechteste: Pöbelherrschaft."[125]

---

[123] Polyb. 9,1,5.; s.o. S. 74 Zitat.
[124] In den kretischen Poleis, in denen die Ämter jährlich wechseln und nach Polybios einen demokratischen Charakter hätten, Polyb. 6,46,1-5 und 9-10.
[125] Polyb. 6,57,5-10.

IV   Auffassung über Geschichte und Methode   89

Folglich ist nach Polybios die durch Religionsfurcht in Zaum gehaltene und disziplinierte Masse die sittlichste und folgsamste, der darauf gegründete Staat der widerstandsfähigste.

Aber auch Mitglieder der politischen Elite, der römischen Nobilität, werden durch die Religion kontrolliert, und zwar dann, wenn sie in Amtsfunktionen den Verlockungen des Amtsmissbrauchs unterliegen. Anhand von zwei Beispielen diskutiert der Historiker, wie die Römer dieser Gefahr trotzen[126].

4) Nutzen der Geschichte und pädagogische Reflexionen
Es gibt nach der Meinung des Historikers zwei Wege zur Erkenntnis, denjenigen der eigenen Erfahrungen sowie denjenigen aus dem Schicksal anderer[127], primär aus der eigenen Gegenwart oder aber der jüngeren Vergangenheit, da die Handelnden in ähnlichen Handlungsbedingungen (gleicher Wissens- und Kenntnisstand) agieren. Dann kann das Handeln anderer in der Geschichte praktischen Nutzen haben. Wenn die Beschäftigung mit Geschichte praktischen Nutzen hat, handelt es sich um pragmatische Geschichte. Die Lektüre dieser Gattung der pragmatischen Geschichte ist nützlich, wenn sie Einsicht in die ursächlichen Zusammenhänge[128] – die in der Regel bei Polybios im Persönlichen, in den Plänen, aber auch in den Strukturen liegen[129] – vermittelt. Weiter liefert diese Gattung der Geschichte und ihre Inhalte methodische Leitlinien und Maßstäbe für das eigene, bessere Handeln von Politikern und Feldherrn[130]. Wiederholt führt der achäische Historiker dies am konkreten Beispiel aus[131].

Ein pragmatisches Geschichtswerk ist somit ein Handbuch, das für einen praktisch handelnden Politiker tiefere Einsichten und allgemeine Leitlinien vermittelt, ein „Handbuch der politischen und militärischen Wissenschaften"[132]. Damit betont Polybios ein ähnliches Anliegen wie

---

[126] Polyb. 6,56,13-15. Dazu: M.G. MORGAN, Philologus 1990, S. 14-15; ECKSTEIN (1995), S. 167-168.
[127] Polyb. 1,35,1-2.
[128] Polyb. 12,25b,1-2.
[129] Polyb. 30,6,3f.; die Verfassungsumstände als Ursache s. in Polyb. 6,2; 6,11,1-2; zu den Aitiai s.o.
[130] Polyb. 9,2,4-5; 3,31; 7,11,2. S.o. 12,25b,3 mit Zitat S. 74.
[131] S.a. Polyb. 3,4,7-13; 18,28,2-4.
[132] ZIEGLER RE 1503.

Thukydides mit seiner „kinetischen Geschichtsauffassung"[133]. Wie sein Vorbild Thukydides[134] will Polybios mit seiner Darstellung nicht gefallen, sondern belehren[135]. Allerdings schließt er neben dem *chresimon* (dem Nutzen) das *terpnon* (den Genuss) nicht aus[136], ohne in der Art der mimetischen Geschichtsschreibung ins Lügen zu verfallen bzw. die Sicht auf die Tatsachen zu verstellen, und das allein, um den Leser lediglich für den Augenblick zu fesseln. Übertriebenes Lügen falsifiziere sich allerdings selbst und könne dann Missfallen erregen[137]. Natürlich will Polybios spannend darstellen. Dem *chresimon* ist jedoch eindeutig der Vorrang einzuräumen[138]. Hier sei kein Kompromiss wie auch im Falle des Wahrheitsanspruchs möglich.

Polybios überlässt es nicht dem Zufall, dass der Leser lernt, im Gegenteil, er ist mitunter recht aufdringlich. Er formuliert in der Regel Lehren bzw. Lernformeln explizit und ohne Umschweife: Diese sind – da nützlich[139] –entweder

a) politisch-ethischen Inhalts[140] oder

b) allgemein-moralisch[141], wobei das Leben, das auf das gemeinschaftliche Wohl abzielt, den höchsten Preis davonträgt. Im ideal verfassten Staat mit den besten Regeln und Sitten, mit einem Volk, das durch die

---

[133] Thuk. 1,23.

[134] Thuk. 1,21-22.

[135] Polyb. 3,31,12-13; 3,57,7-9.

[136] Polyb. 1,4,11; 6,2,8; 15,36,2-11; 31,30,1; 38,5,3.

[137] Polyb. 2,56,10-12; 3,47,6; 7,7,1-8; 10,27,8; 12,26d,5-6.

[138] Polyb. 9,2,5-6; 11,19a; 12,25b; 12,25g,2; 12,25i,3; 16,17,9-11.

[139] Polyb. 9,2,5-7; 15,36,1-11; 38,4,1-9.

[140] Reflexionen der ersten Art finden sich u.a. in Polyb. 1,36,2-3; 1,37,7-10; 1,62,3-6; 1,63,4-64,6; 1,65,6-7; 2,35,2-10; 3,118,9-12; 4,20-21; 4,30f.; 4,31,3-8; 4,32-33; 4,74,2-7; 4,87,3; 5,9,7-12,8; 5,26,12; 5,90,5-8; 5,106,4; Buch 6; 8,24; 9,10; 13,3; 15,20: Kritik am Teilungsplan, zur Historizität SCHMITT (1964), S. 189-261; 15,24,4-6 (Unehrlichkeit der Freiheitspropaganda der Herrscher); 18,13-15; 18,35; 21,7,6; 22,16; 22,19,3; 23,15 (vgl. Klage über Brutalität im Krieg 1,81; 28,14); 24,3; 27,9-10; 27,20; 28,9 (Perseus' Geiz; vgl. 29,5); 28,21; 31,6,6; 36,9; 38,17,7-9.

[141] Reflexionen der zweiten Art liegen vor in Polyb. 3,4,10-12; 4,8,7-12; 4,16,3; 4,29,4; 4,30,4; 4,35,15; 5,75,2-6; 5,88,3; 5,93,4; 8,3a; 8,12,6; 8,38,2; 11,7,2; 11,8,7; 12,25c,4; 13,2,2; 13,5,4-6; 15,17,1f.; 16,1b; 18,41,3f.; 18,43,13; 21,32c,1f.; 28,10,2; 29,8,9-9,13; 29,17,2; 29,26,2; 31,16; 32,11,8; 39,3,1. S.a. ZIEGLER RE 1552f.

Religion gezähmt ist, arbeiten die besten Politiker (Buch 6). Auch ein Historiker, der pragmatische Geschichte schreiben will, sollte sich im Staatsdienst und zu Felde bewährt und dort Fähigkeiten erworben haben (s.u.)[142].

Auch die *Tyche* kann moralisch-ausgleichend wirken. Sie wirkt gleichsam als vorläufiges Instrument des Historikers, der am Schicksal anderer dem Leser Lehren erteilt, ohne zu einer rationalen Erklärung gerade in der Lage zu sein.

5) Universalgeschichte gegen Spezialgeschichten und Monographie
Nach Polybios empfiehlt sich Universalgeschichte seit dem 3. Jahr der 140. Olympiade, also seit dem Jahr 217 v. Chr., weil sich seit dieser Zeit die Ereignisse im Osten und Westen der Oikumene, der Mittelmeerwelt, verwoben hätten (*symplékesthai*[143]). Die Geschehnisse in diesem Raum bezögen sich aufeinander wie in einem Körper (*somatoeidés*[144]), während für die Zeit davor noch eine parallele Darstellung, getrennt nach westlichem und östlichen Mittelmeer, ausreiche (s. Chronologie)[145]. Jedes Ereignis in *einem* Teil der Mittelmeerwelt seit 217 v. Chr. habe dagegen direkte Auswirkungen auf den *anderen* gehabt. Die neue Art des geschichtlichen Ablaufs wird gleichsam durch das Verhalten des makedonischen Königs kurz nach der Nachricht von der römischen Niederlage am Trasimenischen See eingeleitet[146] und erfülle sich in einem Ziel (*telos*): die Weltherrschaft Roms.

Durch das größte Werk der *Tyche* liefe alles auf die Herrschaft der Römer hinaus (=teleologische Perspektive)[147]. Dem entspricht Polybios' Ansicht, dass die Römer einen Welteroberungsplan verfolgt hätten[148], besonders seit dem Sieg über die Karthager im Jahre 201 v. Chr.[149], obgleich der konkrete, erklärend-darstellende Detailbericht des Polybios gerade die Offenheit der Situation auch nach 200, die Zurückhaltung in der Flamininus-Ära und die Konzeptionslosigkeit des Senats gegenüber den Griechen ab den 180er Jahren offenlegt.

---

[142] Literatur: ECKSTEIN (1995).
[143] Polyb. 4,28; 5,31; 5,105,4-10; s.a. 8,2.
[144] Polyb. 1,3,3-5.
[145] Etwa Polyb. 2,37,4-5.
[146] Polyb. 5,101-105.
[147] Polyb. 1,4,1-11.
[148] Polyb. 1,63,9.
[149] Polyb. 3,2,6.

Bei einem derartigen Unternehmen, eine Universalgeschichte zu schreiben, sei noch keiner erfolgreich gewesen – wenn man von dem einzigen, mit Abstrichen von Polybios anerkannten Vorgänger Ephoros absieht[150].

Spezialgeschichten oder Monographien, die nur über Ereignisse und Zustände eines Teils der Oikumene in diesem Zeitraum handeln, vermittelten dagegen weder einen vergleichbaren Überblick über die Ereignisse, noch könnten sie diese in allen Bedingungen erklären. Somit böten sie keinen Erkenntnisgewinn[151]. Außerdem unterliege die Universalgeschichte gegenüber der Spezialgeschichte nicht der Gefahr der unverhältnismäßigen Darstellung[152].

Polybios weiß sehr wohl seine Geschichte von seinen Vorgängern, wie etwa von der Hofhistoriographie eines Theopomp, aber auch von derjenigen eines Ephoros, abzugrenzen (s.u.). Für seine Nachfolger bleibt der achäische Historiker mit seinen Auffassungen über die Triebkräfte im Rahmen einer Weltgeschichte Vorbild, wenngleich Historiker wie Diodor, dessen Wert nach den zugrunde liegenden Quellen schwankt, Nikolaos von Damaskos, der die wichtigste Grundlage für Flavius Josephus bildet, und Poseidonios, den der kaiserzeitliche Strabon gleich zu ersetzen suchte, aus unterschiedlichen Gründen das angestrebte ‚Ideal' nicht erreichten[153].

6) Gattungen der Geschichtsschreibung

Polybios selbst grenzt seine Arbeit gegen benachbarte Gattungen ab[154]: Die Geneaologie sei für die Unterhaltung bestimmt, ebenso wie die Mythen, Kolonie- bzw. Städtegründungsgeschichten: Sie seien oft erzählt worden und böten wenig Neues. Dagegen seine, die pragmatische Geschichtsschreibung, präsentiere neues Material der jüngeren Vergangenheit, in der gleiche oder ähnliche Bedingungen vorherrschten (s.o.), und bringe dem politisch Interessierten praktischen Nutzen, sofern er sich um Erkenntnis und Einsicht bemüht[155]. Die Untergliederung erfolgt also adressatenorientiert:

---

[150] Polyb. 5,33.
[151] Polyb. 3,32; 5,31,6-7; 8,2.
[152] Polyb. 29,12; s.a. 33,21 (vgl. 1,57: Begründung des Abbruchs der Erzählung).
[153] ALONSO-NÚÑEZ (1990), S. 173-192.
[154] Polyb. 9,1-2.
[155] Vgl. WALBANK (1990), S. 21-23.

IV   Auffassung über Geschichte und Methode   93

> *"Während viele nämlich mit unterschiedlichem Stil Geschichten über Genealogien (von Göttern und Heroen), Mythen und über Kolonisationen sowie über die Herkunft und Verwandtschaft (von Völkern und Stämmen) sowie über Städtegründungen erzählt haben ..., habe ich mich für die Darstellung des Geschehens in der Gegenwart entschieden, erstens weil immer etwas Neues dabei ist, was eine neue Behandlung erfordert, ... und zweitens weil dies das Allernützlichste schon immer war, vollends aber jetzt ist, da Wissenschaft und Technik in unserer Zeit einen solchen Aufschwung genommen haben, dass man alles, was in jeder Lage an uns herantritt, gleichsam methodisch zu bewältigen in der Lage ist, sofern man sich nur um Erkenntnis bemüht."*[156]

7) Fertigkeiten für den Verfasser einer pragmatischen Geschichte
Insbesondere im Rahmen der Auseinandersetzung mit seinen Vorgängern in Buch 12 – dazu zählen in erster Linie Timaios, Ephoros und Theopomp – behauptet Polybios, dass ein Historiker für sein Metier vor allem drei Fertigkeiten mitbringen müsse[157]:

> *"In gleicher Weise ist auch die pragmatische Geschichtsschreibung dreiteilig. Der erste Teil ist das fleißige Studium schriftlicher Quellen und die Bereitstellung des aus ihnen gewonnenen Materials. Der zweite Teil befasst sich mit dem Überblick über die Städte, Plätze, Flüsse, Häfen, generell über die Besonderheiten und Entfernungen der Orte zu Wasser und Lande. Der dritte Teil hat die politischen Ereignisse zum Gegenstand."*

Beim wichtigen Quellenstudium darf es also nicht bleiben, reine Buchgelehrsamkeit, wie er sie den Vorgängern, insbesondere dem Timaios vorwirft, sei zwar bequem und ungefährlich, aber für den Leser pragmatischer Geschichte, der in die Situation der Handelnden versetzt werden soll und praktische Handreichungen erwartet, nicht förderlich[158]. Die Verfasser pragmatischer Geschichte erheben zu diesem Zweck sich zur Maxime, selbst Erfahrung gesammelt zu haben, nicht allein Buchgelehrte zu sein. Ihre Darstellung ist dann nicht nur nützlich, sondern auch lebendig:

> *"Dies (eine solch qualitativ hochwertige und fesselnde Darstellung) ist aber natürlich nur bei Autoren zu finden, die selbst etwas durchgemacht und auf diesem Wege geschichtliches Verständnis erworben haben. Sicher ist es schwierig, auf allen Gebieten tätig zu sein und handelnd einzugreifen, not-*

---

[156] Polyb. 9,2,1-5.
[157] Polyb. 12,25e.
[158] Polyb. 12,25i-27a: Bsp. Reden.

wendig aber, dass es auf den wichtigsten Gebieten geschieht und auf denen, die alle Menschen in besonderem Maße betreffen."[159]

Dazu gehören für den Verfasser pragmatischer Geschichte auf jeden Fall Ortskenntnis[160] und politisch-militärische Erfahrung[161]:

Denn *„so wie Platon sagt, um die Dinge der Menschen werde es gut stehen, wenn entweder die Philosophen Könige oder die Könige Philosophen würden, so möchte ich sagen, dass es um die Geschichte dann gut bestellt sein wird, wenn entweder die praktischen Staatsmänner es auf sich nehmen, Geschichte zu schreiben, nicht wie jetzt als Nebenbeschäftigung, sondern ungeteilt, aus der Erkenntnis, dass dies für sie das Notwendigste und Schönste ist... und sich daher diesem Beruf fürs Leben widmen, oder wenn die, die daran gehen, Geschichtsschreiber zu sein, die Gewandtheit in der aktuellen Politik als eine unerlässliche Voraussetzung für die Geschichtsschreibung halten.*"[162]

Schließlich versetzten erst die praktische Erfahrung auf politischem und militärischem Gebiet, die für einen Historiker in pragmatischer Geschichtsschreibung nötig ist, Polybios in die Lage, beständig nützliche politische und militärische Lehrsätze dem Leser zu vermitteln[163].

Polybios setzt an sich wie an seine Zunftgenossen ebenfalls hohe Maßstäbe – gerade wenn es um die Abgrenzung von seinen Vorgängern geht –, indem er geographische und topographische Kenntnisse fordert[164].

Vor allem deshalb handelte sich der achäische Historiker kritische Bemerkungen durch die moderne Forschung ein, da ihm manche Irrtümer, Schnitzer und echte Fehlleistungen bei der topographischen Beschreibung nachzuweisen sind, obwohl er sicher viele der beschriebenen Ortschaften und Weltgegenden persönlich (s. vita) gesehen hat.

Trotz dieser nachweisbaren Fehler sind die Kenntnisse des Polybios in der Philosophie, der Rhetorik, im Militärwesen und in der Politik – sowie der dafür notwendigen theoretischen Voraussetzungen – als durchaus tiefgehend zu bezeichnen. In den praktischen Wissensgebieten, in der Geographie etwa, waren seine Kompetenzen ebenfalls überdurch-

---

[159] Polyb. 12,25h,6.
[160] Polyb. 12,25h.
[161] Polyb. 12,25f, g, h (eigene Teilnahme); 12,25i-27a; 12,28,2-5; 16,14,2-20,1 (zu Zenon und Antisthenes).
[162] Polyb. 12,28,2-5.
[163] ZIEGLER RE 1555-1557.
[164] ZIEGLER RE 1567-1569.

schnittlich und lagen jenseits des ‚normalen' Bildungsniveaus von Mitgliedern reicher Familien. Wenn auch die Kenntnisse der Astronomie und Mathematik sich nach den praktischen Erfordernissen ausrichteten und nicht differenziert waren, sind jedoch nach antiken Maßstäben und im Vergleich zu den zeitgenössischen Historiographen Polybios' Leistungen herausragend. Das in den Exkursen ausgebreitete Wissen zur Vertiefung der Haupterzählung ist zweifelsohne beispiellos. Ohne ihn wäre heute keine Geschichtsforschung des dritten und zweiten vorchristlichen Jahrhunderts auf dieser Qualitätsstufe möglich.

8) Polybios und seine (griechischen) Vorgänger[165]
Damit ist schon viel zur Bewertung des Historikers im Rahmen der griechischen Historiographie gesagt. Polybios versuchte, an die Standards des Thukydides, den er einmal namentlich erwähnt[166] und etliche Male mehr oder weniger wörtlich zitiert, tatsächlich vollinhaltlich anzuknüpfen.

Das gilt für die tendenzielle Verengung der Darstellung und damit des historischen Verständnisses auf die politisch-militärische Perspektive. Er verfolgte weiter dieselbe Zielsetzung wie das Vorbild, etwa indem er mehrfach in unterschiedlicher Weise die thukydideische *ktema-es-aei*-Programmatik („Besitz für immer"), den Wunsch, beim Leser einen bleibenden didaktischen Erfolg zu bewirken, ansprach. Ein wichtiger Schritt dazu ist die Wahl des Themas, zunächst in Abgrenzung von Verfassern von Spezialgeschichten[167]:

„Die Verfasser von Spezialgeschichten scheinen mir, wenn sie ihr eng begrenztes Thema behandeln, aus Stoffmangel gezwungen, unbedeutende Dinge groß aufzubauschen und über manches viele Worte zu machen, was überhaupt keiner Erwähnung wert ist..."

Davon solle man Abstand nehmen (am konkreten Beispiel erörtert):

„Das wäre nämlich für den aufmerksamen Leser genehmer und für den um Erkenntnis bemühten Leser bei weitem nützlicher."

Konsequenterweise wirbt er für die Außerordentlichkeit des eigenen Themas – ähnlich wie das Vorbild[168],

---

[165] LEHMANN (1974), S. 147-205; zu den römischen Geschichtsschreibern s.a. D. MUSTI, Polibio e la storiografia romana arcaica, in: GABBA (1974), S. 103-143.
[166] Polyb. 8,11,3.
[167] Polyb. 7,7,6-7; vgl. etwa Thuk. 1,21,1.
[168] Polyb. 1,1,4-5; vgl. Thuk. 1,2,2 und 1,1,1.

„... denn das Außerordentliche der Ereignisse, über die wir zu schreiben beabsichtigen, dürfte allein schon für jeden, ob jung oder alt, eine hinreichende Anregung und ein hinreichender Anreiz sein, sich dem Studium unserer praxisorientierten Art der Geschichtsschreibung zu widmen. Denn wer wäre so gleichgültig, so oberflächlich, dass er nicht zu erfahren wünschte, wie und durch was für eine Art von Einrichtung und Verfassung ihres Staates beinahe der ganze Erdkreis in nicht ganz dreiundfünfzig Jahren unter die alleinige Herrschaft der Römer gefallen ist?"

Beide Autoren führen den Vorteil für sich an, dass sie an vielen der Ereignisse als Zeitgenossen tatsächlich teilgenommen und diese gar teilweise mitgestaltet haben[169].

Weiter unterscheidet unser achäischer Historiker in vergleichbarer Weise zwischen Anlässen und tiefer liegenden Gründen und Ursachen, wie oben beschrieben[170]. Polybios stellt ebenfalls mehrfach ausführlich ähnlich wie sein Vorbild die Schwierigkeit der Wahrheitsfindung fest[171].

Polybios setzt mit vergleichbaren Absichten, wie oben erörtert, Reden ein. Seine Rechtfertigung ist dabei erkennbar dem berühmten Redensatz des Thukydides nachgestaltet[172], wenn auch die Formulierung – dem Inhalt des Ausgedrückten zum Trotz und im Vergleich zum nüchternen Vorbild – eloquenter ist, mit dem Ziel, die eigene Zurückhaltung bei der Nutzung dieses Stilmittels zum Ausdruck zu bringen:

„Vielleicht werden manche fragen, warum wir nicht den Hut in den Ring werfen und Reden jeweils bis ins Kleinste ausgefeilt ausgestalten, jetzt da wir einen solchen Stoff in den Händen halten und zu einem Ereignis von solcher Bedeutung gekommen sind: So machen es die meisten Historiker, die alle in der Sache liegenden Argumente nach beiden Seiten hin auseinandersetzen. Dass ich eine solche Praxis nicht völlig ablehne, habe ich an mehreren Stellen des Geschichtswerks deutlich gemacht, denn ich habe oftmals Reden und schriftliche Äußerungen von Staatsmännern mitgeteilt. Dass ich jedoch nicht dies unter allen Umständen und in jedem Fall zu tun gedenke, wird jetzt ersichtlich werden. Denn man wird nicht leicht einen bedeutenderen Gegenstand als diesen, einen größeren Stoff zur Präsentation finden können ... Indessen glaube ich, weder den Staatsmännern geziemt es, bei jedem Punkt der

---

[169] Etwa Polyb. 3,4,13. Vgl. z.B. Thuk. 1,22.
[170] Etwa Polyb. 22,8 und 3,6-7. Ähnlich Thuk. 1,23,5 (s.o. zur Vertauschung der Begriffe in Thuk. sowie zu den Ursachenketten und der Ursachentheorie bei Polybios).
[171] Polyb. 29,5,3 (Zitat S. 103-104). Vgl. Thuk. 1,22,3.
[172] Polyb. 36,1,1-7 (vgl. Thuk. 1,22,1; dazu oben).

anstehenden Beratung geistreich zu reden und sich dabei im Reden zu verzetteln, anstatt stets zur vorliegenden Sache effektiv und konstruktiv zu reden, noch den Geschichtsschreibern, vor ihren Lesern Reden zu konstruieren und ihre stilistischen Fähigkeiten zu beweisen, vielmehr das tatsächlich Gesagte durch möglichst sorgfältige Erkundung festzustellen und mitzuteilen, und davon nur die entscheidensten und durchschlagendsten Argumente." (Polyb. 36,1,1-7)

Während es oft schwer fällt, einen Einblick in die ‚Werkstatt' des Thukydides zu erhalten, ist Polybios allgemein offener, da er immer wieder eigene Meinungen deutlich erkennbar, wenn auch nicht immer stringent ausgeführt, einfügt und über seine Erkenntniswege Rechenschaft ablegt[173].

Manche, vielleicht die Mehrheit der Positionen, die Polybios in diesen Exkursen zur historiographischen Tätigkeit vorstellt, sind seit Thukydides zwar allgemein gültige Maxime in der Historiographie gewesen. Polybios aber vermochte im Unterschied zu seinen Vorgängern und Zeitgenossen, die Maxime in der Praxis auch weitgehend einzuhalten.

Nur Ephoros wird als Universalhistoriker anerkannt[174]. Er allein erhält von Polybios ein positives Prädikat – nach Maßgabe seines Stoffes[175].

„Es ist mir freilich wohlbekannt, dass noch mehrere andere Geschichtsschreiber dasselbe wie ich behaupten, indem sie ebenfalls den Anspruch erhoben haben, Weltgeschichte zu schreiben und sich eine größere Aufgabe gestellt zu haben als alle ihre Vorgänger. Über diese, ausgenommen nur Ephoros, der als erster und einziger Weltgeschichte zu schreiben unternommen hat, eingehender mich zu äußern oder jemanden von ihnen mit Namen in Erinnerung zu rufen, will ich unterlassen ..."

Polybios' jüngere Vorgänger tauchen insbesondere in seinen umfangreichen Besprechungen auf: Kritisiert werden etwa Phylarchos – dieser heftig wegen seiner überdramatisierenden Geschichtsschreibung[176] –, die Hannibalhistoriker[177] und Historiographen wie Zenon – letzterer u.a. wegen seines Patriotismus. Bei ihm fallen die Beschwerden gleichwohl

---

[173] Polyb. 24,10-13; 28,13 u.a. – Eigene Standpunkte beispielsweise auch in Polyb. 29,9.
[174] Polyb. 12,4a,3-6; 12,22,5-7; 12,23,1 und 8; 12,25f; 12,28,10-12; s.a. 4,20,5; 5,33,1-2; 6,45,1; 6,46,10; 9,1,4.
[175] Polyb. 5,33,1-2.
[176] Polyb. 2,56.
[177] Polyb. 3,47.

wohlwollend aus, weil er seine Fehler eingesehen habe[178]. Denn jeder, auch Polybios selbst nimmt sich nicht aus, könne bzw. dürfe unabsichtlich Fehler machen. Er sei daher auf die wohlwollenden Hinweise der Kollegen angewiesen, um sie abzustellen.

Bitter beklagt sich Polybios dagegen über den Schreibtischgelehrten Timaios[179], insbesondere darüber, wie er Reden in der historischen Darstellung ausgestalte. Diese Praxis stand für eine starke zeitgenössische Strömung der rhetorischen Geschichtsschreibung, gegen die der achäische Historiker anschrieb[180]. So dienen konkret angesprochene, prominente Vorgänger und Vertreter von modernen Strömungen in der Geschichtsschreibung als ‚didaktische Zielscheiben' für prinzipielle Gravamina des Historikers. Denn die Kritik der rhetorischen Überspitzung ist auch, wenn auch in anderer Weise auf den Isokrates-Schüler Theopomp zu übertragen, der in seinem Hauptwerk „Philippika" den vom Achäer hoch geschätzten Philipp II. zu negativ darstellte. Schon allgemein schieße dessen überpointierte Darstellung, die der aktuellen Situation nahe zu kommen strebte, über das Ziel hinaus[181]:

„Ich aber befinde mich mit meinem ganzen Werk zu solchen Behauptungen von Geschichtsschreibern in bestimmtem Gegensatz und finde sie durchweg unerträglich. Es scheint mir gänzlich ein Zeichen kindlicher Einfalt, das auszuschreiben, was nicht nur aller Wahrscheinlichkeit widerspricht, sondern einfach unmöglich ist. So zeugt es nämlich von einem abgestumpften Geist, zu behaupten, dass manche Körper, ins Licht gestellt, keinen Schatten werfen, was Theopomp tut, der erzählt, dass die, die das Allerheiligste des Zeus in Arkadien betreten, schattenlos werden."

Der achäische Historiker wehrt sich sowohl methodisch als auch inhaltlich gegen die Art des Theopomp, Herrschergeschichte zu schreiben und dabei in ausladenden Exkursen die Leistungen Philipps durch die Konzentration auf die Ausschweifungen kleinzureden[182]. Eine solche ungeordnete, ausufernde Exkurstechnik verstelle nämlich den Blick auf das Wesentliche, das gilt nicht nur im Falle des Theopomp[183].

---

[178] Polyb. 16,14-20, bes. §§ 14 und 20; vgl. FUNKE (1992), S. 179-186; WIEMER (2001).
[179] Polyb. 12,25a,3-25b,4; bes. 12,25a,5 – Zu den Reden s.o. S. 72ff.
[180] Polyb. 12,25a.
[181] Polyb. 16,12,5-7.
[182] Polyb. 8,9-11.
[183] Polyb. 38,6; dazu LAQUEUR, RE V A 2208f.

IV Auffassung über Geschichte und Methode 99

Seine politischen Vorbilder, die historiographisch tätig wurden, sparte Polybios von der Kritik gleichfalls keineswegs aus, etwa den Achäer Aratos in seiner Autobiographie, wenn er ihn auch moderat behandelte – verglichen mit anderen[184]:

"Er (Aratos) beschloss, mit dem genannten König (sc. Doson) zu verhandeln und mit ihm vertraut zu werden, indem er ihn auf die zu erwartenden Folgen der politischen Entwicklung hinwies (sc. wegen des Spartanerkönigs Kleomenes). Dies offen zu betreiben, hielt er aus mehreren Gründen nicht für ratsam ... Deshalb wollte er ein derartiges Vorhaben heimlich durchführen. Er war infolgedessen gezwungen, gegen seine eigene Überzeugung gegenüber Außenstehenden vieles zu sagen und zu tun, wodurch er den gegenteiligen Eindruck erwecken wollte, um dadurch seine Taktik zu verbergen. Deshalb hat er auch einiges davon nicht in seiner Autobiographie erwähnt."

Auch den Kallisthenes trifft die Kritik des Achäers[185]. Immerhin wird er für die Überhöhung seines Gegenstandes, der Taten Alexanders des Großen, gegen die Anwürfe des Timaios in Schutz genommen – ebenso andere: Aristoteles, Theophrast, der genannte Ephoros und Demochares, die Timaios ebenfalls angegriffen hat.

Die Kritik des Polybios, die in der Forschung sehr oft als überzogen verstanden wird, ist im Kontext vorherrschender historiographischer Tendenzen der Zeit zu sehen, die sich schließlich zum Nachteil des polybianischen Werkes durchsetzen sollten. Das hat Polybios selbst gesehen, wenn er seine Resignation angesichts der unerschütterlichen Autorität des Timaios zum Ausdruck bringt[186], dessen Polemik im Übrigen ebenfalls umfangreich ausgefallen sein muss:

"Ebenso steht es auch mit Timaios und seinen Verehrern, was die Geschichte betrifft. Mit seinen Märchen und seiner Rechthaberei hat er nämlich auf die meisten seiner Leser mit seinen Worten Eindruck gemacht. Er bewog sie, ihm durch den Anschein der Wahrheitsliebe zu glauben, und manche hat er sowohl für sich gewonnen als auch schien er durch seine Beweisführung überzeugend."

Diese Haltung scheint er auch gegenüber den zeitgenössischen Historiographen eingenommen zu haben:

"Dies auszuführen habe ich mich veranlasst gefühlt, weil ich sah, dass heutzutage, wie im Falle anderer Kunstfertigkeiten und Geschäfte, das Rechte und wahrhaft Nutzbringende überall vernachlässigt wird, anspruchsvolles

---

[184] Polyb. 2,47,6-10; vgl. S. 129.
[185] Polyb. 12,17-23, bes. 12,23,3-8.
[186] Polyb. 12,26d,1.

Gehabe dagegen und Schaumschlägerei Beifall findet und bewundert wird, als wäre es eine große staunenswerte Leistung. "[187]

Ganz im Gegensatz dazu nimmt Polybios eine positive Haltung zu seinen Nachfolgern ein, die ihn und sein Werk weiterführen, empfehlen und Nachsicht bei unabsichtlichen Fehlern üben sollen.

„Freilich bedarf es auch der Gunst der Tyche, dass unser Leben so weit reiche, um unser Vorhaben zu Ende führen zu können. Ich bin indessen überzeugt, auch wenn uns etwas Menschliches begegnen sollte, wird die Aufgabe weder brachliegen noch wird es an tüchtigen Männern fehlen, weil sich auch viele andere finden werden, die sich bemühen werden, sie zu Ende zu führen." [188]

Seine Kritik ist primär methodisch motiviert, erst sekundär thematisch-sachlich. Wenn die Kritik thematisch ausgerichtet ist, bediente sich Polybios in der Regel bei der Widerlegung seiner Vorgänger und Zeitgenossen nicht des Verfahrens der quellenkritischen Gegenüberstellung, sondern des sachimmanenten Verfahrens[189].

9) Quellen des Polybios

Polybios' Stellung in der historiographischen Zunft, besonders aber seine Kritik an den Vorgängern zu analysieren, hängt mit der Frage eng zusammen, inwieweit der achäische Historiker die ältere griechische Geschichtsschreibung für die Darstellung inhaltlich und methodisch benutzte[190]. Was die Anwendung der historiographischen Prinzipien des Thukydides anbelangt, wurde dies bereits erörtert[191].

Gerade für die einleitenden Passagen (*Prokataskeué*) zur Einführung in die Geschichte des Westens vor 220 v. Chr. ist Polybios von seinen Quellen stark inhaltlich abhängig. Der Achäer weiß das, doch folgt er oft, gleichwohl in einem nicht näher zu beziffernden Ausmaß, der prorömischen Version der Ereignisse (so beim Ausbruch des Ersten Punischen Krieges) aus der Hand des Senators Fabius Pictor[192] – wenn auch nicht kritiklos, da er andere Versionen kennt.

---

[187] Polyb. 16,20,3-4.
[188] Polyb. 3,5,7-8.
[189] VERCRUYSSE (1990), S. 17-38. S. explizit im Zitat S. 71 aus Polyb. 12,15,12.
[190] ZIEGLER RE 1561; LEHMANN (1974), S. 147-205; WALBANK (1990), S. 26.
[191] S.o. S. 95-97.
[192] Insbes. Polyb. 3,8-9, dazu LEHMANN (1974), S. 172; MUSTI, Polibio e la storiografia romana arcaica, in: GABBA (1974), S. 105-125.

IV   Auffassung über Geschichte und Methode   101

Für die Darstellung des Ausbruchs des Zweiten Punischen Krieges und für viele weitere Passagen der Zeit zwischen 264 und 220 fließen andere, auch nicht- bzw. anti-römische Traditionen ein[193]. Prokarthagische Versionen etwa über den Ausbruch und Verlauf des Ersten und Zweiten Punischen Krieges bei Philinos von Akragas[194], Chaireas, Sosylos[195], Silenos von Kale Akte[196] und andere anonyme und namentlich bekannte Hannibalhistoriker (wie Xenophon und Eumachos) zieht Polybios heran und berücksichtigt sie bei der Darstellung.

Für die Auseinandersetzungen im Hannibalkrieg tritt bis 201 eventuell Cincius Alimentus als Quelle hinzu, der römische Geschichte von den Anfängen bis zur eigenen Gegenwart, also auch über den Zweiten Punischen Krieg geschrieben hat[197].

Für die Darstellung der Zwischenkriegszeit hat Polybios ebenfalls oft aus Pictors Bericht geschöpft. Die Informationen für seine Darstellung des afrikanischen Söldnerkrieges[198] verdankt er jedoch Philinos. Pictor steht allerdings wieder Pate im Fall der Kriege gegen die Kelten bis 221 v. Chr. in Norditalien[199].

Die autobiographischen Memoiren des Achäers Aratos und die Geschichte des Phylarchos bildeten die Basis für die „Achaika", die Geschichte Achaias, im zweiten Buch. Dabei hat sich Polybios allerdings oft deutlich von der Version des Phylarch (s.u.) zugunsten derjenigen des Aratos distanziert, und zwar dort, wo sie sich widersprachen.

---

[193] S.o. zur Prokataskeué S. 52ff.; 58ff.; 77.

[194] Zur Charakterisierung Polyb. 1,14-15 (Philinos und Fabius); 3,26 (Philinos). Jetzt ECKSTEIN (2010).

[195] Zu diesen Polyb. 3,20,5; MUSTI, Polibio e la storiografia romana arcaica, in: GABBA (1974), S. 115-125; LEHMANN (1974), S. 172-174; s.a. Nepos, Hann. 13,3; Diod. 26,4; zum Würzburger Papyros (FGrHist 176, F 1; ZIEGLER, RE 1562, dagegen LEHMANN (1974), S. 174-182: Kritik von Polybios zu scharf, allerdings in der Sache richtig; ebd. S. 182-186 und 196-200 zum Pap. Ryl. 3,491 im Vgl. zur parallelen Darstellung des Polybios in Polyb. 14,9-10 u. 15,1 und 4; s.a.u. zum Stil S. 134ff.

[196] Grundlage für Coelius Antipater; s.a. MUSTI, Polibio e la storiografia romana arcaica, in: GABBA (1974), S. 115-125.

[197] FGrHist 810. Von der eigenen Gefangenschaft schreibt Alimentus, s. Liv. 21,38,2-3.

[198] Polyb. 1,65-88.

[199] Polyb. 2,17-35.

Die tatsächlichen Intentionen des Politikers Aratos werden allerdings durch Polybios[200] markant umgewertet: So wird Aratos im zweiten Buch zum Einiger der Peloponnes und dadurch zum Wegbereiter der Politik Philopoimens und seiner Anhänger stilisiert, die seine Sendung mithin vollendeten. Das entspricht nicht dem Selbstverständnis des *historischen* Aratos, der – wenn auch erfolglos – den Anschluss Athens an den Achäischen Bund betrieb. Seine (historischen) Intentionen, die demnach über die Peloponnes hinaus angelegt waren, sind noch gut in der Biographie Plutarchs über Aratos erhalten, da diese auf der Autobiographie des Aratos beruht. Der belesene griechische Biograph der Kaiserzeit aus Chaironeia hat dagegen zugleich die mit der Darstellung des Aratos kaum vereinbare Gegenversion des Phylarch in seiner Biographie über Kleomenes, den Spartanerkönig und Erzfeind des Aratos, wiedergegeben. Auf diese Weise sind heute die Abhängigkeiten relativ scharf abgrenzbar.

Die Darstellung der Ereignisse nach 200 v. Chr., für die Zeit also, die der achäische Politiker in zunehmendem Maße persönlich und bewusst miterlebt hat und deren Zeugen und Zeugnisse er unmittelbar überprüfen konnte, wird souveräner, allerdings nicht in gleichem Maße für alle Teile des Mittelmeerraums und gar der antiken Oikumene.

a) Seine unmittelbaren Kenntnisse der Verhältnisse im Westen sind wesentlich geringer und weniger tiefgehend, seine Abhängigkeit von seinen Quellen ungleich höher als für die Ereignisse am östlichen Mittelmeer, zumal auf dem griechischen Festland. Für die Darstellung der Zustände und Ereignisse in Rom und im Westen bzw. für den Bericht über die internen Entscheidungsprozesse auf römischer Seite hat er sicherlich Publius Scipio Africanus d.Ä. mit dessen Schreiben an Philipp[201], weiter das griechische Geschichtswerk des P. Cornelius Scipio, des Adoptivvaters von Polybios' Schüler Scipio[202], und Scipio Nasica mit dessen Tatenbericht im Perseuskrieg[203] rezipiert. Benutzt hat er weiter die Werke des C. Acilius, A. Postumius Albinus[204] und natürlich die *origines* des M. Porcius Cato insbesondere für die Beschreibung der Verfassung im sechsten Buch (s.o. zu den Quellen für dieses Buch) – soweit er ihn nicht persönlich kannte und sich mit ihm

---

[200] Vergl. mit der Aratos-Vita Plutarchs in cap. 38,8.
[201] Polyb. 10,9,3.
[202] Zum Werk Cic. Brutus 77.
[203] Plut. Aem. 15,5, dazu LEHMANN (1969), S. 387-412.
[204] Negatives Urteil bei Polyb. 39,1; dazu LEHMANN (1974), S. 171/172 u. ders. (1967), S. 374-377; pos. Cic. Acad. pr. 2,137.

darüber unterhielt. Das konkrete Ausmaß der Verwendung dieser Werke, insbesondere des letzteren, das ein Idealbild der römischen Verfassung vermittelte, bleibt allerdings unsicher. Weiter hat er in der Zeit seiner Anwesenheit in Rom und im Kreise der Scipionenfreunde Zeitzeugen befragt, in erster Linie ist hier C. Laelius zu nennen[205].

b) Für das griechische Geschehen ab 220 v. Chr. ist die Möglichkeit, die Quellen für die Darstellung des Polybios zu benennen, nicht so trostlos, wie man oft meint[206]:

Auf den Werken und Darstellungen von Zenon und Antisthenes aus Rhodos basiert in vielen Passagen der Bericht des Achäers über die rhodische Geschichte und die Ereignisse, welche die rhodische Seepolitik betrafen[207]. Die gute Kenntnis ihrer Werke beweist der Historiker beim Exkurs zum Wert seiner rhodischen Quellen[208]. Aus dem erhaltenen Teil des Buchs 34 folgt weiter die Benutzung von Dikaiarchos[209], Eratosthenes, Euhemeros und Eudoxos.

Aus den ausführlichen Fragmenten von Buch 12 wird erkennbar, dass Timaios und – nicht direkt, d.h. vielleicht nur über Timaios[210] – Botrys und Philainis herangezogen wurden.

Polybios hat darüber hinaus Informationen von königlichen Höfen, also von den politischen Zentren, an denen wichtige Entscheidungen getroffen wurden, erhalten. Er hat dabei von (offiziellen und offiziösen) Hofhistoriographen Berichte über die Launen der Könige bezogen[211], ohne sich – wie aus der Kritik an Theopomp[212] deutlich wird – Illusionen über den Quellenwert, den Stil und die Methodik zu machen.

Die Überprüfbarkeit solcher Quellenaussagen ist begrenzt, das wusste Polybios. Häufig konnten die Handlungen der Könige die internen Informationen allenfalls indirekt bestätigen. Der Wert solcher exklusiven, wenn auch nicht bis ins Letzte verifizierbaren Informationen, die Motive

---

[205] Polyb. 3,48,12; 4,2,2; 10,3,1-2 (C. Laelius benannt; vgl. Polyb. 10,9,1); vgl. ausführlich MUSTI, Polibio e la storiografia romana arcaica, in: GABBA (1974), S. 115ff., bes. 125-139.
[206] RE 1563 (und Mehrheit der Forschung).
[207] WIEMER (2001).
[208] Polyb. 16,14-20, dazu LEHMANN (1974), S. 171.
[209] Etwa Polyb. 34,6; wie auch für Buch 6.
[210] Polyb. 12,13,1.
[211] Polyb. 4,87,3; 5,26,12; 5,90,5-8; 15,24,4-6; 22,16.
[212] Polyb. 8,9-11.

hinter geheimen Entscheidungen mit weitreichenden Folgen erklären konnten, erschien Polybios jedoch unerlässlich:

> „Ich war hierbei ziemlich unschlüssig, was ich tun sollte. Denn ins Einzelne mit Genauigkeit über solche geheimen Verhandlungen zwischen den Königen zu berichten, wäre offenbar ein Unterfangen, bei dem man leicht zu ertappen ist, und daher gefährlich. Auf der anderen Seite das, was meiner Meinung nach die größten staatspolitischen Folgen dieses Krieges bewirkte, durch das zugleich viele spätere schwer erklärbare Vorgänge ihre Ursache finden, mit völligem Schweigen zu übergehen, wäre mir als ein Zeichen von Trägheit und Mutlosigkeit erschienen. Ich habe mich vielmehr entschlossen, meine Auffassung in groben Zügen darzulegen, und zwar unter Angabe der Wahrscheinlichkeitsgründe und Indizien, die mich zu dieser Auffassung geführt haben. Denn ich habe in dieser Zeit gelebt und war von den Geschehnissen stärker als die Übrigen beeindruckt."[213]

Nicht immer sind die „Hofquellen" heute namentlich zu benennen. Eindeutig spricht unser Historiker aber häufiger Quellen in der Umgebung der Könige an, die er mündlich – etwa durch Befragung von Internierten in Italien – oder durch ihre schriftlichen Hinterlassenschaften herangezogen hat. Mitunter fallen darüber hinaus zusammenhängende dramatische Berichte im stilistischen Duktus der Hofquelle in der Darstellung des Polybios auf. Die Dramatik kann an den Ereignissen selbst liegen, aber eben auch ein Kennzeichen der jeweiligen Hofquelle sein, die Polybios aufgrund der zeitlichen und örtlichen Nähe zu Rate zieht.

Markant sticht etwa die Schilderung der Vorgänge am ptolemäischen Hofe hervor, besonders die dramatische Darstellung über den Sturz des Agathokles und seiner Familie in Alexandria nach dem Tod des Ptolemaios IV. im Jahre 205 v. Chr.[214]. Dies gilt gleichermaßen beim Augenzeugenbericht des Polybios über das dramatische Schicksal des Hasdrubal[215].

Hofhistoriographische Literatur liegt darüber hinaus vielen Darstellungen über Antiochos III. zugrunde[216]. So stammen die Informationen über den Kriegsrat im Jahre 192 bei Antiochos aus einer solchen Quelle

---

[213] Polyb. 29,5,1-3.
[214] Polyb. 15,24a-36, bes. Polyb. 15,26 und 15,34-35 (zur Position der Fragmente s. ABEL (1967), S. 71-90: 14. Buch, genau Kapitel 14,12, in welchem Polybios den ägyptischen Exkurs rechtfertigt).
[215] Polyb. 38,20; vgl. LEHMANN (1974), S. 201ff.
[216] H.H. SCHMITT (1964), S. 108ff., bes. 175-185.

im Rat des Königs[217]. Die internen Diskussionen bei Hofe über die Einsetzbarkeit der Doppelstrategie Hannibals sind solchen Exklusivinformationen zu verdanken. In Einzelfällen konnte Polybios derartige Informationen durch Quellen unterschiedlicher Provenienz überprüfen – der genannte Hannibalplan etwa wurde nämlich darüber hinaus von karthagischen Adligen, Gegnern Hannibals, an Rom verraten.

König Antiochos schien diesen Plan lange für den Fall eines Krieges mit Rom zu favorisieren, nahm aber kurz vor dem Beginn der Auseinandersetzungen im Herbst 192 wieder von ihm Abstand[218], auch deshalb, weil zu diesem Zeitpunkt weder eine seleukidische Flotte[219] noch ein kampfstarkes Heer, das gerade in Thrakien gebunden war, für ein solches waghalsiges Unternehmen zur Verfügung standen. Vielmehr setzten sich im Herbst 192 am seleukidischen Hofe die Vertreter der traditionellen Kriegsführung durch, unterstützt durch die aitolischen Gesandten, die Antiochos erfolgreich zu einem Feldzug allein in Griechenland aufforderten, der sich die Befreiung der Griechen vom römischen Joch auf die Fahnen schrieb.

Nach traditioneller Auffassung hatte immer der König den Hauptstoß im Krieg und auf dem Feldzug zu führen[220]. Nach dem Plan Hannibals war dagegen eine Neuauflage des Krieges in Italien mit den Ressourcen des Seleukidenreiches durch eine Offensive über Karthago und Sizilien nach Süditalien vorgesehen. Diese Offensive – zweifelsohne der Hauptstoß in der Gesamtstrategie – wollte der Karthager selbst vortragen, während der Seleukidenkönig in Griechenland angreifen sollte.

Unser Historiker glaubte an die Echtheit dieser Informationen über die Geheimverhandlungen am seleukidischen Hof und fand sich darin durch

---

[217] Liv. 35,17,3-19,7; Polyb. 3,11-12.
[218] Liv. (P) 34,60,1-62,16; 35,15,1-16,1; 35,17,3-19,7; 35,42,1-43,1; 36,6,6-9,1; 36,15,2; 36,41,1-7; s.a. Nepos, Hann. 2,2-6; 8,1; Appian, Syr. 7-8; 12-14; Appian, Lib. 67; Justin 31,3,7-6,3; Zonaras 9,18-19; Ennius, ann. 379-383; Florus 1,24,4-6,8; Plutarch, Cato mai. 12,3; Plutarch, Flam. 15,1; Vir. ill. 54,1.
[219] Diese war erst ein Jahr später für den römisch-seleukidischen Seekrieg kampfbereit.
[220] S. Taktik des Vorstoßes durch den König selbst, während das Hauptheer in der Etappe nachzog, im sog. 5. syrischen Krieg 202-198 v. Chr.: Polyb. 5,66-68; 5,70-71; vgl. die Offensive des Antiochos 197 v. Chr. in Kleinasien: Der König zog mit der Flotte entlang der Küste voraus, während die seleukidische Armee zu Lande (über die Königsstraße nach Sardeis) nachzog, DREYER (2007), S. 286.

Berichte anderer Provenienz (aus Karthago) sowie durch die Reaktion des Senats, der nach diesen Informationen die Provinzverteilung für die Magistrate des Jahres 192 als Gegenmaßnahme vornahm, bestätigt. Auch die Revisionspläne Philipps in den 180er Jahren, die an diese Doppelstrategie anknüpften (s.u.), verifizierten die Informationen über die Pläne und die Strategie Hannibals, die unser Historiker für erfolgsversprechend hielt, wenn der König Antiochos nur seinen Plänen treu geblieben wäre. Deshalb lässt er Hannibal immer wieder wie das schlechte Gewissen des Königs auftreten, wenn klar wurde, dass Antiochos erneut eine Gelegenheit im Krieg gegen die Römer verpasst hatte[221].

In gleicher Weise fällt die Erzählung über die letzten Jahre des Königs Philipp V. aus dem Rahmen des normalen Duktus heraus, sowohl in den Fragmenten des Polybios als auch im Referat des Livius, das aus Polybios entnommen ist. Deutlich wird dies am Bericht über den Streit der Brüder Perseus und Demetrios, der in der Hinrichtung des jüngeren Sohnes Philipps V., Demetrios, kulminierte. Noch düsterer ist die polybianische Darstellung über das Ende und den Tod des Königs selbst drei Jahre später, im Jahre 179. Mit der pathetischen Darstellung in diesen Passagen ist Polybios jedoch nicht von seinen Prinzipien zu den von ihm vehement kritisierten Praktiken mimetisch-dramatischer und rhetorischer Geschichtsschreibung abgefallen[222]. Vielmehr hat Polybios in seinem Bestreben, orts- und zeitnahe Quellen für exklusive Informationen zu nutzen, die Darstellung dieses Hofinformanten ausgeschrieben.

Diese makedonische Hofquelle ist erkennbar etwa an den Alexandermotiven und dem betonten Gegensatz der würdigen Garanten des makedonischen Aufstiegs, der Argeaden Philipp II. und Alexander, und der unwürdigen Verantwortlichen des Abstiegs, der Antigoniden Philipp V. und Perseus. Die Elemente, die diese Hofquelle charakterisieren, sind in den Fragmenten und bei Livius, soweit er auf Polybios basiert, gehäuft zu finden[223]. Diese Quelle stammt aus der unmittelbaren Umgebung, aus

---

[221] DREYER (2007), S. 221-226, 387.
[222] Gegen WALBANK (1938), S. 55ff.; vgl. allg. dens., Comm. I, S. 14.
[223] Polyb. 3,6,4; 3,3,8 (vgl. Liv. 40,21,2: *cupido*-Motiv und Polyb. 24,4: einschl. der Besteigung des Haimos 181 v. Chr. in Nachahmung Alexanders, s. Arrian 1,1,4-7; vgl. Thrakienfeldzug 183/182 v. Chr. Liv. 39,53,12-16); Polyb. 22,18,10-11 (vgl. Liv. 39,23,5-29,4; 42,5,1-6); Polyb. 29,21; s.a. Liv. 45,9,2; vgl. PÉDECH (1964), S. 123-139.

IV   Auffassung über Geschichte und Methode   107

dem *Philoi*-Stab der makedonischen Könige. Das belegen etwa Gespräche im *Philoi*-Stab in der polybianischen Darstellung[224].
Ob diese Quelle der Linie des Doson in der Antigonidendynastie nahe stand, wie in der Forschung angenommen wurde, ist nicht mit Eindeutigkeit zu klären. Eine besondere Note dieser Quelle war es immerhin, dass kurz vor seinem Tode Philipp aus dieser Linie eine Alternativsukzession zu seinem leiblichen ältesten und einzig übrig gebliebenen Sohn Perseus erwogen haben soll. Diese Möglichkeit wird in der Quelle des Polybios betont und könnte absichtlich als Ausweg aus dem Niedergang Makedoniens angeboten worden sein.
Der makedonische Informant ist für Polybios eine wertvolle zusätzliche Quelle zur Eumenesrede 172 v. Chr.[225], deren Inhalte erst nach dem Krieg veröffentlicht wurden. Bekannt waren weiter die römischen Vorwürfe[226], das Dekret von Delphi[227] und die etlichen Beschwerden griechischer Gesandter der 180er und 170er Jahre in Rom und gegenüber römischen Gesandten über die Behandlung von Ainos und Maroneia durch Philipp V.[228], über die Rüstungen und Restriktionspolitik des Königs[229] sowie über dessen Barbarenpolitik und Doppelstrategie[230].
Letztere nahm deutlich Anleihen an Hannibals Doppelstrategie während des Zweiten Punischen Krieges und nach dessen Flucht 196 v. Chr. an den Hof des Antiochos III.[231]. So ergänzten sich für unseren Historiker die exklusiven Informationen von den königlichen Höfen gegenseitig. Diese Berichte eröffneten ihm und seinen Lesern tiefgehende Erkenntnisse über die Diskussionen in den königlichen Beraterstäben. Die Quellen gaben Einblick in die Motive und Chancen der Könige für ihr Agieren und ihr Handeln gegenüber der römischen Herausforderung und sie erklärten für Polybios gleichzeitig ihr fundamentales Scheitern. Das gilt in besonderem Maße für den Seleukidenkönig Antiochos, aber auch für den vorletzten Makedonenkönig Philipp, der sich so gern in der Tradition der

---

[224] Wie in Polyb. 22,14,7.
[225] Liv. 42,11-13.
[226] Liv. 42,40.
[227] Syll³ 463.
[228] Polyb. Buch 22 Inhaltsangabe; 22,6 und 11; 22,14; 23,1-3; 23,8; vgl. Liv. 39,24,10-26,14 (Tempetalkonferenz 185 v. Chr.); 39,27,1-29,3; 39,33; 39,34,1-35,4.
[229] Liv. 39,46,6-48,4; Polyb. 23,10 (Liv. 40,3,3); Polyb. 25,3.
[230] Liv. 40,57-58 (s.a. 41,19,3); Polyb. 25,6,2-6, vgl. Liv. 41,19,3-11.
[231] U.a. Liv. 33,45-49; s.a. DREYER (2007), S. 223-228.

Argeaden sah und deshalb auch Polybios' Quelle zu dem genannten Vergleich provozierte, der für die letzten beiden Antigoniden so negativ ausfiel. Mit dieser Ansicht über den unwürdigen Abstieg Makedoniens unter Philipp und Perseus kam die makedonische Quelle der Auffassung des Polybios nahe (vgl. S. 81).

Verglichen mit seinem Nachfolger schneidet aber Philipp im Bericht des Polybios generell und in Einzelsituationen durchaus gut ab. So wird etwa Philipp für sein konsequentes Verhalten nach der Niederlage 197 v. Chr. gelobt[232]. Damit hob er sich positiv vom unwürdigen Vorgehen seines Nachfolgers, des letzten Makedonenkönig Perseus, 168 v. Chr. nach der Niederlage von Pydna ab[233]: Perseus hatte es nämlich im Gegensatz zu Philipp[234] versäumt, die kompromittierenden Akten nach der militärischen Niederlage zu vernichten, die nach 168 folglich die Grundlage für das harte römische Strafgericht gegen Freund und Feind werden konnten[235]. Nicht zuletzt dadurch wurden die merkwürdigen Geheimverhandlungen zwischen Eumenes und Perseus kurz vor Kriegsende offenbar. Diese Verhandlungen, die nie eine Chance auf Verwirklichung hatten und bei Polybios daher auch heftige Kritik hervorriefen und auf Unverständnis stießen[236], boten den Römern die Gelegenheit, auch von dem bis dahin zuverlässigsten Bundesgenossen Eumenes abzurücken zugunsten von zwielichtigen Schmeichlern, wie dem König Bithyniens, Prusias II.[237].

Ein direkter Vergleich zwischen Philipp V. und Perseus lag wohl ursprünglich dem Fragment in Polybios 25,3 zugrunde, der zum Nachteil des letzten Makedonenherrschers ausging. Auch weitere Urteile fallen ungünstig für Perseus aus: So setzte er nicht konsequent die 171 v. Chr. siegreiche Reiterwaffe ein[238]. Sein notorischer Geiz verbaute ihm günstige politisch-diplomatische Ausgangspositionen[239]. Die erwähnten Verhandlungen zwischen Perseus und Eumenes im Jahre 168 sind insgesamt unwürdig[240]. So passt sich der düstere Bericht über den Streit der Söhne des Philipp, der durch die Gesandtschaft des jüngeren Demetrios in Rom

---

[232] Polyb. 18,33 (vgl. Liv. 33,11,1; 33,13,4; 33,19,1).
[233] Polyb. 29,17.
[234] Polyb. 18,33.
[235] Polyb. 30,13,10.
[236] Polyb. 29,5-9.
[237] Polyb. 30,18-19.
[238] Liv. 42,47-62,2.
[239] Polyb. 28,9.
[240] Polyb. 29,5-9.

veranlasst war[241], in den polybianischen Wertungszusammenhang fast nahtlos ein.

Nicht nur im Falle der Hofgeschichten hat sich Polybios auf die Befragung von Zeugen gestützt. Auch darüber hinaus, bereits in Griechenland, etwa im Falle des Philopoimen oder Lykortas, seines Vaters, oder nach 168 in Italien unter den Internierten hat er zu diesem Mittel gegriffen. In seiner Kritik an Timaios im 12. Buch begründet er die Wichtigkeit solcher Befragungen[242]:

„Aus all dem geht hervor, dass sein Bericht über Libyen (d.h. Afrika) und Sardinien, vor allem aber über Italien schlecht ist, und überhaupt, dass er die Aufgabe der Befragung von Gewährsmännern äußerst nachlässig behandelt hat, obwohl dies doch eine sehr wichtige Pflicht in der Geschichtsschreibung ist. Denn da sich die Ereignisse gleichzeitig an vielen Stellen zutragen und ein und derselbe Mensch nicht zugleich an mehreren Orten anwesend sein kann, es nicht einmal möglich ist, alle Teile der Welt und die Eigentümlichkeiten eines jeden Landes aus eigener Anschauung kennenzulernen, bleibt nur übrig, möglichst viele zu befragen, nur den zuverlässigen Gewährsleuten zu glauben und die Antworten, die man erhält, einer genauen Kritik zu unterziehen."

Dieses Verfahren, das den Historiker von der subjektiven Wahrnehmung anderer abhängig macht, ist – so Polybios – eine Notlösung, da man nicht überall anwesend sein könne. Demnach sind das eigene Erleben und die eigene politische Praxis als Quelle für den Bericht zu bevorzugen. In seinem Fall sind diese Bedingungen weitgehend erfüllt[243].

Weiter hat Polybios – für antike Verhältnisse – umfangreiche Archivarbeit betrieben. Wenn dies der Fall gewesen ist, hat er darauf verwiesen. Mitunter ist sie jedoch nur zu erschließen: Beim Bericht über die Verhandlungen im Jahre 189 im römischen Senat werden die Protokolle mit dem Vermerk über die Verspätungen einzelner Gesandtschaften und mit den Reaktionen der Senatoren auf die Plädoyers der griechischen Gesandten als Grundlage genommen[244]. Auf ähnliche Weise wird auch der detaillierte Bericht über die Anklagepunkte Roms im Jahre 172 gegen Perseus zustande gekommen sein[245], soweit er auf Grundlage des bis zum Kriegsende nicht in Einzelheiten bekannten Referats des Eumenes vor

---

[241] Polyb. 23,1-11; Liv. 39,53; Liv. 40,3-24 (allg.).
[242] Polyb. 12,4c,2-5.
[243] S. Vita und Polyb. 3,4,13.
[244] DREYER (2007), S. 328-333.
[245] Liv. (P) 42,40,1-11; vgl. Syll^{3}643.

dem Senat beruhte[246]. Immerhin hatte Polybios die Anteile an der Schuld am Perseuskrieg ganz anders als seine zeitgenössischen Zunftkollegen verteilt[247]. Vielleicht haben neben diesen offiziellen Protokollen aus römischen Archiven sogar die *Annales maximi* die Basis seiner Darstellung gebildet.

Er hat darüber hinaus Dokumente, die das Ergebnis von Verhandlungen waren, direkt eingesehen und aus diesen zitiert. Eindeutig ist dies bei allen Karthagerverträgen, die sich im Aerarium der Aedilen befunden haben, der Fall[248]:

„Da sich das nun so um diese Verträge verhält und sie noch jetzt auf ehernen Tafeln beim Tempel des kapitolinischen Iuppiter im Aerarium der Aedilen aufbewahrt werden, wer sollte sich da nicht mit Recht über den Historiker Philinos wundern."

Auch bei der Darstellung der Maßnahmen Hannibals, welche die gegenseitige Treue Karthagos und Spaniens sichern sollten, hat er sich um dokumentarische Genauigkeit bemüht. Hierfür dienten Polybios die Inhalte einer Bronzetafel am Kap Lakinion, die er eingesehen hat[249]:

„Man soll sich aber über die Genauigkeit dieser Angabe nicht wundern, wenn wir über die Anordnungen Hannibals in Spanien derartig detailliert berichten, wie nur einer in der Lage wäre, der selbst die Angelegenheiten im Einzelnen ausgeführt hat, und man möge uns nicht voreilig verurteilen, wenn wir es ebenso gemacht zu haben scheinen wie die Geschichtsschreiber, die auf eine vertrauenswürdige Weise lügen. Wir haben dieses Verzeichnis nämlich auf einer Erztafel in Lacinium gefunden, die Hannibal zu einer Zeit gesetzt hat, als er sich in Italien aufhielt. Wir haben dieses Verzeichnis in Bezug auf diese Angaben für absolut glaubwürdig gehalten. Deshalb haben wir uns entschlossen, diesem Verzeichnis zu folgen."

Ferner beruht die Übersicht über römische Streitkräfte um 220 auf dokumentarischer Grundlage[250], indirekt, vielleicht aber auch durch direkte Anschauung der entsprechenden Verzeichnisse.

---

[246] Liv. (P) 42,11,1-14,1.

[247] U.a. Polyb. 22,18.

[248] Polyb. 3,22-27; Zitat ebd. 3,26,1-2; s.u. S. 129-131 zur Kritik an Philinos.

[249] Polyb. 3,33,17-18.

[250] Polyb. 2,24. Vgl. mit Angaben von BRUNT (1971). WALBANK, Comm. I, S. 196-203 a.l.: „P.'s figures evidently go back through Fabius to the actual *katagraphai*, and are mainly reliable." – Unter den Ressourcen der Römer für ihren Weg zur Weltherrschaft wird keineswegs nur das wirtschaftliche Potential verstanden: Polyb. 1,3,9-10. Die wirtschaftliche Entwicklung einzelner Staa-

IV   Auffassung über Geschichte und Methode   111

Auch darüber hinaus legt die genaue Darstellung an vielen Stellen nahe, dass Polybios sich um den Originalwortlaut von zentralen Vertragstexten und inschriftlichen Zeugnissen bemüht hat: um den Text des Vertrages zwischen Rom und Hieron[251], um den Text des Vertrages, der den Ersten Punischen Krieg beendete[252], sowie um den Vertrag zwischen Rom und Teuta[253].

Dasselbe ist für die Verträge zwischen Byzanz und Rhodos sowie zwischen Byzanz und Prusias I., König von Bithynien,[254] und zwischen Karthago, genauer Hannibal, und Philipp V. im Jahre 215 anzunehmen. In dem zuletzt genannten Vertrag ist das semitische Formular noch erkennbar[255]. Der berühmt-berüchtigte aitolisch-römische Vertrag, der ‚erste Raubvertrag' von 212 v. Chr.[256], die Regelung am Ende des Zweiten Punischen Krieges[257], der Vertrag Roms mit Philipp V. im Jahre 197[258] sowie der Vertrag zwischen den Aitolern und Rom im Jahre 189[259] haben unseren Historiker nachweisbar beschäftigt, bis in den Wortlaut hinein.

Ebenso verhält es sich mit dem Vertrag zwischen Rom und Antiochos III. im Jahre 188[260], mit den Regelungen nach dem Krieg zwischen Pharnakes, Eumenes und Ariarathes[261] sowie mit den Vereinbarungen

---

ten erklärt für Polybios nur politische Konstellationen: z.B. Polyb. 2,15,1; 4,38,4; 4,38,9. Die Bezifferung des Rückgangs der Zolleinkünfte für Rhodos 168 soll die politische Dimension aufzeigen, die aus der römischen Ungnade folgte, Polyb. 30,5; 30,31.

[251] Polyb. 1,16,9 (Rom-Hieron).
[252] Polyb. 1,63 (Ende Erster Punischer Krieg).
[253] Polyb. 2,12,3 (Rom-Teuta).
[254] Polyb. 4,52,1-9; vgl. StVA III 514 und bes. 516.
[255] Polyb. 7,9,1-17; dazu u.a. GSCHNITZER (1993), S. 529-533 und Kommentar in: StVA III 528.
[256] Liv. 26,24,1-14 und Inschrift von Thyrrheion, bei KLAFFENBACH (1954), s. LEHMANN (1967), S. 10-134; StVA III 536: Inschrift mit Forschungspositionen; zuletzt auch LEHMANN (1999), S. 82/83; dazu: DREYER (2002).
[257] Polyb. 15,18.
[258] Polyb. 18,44.
[259] Polyb. 21,32.
[260] Polyb. 21,42-43.
[261] Polyb. 25,2.

zwischen Prusias und Attalos[262]. Solche Bemühungen um den Wortlaut der Verträge lassen erneut das Bestreben des Polybios erkennen, möglichst nahe örtlich und zeitlich an die Geschehnisse heranzukommen. Das gilt ganz besonders für das zweite Jahrhundert, die Zeit, die Polybios durch eigene Anschauung bewusst miterlebt hat. Auffällig ist, in welchem Ausmaß unabhängig überlieferte Vertragstexte, Königsbriefe und andere Dokumente der ersten Hälfte des 2. Jahrhunderts einen zeitnahen, durch Neuentdeckungen immer dichteren Kommentar zum Bericht des Achäers bieten. Diese Dokumente als Parallelüberlieferung ermöglichen es, Einsicht in die Forschungen des Polybios zu erlangen, die in seine Darstellung mehr oder weniger konkret eingeflossen sind – entweder indem das zeitunmittelbare Material den polybianischen Bericht ergänzen, bestätigen oder richtig stellen. Die heutige Forschung ist bei diesen Bemühungen, die Dichte der Dokumente als Grundlage der Darstellung des Polybios zu eruieren, noch in den Anfängen. Doch sind die Ergebnisse schon jetzt vielversprechend[263]: Die Kenntnis über spezifischen Techniken der Verarbeitung von Primärmaterial und über die spezifischen Perspektiven, die Polybios an die Dokumente heranträgt, wird den Blick in die Werkstatt des Polybios erweitern.

Die Benutzung von Dokumenten sollte die Glaubwürdigkeit erhöhen, nicht zuletzt um seine Argumente und seine Darstellung gegen die Versionen und Thesen seiner historiographischen Vorgänger und Zeitgenossen stark zu machen. Peinliche persönliche Erfahrungen seiner Jugendzeit[264] mögen dabei ihn schon früh von der Notwendigkeit überzeugt haben, wie nötig Archivarbeit zur Stützung der eigenen Argumentation sein konnte. Dokumentarische Quellen ersetzten dann wie Augenzeugenberichte die eigene Anschauung und Erfahrung[265], konnten aber auch dazu dienen, komplexe Umstände gerade dem griechischen Leserkreis zu erklären und auszumalen.

Dabei ist die Auswahl unter den Dokumenten, die dem Historiker sicherlich umfangreicher, als von ihm konkret benannt, bekannt waren, nicht willkürlich[266]. Gerade die festgestellten polybianischen Kriterien

---

[262] Polyb. 33,13.
[263] L. PRANDI – M.T. SCHETTINO – G. ZECCHINI, in: BIRASCHI – DESIDERI – RODA – ZECCHINI (2003), S. 369-422.
[264] Polyb. 22,9,1-12 (185 v. Chr.). Zitat und Bewertung s.u. S. 135-136.
[265] Polyb. 12,25h und i.
[266] Gegen PRANDI – SCHETTINO – ZECCHINI (2003), S. 389: „flessibilità e libertà dello storico nel decidere se e quando fare ricorso a un documento."

der Auswahl der Quellen nach zeitlicher und räumlicher Nähe zu den Entscheidungsorten und -personen haben den Zugriff des Historikers bestimmt. So ist es unter anderem zu erklären, dass der verifizierbare Zugriff auf zeitgenössisches Primärmaterial örtlich variiert: Während im festländischen Griechenland Dokumente aus Bundesstaaten und Städten, soweit sie für den historischen Bericht und die Ereignisse von Wichtigkeit waren, häufiger herangezogen wurden, ist die gesicherte Nutzung solcher Dokumente für die Bereiche, in denen Monarchen die Geschehnisse bestimmten und die entscheidenden Kommunikationspartner Roms waren, seltener. Dafür griff Polybios auf die angesprochenen „Hofquellen" zurück (also für Makedonien, Kleinasien, Koile Syrien, Mittlerer Osten und Ägypten etc.). Dies konnte zu Glaubwürdigkeitsproblemen führen, die unser Historiker selbst benannte (s.o. S. 103-104 Zitat). Dieser Gefahr hat er sich gleichwohl um der exklusiven Information willen bewusst ausgesetzt.

Dass sich der Bericht des Polybios jenseits der konkret verifizierbaren Fälle, in denen Dokumente verwertet wurden, bekräftigen lässt, zeigen die erhaltenen Dokumente zum Darstellungszeitraum des Historikers. Hier ein Beispiel:

In den 180er Jahren strebte Philipp eine Revision der Entscheidung von 197 v. Chr. an und legte damit den tieferen Grund – nach der Auffassung des Polybios – für die für Makedonien so fatale Auseinandersetzung im Dritten Makedonischen Krieg ab 171. Eine strikte Umsiedlungs- und Restriktionspolitik diente diesem Ziel. Einen Hinweis darauf geben die an zwei verschiedenen Orten gefundenen Fragmente eines Diagramms Philipps über die Rekrutierungsbestimmungen im Volk, die zwar 197 v. Chr. in höchster Not beschlossen, gleichwohl seither wohl gültig geblieben sind[267]. Darüber hinaus ergänzt das Diagramm bekannte Belege zur Disziplin in der makedonischen Armee, wie etwa im bekannten Amphipolisdekret beschrieben[268]. Weiter werden die gut informierten Äußerungen des Historikers über die makedonischen Institutionen bestätigt, etwa über den *epistates epi tes choras*, der für Thrakien durch Polybios[269] längst bekannt war[270]. All dies hebt das Vertrauen in den Wert der Aussagen des Polybios auch für jene Stellen, die (noch) nicht dokumentarisch untermauert sind.

---

[267] NIGDELIS – SISMANIDES (1999), S. 807-822; HATZOPOULOS (2001), S. 157ff.
[268] RA 6ᵉ série III, 1934, 39-47; ebd. VI, 1935, S. 29-68.
[269] Polyb. 22,13-14.
[270] S.a. HATZOPOULOS (1996).

Weitere (in der Forschung teils umstrittene) Schilderungen des Polybios werden durch epigraphisches bzw. dokumentarisches Material in unabhängiger Überlieferung ebenfalls bestätigt oder lassen relativ eindeutig als Vorlage dokumentarisches Material erkennen. Anbei werden einige Beispiele aufgelistet, die in diesem Zusammenhang nur stichwortartig angesprochen werden können:

- Die positive Ansicht des Polybios über Philipp und seine Herrschaft in Hellas vor 215 äußert sich in den Wahlen zum Vorstand der kretischen Städte oder in Lobesepigrammen der Zeit[271]. Diese von Polybios unabhängigen Belege bestätigen die polybianische Charakterisierung Philipps V., dessen gute Anlagen zunehmend von tyrannischen Charakterzügen überlagert worden seien, zunächst unmerklich, dann für die Zeitgenossen ab 215 immer deutlicher, bis hin zum düsteren Ende eines unberechenbaren, von den eigenen Untaten getriebenen Fürsten[272].

- Die Herrschaft Philipps V. in Thessalien, wie sie durch Polybios charakterisiert wird[273], wird am Beispiel der berühmten Dokumente aus Larisa aus dem vorletzten Jahrzehnt des dritten vorchristlichen Jahrhunderts bestätigt[274].

- Dokumentarische Genauigkeit gar verrät die Reihenfolge der Nennung der Bundesgenossen im Hellenenbund bei Polybios[275].

- Die (epigraphischen) Belege zur Politik Athens ab den 220er Jahren in der Ära des Mikion und Eurykleides bestätigen den Neutralitätskurs der Stadt, der als vorauseilende Unterwürfigkeitspolitik von Polybios aus der achäischen Perspektive kritisiert wurde. Hier spricht unser Historiker im Rahmen der Leitlinien des ‚historischen' Aratos, der die Stadt gerne an den Achäischen Bund angeschlossen hätte[276].

- Die Bemühung um die Wiederbelebung der religiösen Feste in allen Staaten, die sich am Bundesgenossenkrieg (bis 216 v. Chr.) beteiligt hatten und nun nach dem Bericht des Polybios vom Friedenschluss profi-

---

[271] ISE 47.
[272] Z.B. Polyb. 10,26,7-10, s.o. S. 78 Zitat sowie dort die Erörterungen.
[273] Polyb. 4,76,1-3.
[274] Syll³543; vgl. HABICHT (1983), S. 21-32.
[275] Polyb. 7,9,1 und 5 und 7 aus Syll³518 mit Kommentar von Dittenberger n. 1.
[276] Polyb. 5,106,6-8, s. DREYER (1998), S. 235-240, und dens. (1999), S. 168; 192. Zu dem Unterschied zwischen „historischem" und „polybianischem" Aratos s. oben S. 101ff.

tierten, wird durch ein monumentales Inschriftendossier des Akarnanischen Bundes aus dieser Zeit bestätigt[277].
- Die Feldzüge Philipps am Hellespont, in der Ägäis und in Kleinasien, besonders in Karien, zwischen 205 und 200 v. Chr., über die Polybios ausführlich berichtet hatte – wobei die polybianische Darstellung nur in spärlichem Umfang erhalten ist und daher teilweise aus späteren Zuständen und aus dem Bericht des Livius (P) erschlossen werden muss –, illustrieren inzwischen zahlreiche inschriftliche Belege, etwa die Dokumente aus Euromos[278].
- Die polybianische Schilderung über den „Teilungsvertrag" oder (zweiten) „Raubvertrag", d.h. über die Einigung zwischen Philipp V. und Antiochos III. zuungunsten des dahinsiechenden Ptolemäerreiches, die dem Historiker zufolge auch das ptolemäische Kernland Ägypten unmittelbar betraf, sowie die Darstellung des Achäers über die Anwesenheit des Antiochos in Kleinasien ab 205/204 wird durch dokumentarische Quellen jener Zeit eher bestätigt als widerlegt[279].
- Der attalidische Besitz von Aigina seit 210, der nach Polybios zwischen den pergamenischen Königen und den Achäern bis in die 160er Jahre heftig umstritten war, ist inschriftlich belegt[280].
- Athens Beitrag beim Kriegseintritt Roms gegen Philipp V. zwischen Herbst 201 und Sommer 200 v. Chr. ist sowohl dokumentarisch (durch das Kephisodoros-Dekret und durch die Kephisodoros-Grabinschrift bei Pausanias) als auch durch die Abschrift des Livius aus Polybios in einer Art und Weise überliefert, so dass sich insgesamt ein annäherndes Vollbild ergibt[281].
- Der Respekt des Senats, der in der polybianischen Tradition für die Phase des „Kalten Krieges" der 190er Jahre besonders gegenüber den Seleukiden unter der Herrschaft des scheinbar unwiderstehlichen Antiochos deutlich wird, zu dem sich noch Roms Angstgegner Hannibal nach

---

[277] Polyb. 5,106 aus StVA III 523.
[278] Polyb. 16,1-10. Vgl. z.B. EA 8,1986, S. 1; EA 21,1993, S. 21 (Euromos); DREYER (2007), S. 259-282.
[279] Polyb. 3,2,8 (richtig: *kat' Aigypton* wie im Ms); 11,39; 15,25; 16,1. Vgl. Dokumente: P. HERRMANN, SEG 41, 1991, nr. 1003; J. u. L. ROBERT, Fouilles D'Amyzon en Carie, Paris, 1983, nr. 9, S. 132-137; s.a. MDAI 72, 1957, nr. 64 (Samos). DREYER (2007), a.a.O.
[280] ISE 22.
[281] ISE 33 (vgl. Paus. 1,36,5); detaillierter in: DREYER (1998), S. 240-243; DREYER (2007), S. 111-119.

seiner Flucht gesellte, ist unmittelbar in den Zeilen des römischen Senatsbeschlusses erkennbar, der die durch die Seleukiden vermittelte Asyliebestätigung gegenüber Teos im Jahre 193 enthält. Dort zeigte sich der Senat geradezu unterwürfig gegenüber dem seleukidischen Gesandten[282]. Vielfältig bestätigen auch die Dokumente aus den griechischen Städten Kleinasiens die Folgen der fulminanten Expansion des Antiochos in den Jahren von 198 bis 196 zunächst zum Hellespont und dann bis 194 zur makedonischen Grenze – soweit sie aus den erhaltenen Berichten hervorgeht, die auf Polybios zurückgreifen[283].

- Eine Entsprechung zur Charakterisierung der Flamininus-Politik in den Jahren zwischen 198 und 188 durch Polybios liegt in den dokumentarischen Belegen etwa aus Chyretiai vor. Dieses und andere erhaltene Zeugnisse bekräftigen die allgemeine polybianische Gewichtung und Wertung des Wirkens des römischen Oberbefehlshabers an konkreten Einzelfällen: Dazu zählen seine vielfach durch die zeitgenössischen Griechen ausgezeichnete konstruktive Tätigkeit (u.a. als „Nomothetes") beim Aufbau von leistungsfähigen Bundesstaaten und eines prinzipiell sich selbst tragenden Gleichgewichts der Mächte auf dem griechischen Festland nach dem Sieg über Philipp V. und die aktive Verteidigung des Geschaffenen gegen Störenfriede (die Aitoler und Nabis von Sparta). An diesen revisionistischen Staaten scheiterten letztlich seine Aufbauleistungen für eine nicht-hegemoniale Staatenordnung im Jahre 192 (s.u. Nachleben). Gleichwohl dienten seine Aktivitäten sowohl der eigenen Karriere und den römischen Interessen als auch den griechischen Staaten des Festlandes. „Realpolitik" und politischer „Philhellenismus" sind demnach kein unauflösbarer Gegensatz[284].

In ähnlicher Weise bestätigen die (wenigen) inschriftlichen Parallelbelege die historiographischen Angaben zur Struktur des achäischen Bundesstaates, die sich am besten in den verschiedenen Abfassungsschichten des polybianischen Bericht und vor allem in der von Polybios abhängigen Darstellung des Livius erfassen lässt (s. zu Buch 2 und 24 und zum Nachleben).

---

[282] SHERK, RDGE 34 (Asylie für Teos i. J. 193 v. Chr.).
[283] Etwa aus: EA 21,1993, S. 24 (+Bull Epigr. S. 526: Euromos); IK 28,1, nr. 4, S. 20f. (Iasos); IK 6, nr. 4, S. 15ff. (Lampsakos). DREYER (2007), S. 272-320.
[284] LEHMANN (1999), S. 69-83 (zu ISE 55: Stymphalos; insbes. auch zu RDGE 33: Chyretiai); DREYER (2007), S. 148-176. Vgl. Belege im Bericht des Polybios und Livius (P) oben. S.a. WALSH (1996), S. 344-363.

- Das hohe Ansehen, das Flamininus in Hellas nach der Freiheitserklärung im Frühjahr 196 genoss, wird nicht nur durch den achäischen Historiker und im polybianisches Material (bei Livius) belegt, sondern auch durch etliche Ehrungen und Beschlüsse der Zeit bezeugt[285].
- Der Bericht über die Hilfe aus Kreta für den Krieg gegen Nabis im Jahre 192[286] wird durch die Ehrung für deren Anführer Telemnastos aus Gortyn in Epidauros (auf der Peloponnes) gestützt[287].
- Zur Krise des Aitolischen Bundes und zur Reorganisation der Amphiktyonie um 190, wovon die polybianische Tradition berichtet, geben inschriftliche Zeugnisse ein lebhaftes Bild ab[288].
- Zum Wirken der Scipionen und zur Verteilung der Rollen unter den Brüdern Publius und Lucius in den Jahren 190 und 189 v. Chr., bis zur Abberufung vom kleinasiatischen Kriegsschauplatz, liegen Inschriften vor, die die polybianische Tradition am konkreten Fall von einzelnen Städten in Kleinasien beleuchten[289].
- Die besondere und für hellenistische Könige ungewöhnliche Art der Legitimation der Macht des Eumenes nach 188 in Kleinasien, eben durch den Sieg Roms über Antiochos, wie sie durch die polybianische Überlieferung immer wieder betont wird, bringt das epigraphische Dokument aus Toriaion deutlich auf den Punkt[290].
Dagegen ist erkennbar am Beispiel der Ehrung für Orthagoras in Lykien (zw. 188 und 167!), wie indifferent und folglich wenig präsent die Vorherrschaft Roms in Kleinasien nach 188 sein konnte. Das war der Fall etwa für die 180er Jahre, als die Attaliden sich in langwierigen Hegemonialkämpfen in Kleinasien[291], über die die polybianische Tradition Auskunft gibt, auch ohne römische Unterstützung gegen die regionalen Konkurrenten an der Spitze einer Koalition durchsetzen konnten.

---

[285] Syll³616; Syll³585, nr. 46; Syll³611; Syll³592; BCH 88, 1964. DREYER (2007), S. 158ff.
[286] Liv. 35,28,8.
[287] ISE 49; s. Antiphatas S.d. Telemnastos in Polyb. 33,16 (154/153), mit Bezug auf die Unterstützung für Achaia gegen Nabis durch 500 Kreter unter der Führung des Telemnastos.
[288] SHERK, RDGE nr. 1; 37; 38; 39; Folgen ebd. nr. 4.
[289] S.a. SHERK, RDGE nr. 35 (Herakleia am Latmos); nr. 36 (Kolophon); IC II 3, nr. 5 (Aptara, Kreta), s.a. DREYER (2007), S. 326-328.
[290] EA 29, 1997, S. 1-30 (Toriaion).
[291] Bei JHS 68,1948, S. 46-56, nr. 3 (Lykischer Bund, Orthagoras).

- Die herausgehobene Rolle der Seemacht Rhodos als Vormacht in der Ägäis und in Südwestkleinasien in den 180er Jahren wird durch den von Rhodos garantierten regionalen Bündnisvertrag deutlich, an dem prominent auch Milet als eine der kriegsführenden Mächte beteiligt war[292]. Milets Gebietsgewinne im Jahre 188 – wie aus den von Polybios abhängigen Berichten über die Regelungen im Frieden von Apameia deutlich wird[293] – werden hier bestätigt, nach einem Krieg, der nicht günstig verlaufen war.

- In der polybianischen Tradition wird die Wende der römischen Politik in Stufen, mit Zäsuren ab 180, besonders ab 172 betont. Livius (P) nennt die neue Politik des Senats seit 172 *nova sapientia*. Sie habe entgegen der gut römischen Tradition in der Außenpolitik nunmehr Mittel des verschlagenen Taktierens und des Finassierens eingeführt. Zunehmend wurde darüber hinaus die Außenpolitik zum Spielball senatorischer Faktionen[294]. Eines der ersten Opfer dieser neuen Politik und ihres ersten Vertreters auf römischer Seite, Marcius Philippus, war der Boiotische Bund im Vorfeld des Perseuskrieges. Der Boiotische Bund hatte eine perseusfreundliche Haltung eingenommen und deshalb im Vorfeld des Perseuskrieges den starken diplomatischen Druck Roms provoziert, unter dem sich der Bund dann selbst auflöste[295]. Weitere Eingriffe des Senats, von denen der polybianische Bericht ebenso wie dokumentarische Quellen Zeugnis geben, künden von dieser beschriebenen neuen Haltung und Politik des Senats gegenüber den griechischen Staaten und Mächten[296].

- Darüber hinaus wirft ein Vertrag über die Schuldentilgung zwischen den boiotischen Städten Thisbe und Chorsiai sowie die Schilderung des Herakleides Kritikos über die desolaten Zustände in Theben unabhängig

---

[292] Auch aus Syll³588 (zur Datierung in die 180er Jahre s. HABICHT (1995), S. 230/231).

[293] Polyb. 21,45,5; Liv. 38,39,9.

[294] Liv. 42,47,9; Polyb. 30,6,3f. SHERK, RDGE nr. 2 und 3 (Thisbe und Koroneia).

[295] Liv. 42,43,4f.; 42,46,7f.; Polyb. 27,1; 27,5. PETZOLD (1999), S. 61-93.

[296] Ca. 164, RDGE nr. 5 (SC bzgl. Delos; vgl. Polyb. 30,20; s.a. HABICHT (1995), S. 255-257); ca. 156, RDGE nr. 6 (SC bzgl. des Streites zw. Priene-Ariarathes von Kappadokien; vgl. Polyb. 33,6); ca. 140, RDGE nr. 9 (SC bzgl. des Streites zwischen Meliteia und Narthakion); RDGE nr. 10, A: vor 135, B: 135 (SC bzgl. des Streites zwischen Priene und Samos; dies ist im Kontext der unter Bestechlickeitsvorwurf stehenden Regelungen Vulsos im Sinne von Samos i. J. 188 zu sehen; die Regelungen machte der Senat rückgängig. Zu Vulso Polyb. 21,33-39; Liv. 38,42,11; vgl. Liv. 38,12-25). Vgl. DREYER (2007), S. 362-384.

von der polybianischen Tradition ein schlagartiges Licht auf den Niedergang Boiotiens seit der zweiten Hälfte des 3. Jahrhunderts. Diesen hat der achäische Politiker in einem Exkurs über die desolaten boiotischen Zustände detailliert beschrieben. Dieser Exkurs scheint daher allein als spätes, vom Topos des Niedergangs beherrschtes Inserat aus der Zeit nach 150 v. Chr. nicht genügend motiviert – so richtig es sein mag, dass Polybios' Darstellung im bereits beschriebenen Maße (!) nicht frei von Topoi ist, insbesondere was die Entwicklung der römischen und achäischen Verfassung anbelangt[297].

- Die faktischen Grundlagen, die auch unseren Historiker für soziale Probleme sensibilisierten[298], sind den zeitgenössischen Dokumenten zu entnehmen, etwa anlässlich des Streits zwischen Ambrakia und den Athamanen in der Folge des Aitolerkrieges[299] oder anlässlich der Unruhen in Dyme nach der Errichtung der Provinz Makedonien[300].

- Der Historiker konstatiert den Verlust der echten Freundschaft und den Beginn des unterwürfigen Schmeichlertums gegenüber Rom ab 180. Der Verlust ehrlicher Verbundenheit zu Rom und das anbiedernde Verhalten der Repräsentanten griechischer Staaten und der Monarchen wird gleichfalls in den Dokumenten der Zeit erkennbar[301]. Auch die von Polybios so bezeichnend charakterisierte Stellung des Eumenes unter den Griechen nach 167, nachdem er bei den Römern in Ungnade gefallen war und dafür unter den Griechen an Sympathien gewann, ist inschriftlich erkennbar[302]. Die vorauseilende Unterwürfigkeit mag weiter an dem gehäuften Auftreten von Ehrungen für Römer in jener Zeit ablesbar

---

[297] StVA III 565 (zu Chorsiai); Herakleides Kritikos, F. PFISTER, Die Reisebilder des Herakleides, Sitzungberichte der Österr. Akad. der Wiss. 227/2, Wien 1951, S. 44f.; 113-114; E. PERRIN (1995), S. 195, A. 10; der boiotische Exkurs: Polyb. 20,4-7; s.a. S. 127 Zum „concept of decline" in bezug auf Roms und Achaias Entwicklung s. CHAMPION (2004).

[298] Polyb. 4,73; 5,93; 14,2,5; 36,16; 36,17,5-15; s. zur sozialen Frage bei Polybios und zur kritischen Haltung des Historikers gegenüber Massenbewegungen, S. 66-67.

[299] RDGE nr. 4; vgl. Polyb. 21,25-32; s.a. HABICHT (1995), S. 233, A. 51.

[300] RDGE nr. 43.

[301] Zur Wende zum Schlechteren Polyb. 24,9f. Dokumentarische Indizien für diese Unterwürfigkeit: MDAI 72, 1957, nr. 65 (Samos); Bradford WELLES, RC nr. 61 (Attalos II.).

[302] Bradford WELLES, RC nr. 52.

sein[303]. Der Verlauf der Diskussionen über das richtige Verhalten gegenüber den Römern unter griechischen Politikern und Beratern von Königen gestaltete sich in der Darstellung des Polybios ähnlich wie in den Berichten der dokumentarischen Quellen[304].

Alle angeführten Punkte geben einen ersten Eindruck davon, wie tief die Darstellung unseres Historikers in den zeitgenössischen Diskussionen und der dokumentarischen Aktenlage verwurzelt war. Man muss sich dabei von der Forderung frei machen, dass Polybios in jedem Fall die ‚richtige Ansicht' zu vertreten hatte. Vielmehr wird durch die Heranziehung des von Polybios unabhängigen zeitgenössischen Materials deutlich, dass der achäische Historiker nach den Möglichkeiten des Kenntniserwerbs zu einer nach Aktenlage vertretbaren und von Zeitgenossen auch vertretenen Wertung gekommen ist.

---

[303] Etwa SEG 30, 1980, nr. 365; ISE 92.
[304] Polyb. 28,6; s. Diskussion der *philoi* um den pergamenischen König hinsichtlich des richtigen Verhaltens gegenüber den Römern, Bradford-WELLES, RC nr. 61.

V. Zum Verhältnis von theoretischem Anspruch und Umsetzung

Die Glaubwürdigkeit des Polybios und seine Bemühung um Objektivität sind hoch zu veranschlagen. Seiner Ansicht nach könne sich jeder Historiker zu seinem Vaterland bekennen, nur nicht dafür wissentlich Tatsachen verfälschen[1].

> "Dass Geschichtsschreiber die Partei ihrer Vaterstadt nehmen müssen, will ich zugestehen, nicht aber, dass sie über diese Angaben machen, die den Tatsachen widerstreiten. Es ist genug mit den Irrtümern, die aus Unkenntnis uns Schreibern unterlaufen und denen wir Menschen nur schwierig entgehen können. Wenn wir jedoch bewusst falsche Berichte schreiben, entweder um der Vaterstadt oder der Freunde oder des Gunstgewinnes willen, worin unterscheiden wir uns dann noch von denen, die sich damit ihren Lebensunterhalt verdienen?"

Irrtümer sind nach Polybios mithin einzuräumen (vgl. oben S. 71 und 99). Er bittet seine Leser vorab für Versehen um Verzeihung und Nachsicht und ersucht um freundliche Benachrichtigung, so wie er es im Falle des Zenon gemacht habe. Eine Universalgeschichte, wie er sie schreibe, leide allerdings unter solchen Versehen im Einzelnen weniger als Spezialgeschichten und Spezialuntersuchungen.

Vorsätzliche Verfälschung wird von Polybios verdammt[2]. Eine solche wird ihm auch heute kaum ernsthaft und für längere Strecken seiner Darstellung vorgeworfen. Meines Erachtens wirken sich Topoi wie dasjenige des „concept of decline" kaum grundsätzlich verfälschend auf die Schilderung aus. Es mag anfänglich die Wut auf den Sieger von 168 v. Chr. und die Abneigung wegen des römischen Strafgerichts groß, die Verhältnisse in Italien am Anfang der 160er Jahre nicht frei und angenehm gewesen sein[3]: Die Bedingungen für seine Forschungen durch den Zugang zu römischen Archiven, durch den Kontakt zu einflussreichen Zeitgenossen und damit zu den Meinungen und Haltungen beider Seiten, der unterlegenen griechischen wie der siegreichen römischen, dürften dagegen bald für Polybios nahezu ideal gewesen sein (s.o. Quellen).

Trotz der individuellen Förderung und trotz seiner Privilegien während der Internierung bewahrte sich Polybios eine bemerkenswerte Distanz auch zu seinen römischen Gönnern, zu einzelnen Politikern (z.B. Titus Quinctius Flamininus) ebenso wie zur römischen Politik generell.

---

[1] Polyb. 16,14,6.
[2] Polyb. 16,14,8.
[3] ZIEGLER, RE 1558.

Das gilt etwa bei den nüchtern-abwägenden Erörterungen der Entwicklung der römischen Haltung zu den zeitgenössischen Griechen. Auf diese Einstellung geht der Historiker immer wieder besonders ab Buch 18, also für die Zeit nach 197, ein. Die Prinzipien römischer Politik, die noch bis 192 oder 188 prinzipiell gültig blieben, ließ Polybios Titus Quinctius referieren[4]. Die kalkulierende Abwägung über das richtige Verhalten gegenüber den Römern[5] gipfelt in der Position Philopoimens, der die Gesetzestreue der Römer als Ausgangspunkt der Begründung seiner Politik nimmt. Den römischen Legalismus thematisiert Polybios ebenfalls in Buch 6. Die Position des Philopoimen wird durch den Historiker – in bemerkenswerter Vorwegnahme etlicher Vorhaltungen in der modernen Forschung[6] – verteidigt[7]. Als die römische Vorherrschaft zum Ende des Perseuskrieges immer unvermeidlicher schien, wurden die Reflexionen und Diskussionen auf griechischer Seite über das römische Verhalten nach dem absehbaren Sieg dichter und Polybios gab diesen Erörterungen in seiner Darstellung mit ambivalenten, ja hilflosen Lösungsansätzen der Handelnden Raum[8]. Derartige Überlegungen, wie man sich einer immer unumschränkteren römischen Vorherrschaft gegenüber schon vor Kriegsende positionieren sollte, werden auch die Geheimverhandlungen zwischen Perseus und Eumenes veranlasst haben. Sie verliefen im Sande, chancenlos wie sie nach Polybios, der die Verhandlungen kritisch sah, von Anfang an waren. Sie hatten ihre langfristigen Konsequenzen in den negativen Folgen für Eumenes in den 160er Jahren, der in Rom nicht zuletzt deshalb bis zu seinem Tode in Ungnade fiel[9].

Am Ende seines Monumentalwerkes erörtert der Historiker in einem Fragment, das dem 36. Buch zugeordnet wird, das Verhalten der Römer bei ihrem Aufstieg zur Weltmacht nach den gängigen Auffassungen der zeitgenössischen Griechen, kurz vor der Katastrophe Makedoniens im Jahre 148, Karthagos und Korinths im Jahre 146[10]. Dabei schließt er die Klammer für den zweiten Werkteil, in dem es dem Historiker darum ging zu erörtern, wie sich die Vorherrschaft der Römer nach 167 gegenüber den Beherrschten bewährte.

---

[4] Polyb. 18,37.
[5] Polyb. 24,11-13.
[6] Zum römischen Legalismus s. z.B. GSCHNITZER (1993), S. 529-537.
[7] Polyb. 39,3.
[8] Polyb. 28,6; 29,4,8-10.
[9] Polyb. 29,5-9.
[10] Polyb. 36,9.

V   Verhältnis von Theorie und Umsetzung   123

Um Objektivität bemühte Distanz ist Polybios auch in Bezug auf die eigene „Partei" im Achäischen Bund zu bescheinigen, deren Politik Polybios in aktiven Zeiten vertreten hat. Einige Male macht der Historiker deutlich, dass er, wie etwa im zehnten Buch (Kap. 21, Zitat oben S. 23 und 78) in Abgrenzung zum Enkomion (Lobschrift) formuliert, sein Urteil vom Einzelfall abhängig machen will. Diese Maxime formuliert er nicht nur allgemein[11], sondern auch im Einzelfall, etwa bei Philipp (s.o.), beim achäischen Politiker Aratos[12], bei Philopoimen, seinem politischen Ziehvater[13], und bei Lykortas, dem leiblichen Vater[14]. Auch peinliche Begebenheiten seiner Jugendzeit spart Polybios nicht aus[15].

Weder bei Persönlichkeiten, die aufs Ganze gesehen sich negativ entwickelten (wie Philipp), noch bei den Vorbildern ließ sich Polybios zu durchweg einseitigen Urteilen hinreißen. Das gilt ebenfalls für das ausgewogene Urteil über den innenpolitischen Gegner seines Vaters, Diophanes, der fatalerweise die innerachäischen Auseinandersetzungen vor den Senat brachte bzw. in Anwesenheit senatorischer Gesandter auf der Peloponnes austrug[16]. Gleichwohl erfährt er, unter dessen Bundespräsidentschaft (Strategie) im Jahre 191/190 sich die Einigung der Peloponnes unter achäischem Vorzeichen ganz im Sinne der Politik des Philopoimen durch den Beitritt von Elis vollendete, eine positive Bewertung für seine militärischen Fähigkeiten[17].

Dennoch überwiegt in der Forschung die Kritik an der Objektivität des Historikers. Manche Schmähungen des Polybios, so die Meinung vieler Forscher, insbesondere der Vorwurf der Parteilichkeit[18], träfen den Historiker selbst. K. Ziegler lobt zwar seine Objektivität in der römisch-karthagischen Auseinandersetzung[19], kritisiert aber mit anderen – und hierin folgt ihm K. Meister[20] – insbesondere die Vorzugsbehandlung des Achäischen Bundes sowie der Territorien und der Staaten auf der Peloponnes. Die *Achaika* im zweiten Buch (2,37-71) oder die Darstellung ab

---

[11] Polyb. allg. 4,8,7-12; 8,8,7-9.
[12] Polyb. 4,7,11-4,8,7; 4,10-11.
[13] Z.B. auch kritisch in Polyb. 22,19.
[14] Z.B. Polyb. 23,15.
[15] Polyb. 22,9,1-12. Ausführliches Zitat und Bewertung unten S. 135-136.
[16] Polyb. 22,10,4; vgl. Liv. 38,30,1-34,9.
[17] Polyb. 21,9; Liv. 37,20-21,4.
[18] Wie z.B. in Polyb. 12,26b,3f.
[19] K. ZIEGLER, RE 1558ff.
[20] K. MEISTER (1990), S. 163-164.

Buch 20, in der dem Bundesstaat ein breiter Raum zugestanden wird, werden dann angeführt.

Eine derartig breite Behandlung diente aber keineswegs nur dem Lobpreis. Im vierten Buch hat Polybios vermutlich aus der Perspektive nach 146, also nach der Katastrophe des Achäischen Bundes, einen Exkurs zum Heimatland Arkadien eingeschaltet. Dabei sticht insbesondere die Kritik an Kynaitha hervor, dessen Verhalten Anlass zu dem Exkurs war[21].

Darüber hinaus hatte der achäische Bundesstaat in der Darstellung des Polybios eine paradigmatische Funktion. Immerhin hatte nach der Auffassung des Arkaders aus Megalopolis die Gesandtschaft des Kallikrates um 180 v. Chr. nach Rom, bei der dieser seine eigentlichen Aufträge missachtete und vor den Senatoren zu einem Generalschlag gegen seine innenpolitischen Gegner und allgemein gegen alle Romfeinde ausholte, nachhaltige Folgen. Sie reichten weit über Achaia hinaus und wirkten sich auf das Verhältnis Roms zu den Repräsentanten aller griechischen Staaten des östlichen Mittelmeerraumes aus[22]:

„Nach der Rede (vor den Senatoren) *über diese und derartige Angelegenheiten trat Kallikrates ab … Da der Senat der Ansicht war, der von Kallikrates vertretene Standpunkt entspreche seinen Interessen, und belehrt, die Verfechter seiner Anordnungen zu fördern, die Gegner dieser Anordnungen jedoch zu erniedrigen, begann er damals daher zum ersten Mal, den Einfluss derer, die sich in ihrem Staat jeweils für das sachlich Beste einsetzten, zu schwächen, den der anderen, die, gleich ob mit Recht <oder Unrecht>, dem Senat entsprachen, zu stärken. So kam es, dass er sehr bald, als die Zeit verstrich, an Schmeichlern Überfluss, an wahren Freunden Mangel hatte. Damals nun schrieb er wegen der Rückkehr der Verbannten nicht nur an die Achäer, sie sollten dafür Beistand leisten, sondern auch an die Aitoler und Epiroten, dazu an die Athener, Boioter, Akarnanen, um sie alle zusätzlich als Beobachter für die Absicht einzusetzen, die Achäer in die Schranken zu weisen. Über Kallikrates selbst, den der Senat allein nannte, während er von den anderen Gesandten schwieg, bemerkte er in seiner Antwort, derartige Männer wie Kallikrates müsse es in jeder Stadt geben. Mit diesem Bescheid in der Hand erschien dieser in Griechenland, frohlockend über seinen Erfolg, ohne zu wissen, von welch großen Übeln für alle Hellenen, vor allem für die Achäer er Urheber geworden war. Denn damals bestand für diese noch durchaus die Möglichkeit, bis zu einem gewissen Grade mit den Römern als Gleichberech-*

---

[21] Polyb. 4,19,13.
[22] Polyb. 24,10,1-15.

V Verhältnis von Theorie und Umsetzung 125

> *tigte zu verhandeln, weil sie ihnen seit der Zeit, als sie deren Partei ergriffen hatten, in Augenblicken sehr gefährlicher Situation die Treue gehalten hatten, ich meine in den Kriegen gegen Philipp und Antiochos. Nachdem der Achäische Bund an Macht gewachsen war und den größten Aufschwung innerhalb der Zeit, von der ich berichte, genommen hatte, war dies wiederum der Beginn eines Wandels zum Schlechten: die dreiste Selbstherrlichkeit des Kallikrates ... Da die Römer Menschen und hochherzig sind und gute Prinzipien besitzen, haben sie mit allen vom Unglück Getroffenen Erbarmen und versuchen, allen Gutes zu erweisen, die bei ihnen Zuflucht suchen. Wenn sie indessen jemand, der ihnen die Treue gehalten hat, an die Grundsätze des Rechts erinnert, lenken sie in den meisten Fällen ein und korrigieren sich selbst nach Möglichkeit. Kallikrates aber, der damals nach Rom geschickt worden war, um den Rechtsstandpunkt der Achäer zu vertreten, hatte gerade das Gegenteil getan ... "*

Am Schicksal der Achäer ließ sich folglich nach der Meinung des Polybios exemplarisch eine wichtige Entwicklung demonstrieren, die hier ihren Ausgang genommen haben soll. Glücklicherweise war der Historiker wegen seiner Herkunft darüber bestens in Kenntnis gesetzt.

Neben den bereits erwähnten distanzierten Bewertungen einzelner Taten der Mitglieder der politischen Gruppierung, die Philopoimen anführte und zu der Polybios selbst als junger Politiker gehörte, kann darüber hinaus die ausgewogene Erörterung der politischen Positionen der Gruppierungen in Achaia im 24. Buch angeführt werden[23]. Sie ist der Anlass des verlorenen Exkurses zur weiteren Verfassungsentwicklung Achaias nach der Einigung der Peloponnes unter achäischem Vorzeichen i. J. 191 v. Chr. gewesen. Sein Rückblick auf die politischen Gruppierungen um Aristainos auf der einen Seite und der Anhänger um Philopoimen auf der anderen Seite in den 190er Jahren, vom Zeitpunkt der fatalen Wende um 180 her gesehen, will zeigen, dass beide Gruppierungen aus ehrlichen, patriotischen Motiven heraus ihre Positionen gegeneinander und gegenüber Rom vertraten – also auch diejenige, zu der Polybios sich selbst nicht zählte und deren Grundsätze der Historiker eindeutig nicht favorisierte. Darüber hinaus möchte Polybios herausstellen, dass aus der „Partei" der „Proromer" um Aristainos unabweislich die ‚Totengräber' des Bundes hervorgingen: Kallikrates und später Diaios[24]. Sie verließen aus egoistischen Motiven die Grundsätze auch des Aristainos. Den Anfang

---

[23] Polyb. 24,11-13.
[24] Vgl. NOTTMEYER (1995), 15-29; 121-160.

machte Kallikrates, indem er die Aufträge des Bundes verriet, für die er mit den anderen Gesandten nach Rom geschickt worden war.

Weiterhin wird die schlechte, negative Behandlung und kritische Bewertung der Gegner des Achäischen Bundes beklagt und mithin der Historiker einer proachäischen Perzeption bezichtigt. Auf diese Weise sei die durchweg negative Darstellung des mit Achaia verfeindeten Bundesstaates Aitolien zu erklären[25]. Zu beachten ist jedoch, dass Polybios die Meinung der Mehrheit der Zeitgenossen teilte – wie sie etwa aus der ebenso einhelligen wie freiwilligen Ratifizierung der Kriegserklärung des Hellenenbundes (an den Aitolischen Bund im Juli 220) durch die einzelnen Mitgliedsstaaten bis 219 zu ersehen ist. Diese von nahezu allen zeitgenössischen Hellenen geteilte Einschätzung über die Aitoler[26] bestätigte sich laufend, angesichts der traditionellen, z.T gar staatlich sanktionierten Beutepolitik, angesichts der restriktiven Eingliederungspraxis sowie vor dem Hintergrund der Besetzung des delphischen Heiligtums und der Kriegspraxis infolge des römisch-aitolischen Raubbündnisses von 212[27]. Polybios stand mit seiner Haltung zu den Aitolern also gar nicht allein, nicht einmal allein unter seinen historiographischen Kollegen.

Vernachlässigt wird weiter, dass Polybios durchaus positive Aspekte hervorzuheben wusste, selbst im Falle der Aitoler: So wird das Engagement der Aitoler bei der Abwehr der Kelten im Jahre 278 gelobt[28]. In diesem Kontext bewährten sich die Aitoler bei der Bewahrung und Rettung der griechischen Hochkultur, ein Kriterium, das für den Historiker zu den wichtigsten Aufgaben eines jeden Herrschers, jeden Politikers zählte (s. oben Bewertung Philipps II. und Philipps V. sowie der Römer selbst S. 121ff.).

Auch die negative Bewertung der Messenier, der Lakedaimonier und schließlich der Makedonen wird der ‚achäischen Brille' des Autors zugemessen. Doch ist in diesen Fällen das Urteil des Polybios keineswegs pauschal. Die vielen Parteien und Gruppierungen in Sparta in den 180er

---

[25] Dazu LEHMANN (1967), S. 331-333; 339-342.

[26] Z.B. bis zur Invasion des Antiochos im Herbst 192, die auf Einladung der Aitoler zur Befreiung Griechenlands erfolgte und die auch deshalb zu einem Fehlschlag wurde, da kaum ein griechischer Staat sich *diesen* Vertretern der griechischen Freiheit anschließen wollte: DREYER (2007), S. 203-238, bes. 233ff.

[27] SCHOLTEN (1999).

[28] Polyb. 2,35,7 (indirekt); 9,35,1-4 (direkt).

V   Verhältnis von Theorie und Umsetzung   127

Jahren erfahren eine unterschiedlich-differenzierende Einschätzung, wenn wir von der eindeutig vernichtenden Bewertung der so genannten „Alten Exilanten" aus Sparta und ihrer Motive absehen. Die vielschichtige Bewertung des Königs Philipp V. ist mehrfach thematisiert worden. Philipp II. als Wegbereiter des Alexander, als Hegemon und Schutzpatron der Griechen erfährt ein rundweg positives Urteil. Dafür wird er auch gegen die Kritik der historiographischen Kollegen und zuungunsten der historischen Wirkung des Redners Demosthenes in Schutz genommen, ebenso wie der Regent und König Doson (gest. 221).

Außerdem wird die negative Charakterisierung der Entwicklung der boiotischen Zustände durch Polybios kritisch gesehen[29]. Schon früher hatte Feyel angemerkt, die polybianische Analyse des Niedergangs verheimliche den Aufstieg in der Phase davor, zwischen 245 und 220 v. Chr.[30]. Eine solche Phase hat es zumindest im boiotischen Chorsiai nicht gegeben[31]. Hennig[32] kann besonders bei der Entkräftung der Quelle des Herakleides Kritikos nicht überzeugen, die sich im negativen Urteil über die Zustände in Theben wahrscheinlich auf eine Zeitperiode vor 229 bezieht, wie aus I 2 mit dem Verweis auf die *duleia*-Phase Athens (also als die Stadt zwischen 260 und 230 nicht frei war) deutlich wird[33]. Im übrigen stellt Polybios für die Zeit ab 245 nur den Beginn des Abstiegs fest, der sich zunehmend verschärfte, bis zum vorläufigen Höhepunkt der Sistierung der Rechtssprechung für 25 Jahre in der Zeit nach 220. Vielleicht sollte dem Historiker doch ein Urteil auf der Basis dokumentarischer Belege aus der Zeit zugetraut werden (s.o. S. 118). Ein spätes Inserat aus der Periode nach 150, in dem Polybios mit einem „concept of decline" historische Tatsachen bewusst oder unbewusst verfälschte, ist demnach nicht notwendig anzunehmen.

Insbesondere aber wird Polybios eine maßlose Schmähsucht an den Vorgängern vorgeworfen. Der Historiker wettert am häufigsten und ausgiebigsten gegen die Vertreter der so genannten rhetorischen und dramatisierenden bzw. mimetischen oder peripatetischen Geschichtsschreibung, also: vor allem gegen Timaios, aber auch Theopomp und Kallisthenes.

---

[29] Polyb. 20,4-7; vgl. Liv. 36,6,1-5.
[30] FEYEL (1942); dagegen LEHMANN (1967), S. 333-340, bes. 339.
[31] StVA III 565.
[32] Z.B. HENNIG (1977), S. 119-148, bes. S. 121ff.; 123ff. - Vgl. ZIEGLER RE 1559.
[33] Zur Überlieferung s. E. PERRIN (1995), S. 195, A. 10.

Im Kontext der ausführlichen Timaios-Kritik im zwölften Buch wird Polybios mangelnde Objektivität im Falle des oft diskutierten Lokroi-Exkurses vorgeworfen[34]. Es ist hier nicht der Ort, alle diese Vorwürfe bis ins Einzelne zu verfolgen, zumal nicht immer eindeutige Entscheidungen möglich sind. Es ist durchaus zuzugestehen, dass der Historiker in Einzelfällen seinen Quellen und ihren Autoren bei der Kritik nicht gerecht wurde, wenn er den Urhebern ihm unangenehmer, unpassender oder unsachgemäßer Aussagen misstraute.

Man kann jedoch generell anmerken, dass Polybios in dieser vorliegenden, nicht als letzte Version gedachten Fassung, die überdies mitunter nur in byzantinischen Exzerpten erhalten ist (in denen die Gegensätze zusammengefasst und damit noch zugespitzter erscheinen), gegen eine vorherrschende Tendenz der hellenistischen Geschichtsschreibung anzukämpfen hatte.

Gerade die historiographischen Zunftgenossen, die der so genannten rhetorischen und dramatischen Geschichtsschreibung zuzurechnen sind, konnten für die Leserschaft – so bringt Polybios es mehrfach auf den Punkt – gefährlich attraktiv erscheinen und eindringlich weniger wichtige Ereignisse aufbauschen und damit verfälschen. Von dieser Seite drohte seiner pragmatischen Form der Geschichtsdarstellung, wenn er die Nachteile der attraktiveren Darstellungsgattung nicht aufzeigte, aufgrund ihrer Komplexität und schwereren Zugänglichkeit der Untergang. Tatsächlich war die Befürchtung nicht unbegründet. Abschriften und Zusammenfassungen haben schließlich das Schicksal der voluminösen Historien des Polybios besiegelt[35]. Die Bemerkungen über die Autorität des Timaios zeigen, dass Polybios sich der Problematik bewusst war, die aus der Popularität des historiographischen Kontrahenten resultierte[36]. Auch in der Auseinandersetzung mit dem zeitgenössischen Historiker aus Rhodos, Zenon[37], erörtert er, wie aufgrund der Autorität des Autors die Wahrheit auf der Strecke bleiben kann[38].

---

[34] Lokroi-Exkurs in Polyb. 12,5-12a s. aber LEHMANN (1974), S. 151-154 gegen ZIEGLER, RE 1560, und WALBANK, Com. II, S. 330-355, bes. 338; vgl. oben S. 19 und 67.
[35] Zum Scheitern des Polybios s. LEHMANN (1974), 164-165.
[36] Polyb. 12,26d.
[37] Polyb. 16,14-20; vgl. 16,12,5.
[38] Polyb. 16,20,3-4.

V   Verhältnis von Theorie und Umsetzung

Die Kritik an den Vorgängern ist im zwölften Buch am ausführlichsten konzentriert (Timaios[39]), erfolgt aber ebenfalls im sechsten[40] und im achten Buch (Theopomp[41]). Einen breiten Raum nimmt auch die Kritik an der überdramatisierenden Darstellung des Phylarchos ein. Im zweiten Buch[42] geht der Historiker gegen dessen Übertreibungen/*terateiai* vor. Dabei plädierte er nachdrücklich – vielleicht in Anspielung auf die Ausführungen des Aristoteles (Poetik 9) – dafür, dass *„man in jeder Hinsicht an das wirklich Vollbrachte und Gesagte erinnert, auch wenn es nur mittelmäßig erscheint"*[43], ganz im Gegensatz zum Tragödienschreiber. Diese Kritik bezieht sich natürlich in erster Linie auf die Inhalte, die nicht durch die dramatische Darstellung verfälscht werden dürften, mittelbar aber auch auf die dramatischen Stilmittel einer bewegenden Schilderung, die den klaren Blick auf die Tatsachen und die sie bedingenden Ursachen durch die Evozierung von Emotionen verstellten.

Im Gegensatz zu Phylarch wird Aratos durchaus pfleglich behandelt, *„weil dieser über seine eigenen Taten eine sehr wahrheitsgetreue und gediegene Autobiographie verfasst hat."*[44] Der viel belesene Biograph des zweiten nachchristlichen Jahrhunderts, Plutarch, hat immerhin Polybios bei dieser Gewichtung und Entscheidung im Quellenwert eindeutig gegenüber Phylarch bevorzugt[45]:

„Einen ähnlichen Bericht gibt Phylarchos über diese Ereignisse, dem man allerdings nicht angesichts dessen, was Polybios bezeugt, ohne weiteres Vertrauen schenken sollte."

Hart ist die polybianische Kritik an den so genannten Hannibalhistorikern[46] und „Logographen" über den Fall des Hieronymos von Syrakus[47], sowie am prokarthagisch eingestellten Philinos von Akragas[48]. Generell fällt seine Kritik dann besonders heftig aus, wenn er meint, seine Kollegen bei Unwahrheiten zu ertappen, wie das Beispiel des Philinos zeigt:

---

[39] Etwa Polyb. 12,25a.
[40] Polyb. 6,45.
[41] Polyb. 8,9,1-11,8.
[42] Polyb. 2,56-63.
[43] Polyb. 2,56,10.
[44] Polyb. 2,40,4; vgl. oben S. 98.
[45] Plut. Arat. 38,8.
[46] Polyb. 3,47,6-3,48,12.
[47] Polyb. 7,7,1-2.
[48] Polyb. 1,14-15; 3,26.

„Da sich das nun so um diese Verträge verhält und sie noch jetzt auf ehernen Tafeln beim Tempel des kapitolinischen Iuppiter im Aerarium der Aedilen aufbewahrt werden, wer sollte sich da nicht mit Recht über den Historiker Philinos wundern, nicht dass ihm das unbekannt war – denn dies ist nicht zu verwundern, da auch zu unserer Zeit noch die Ältesten der Römer und Karthager und die scheinbar an den öffentlichen Angelegenheiten am meisten Interessierten nichts davon wussten –, sondern wie und woher er den Mut nahm, das Gegenteil davon zu behaupten, dass nämlich zwischen Rom und Karthago Verträge bestanden hätten, nach denen die Römer verpflichtet gewesen wären, sich von ganz Sizilien fernzuhalten, die Karthager aber von Italien, und dass die Römer die Verträge und die Eide verletzt hätten, als sie zum ersten Mal nach Sizilien hinübergingen, wobei doch eine derartige schriftliche Vereinbarung weder je getroffen worden ist noch besteht."[49]

Die Kritik des Achäers ist gerade an dieser Stelle differenziert, denn er gab dem Tadel des Philinos durchaus statt, dass die Römer zu Beginn des Ersten Punischen Krieges im Falle der Städte Rhegion und Messina, die von kampanischen Söldnern besetzt waren, getrieben von den ehrgeizigen Konsuln und von der Volksversammlung und gegen den Willen des besonnenen Senats[50], mit zweierlei Maß gemessen hätten[51]. Auch gesteht er ein, dass viele von der Existenz der Karthagerverträge nicht gewusst hätten – gerade die älteren Römer und diejenigen, die diese Verträge andernfalls propagandistisch gegen die Karthager dann auch instrumentalisiert hätten. Vielmehr hat sich die prorömische Tradition von der Autorität des Philinos leiten lassen und mit ihm einen Vertrag vorausgesetzt, der die Grenze der Interessenssphären entlang der Straße von Messina ansetzte, wobei man allerdings dagegen vorbrachte, dass die Karthager diese Grenze zuvor durch einen Flottenvorstoß nach Tarent verletzt hätten.

Es sei also nach Polybios nicht Philinos vorzuwerfen, dass er die Karthagerverträge, die er wiedergefunden hatte, nicht gekannt habe. Es sei aber verdammungswürdig, dann das Gegenteil zu schreiben und die Existenz eines weiteren Vertrages zu postulieren. Das habe den Charakter einer vorsätzlichen Verfälschung. Erneut schreibt der Historiker also gegen eine breite Front von Vorurteilen selbst von anerkannten Fachleuten unter den Römern an, denn auch hier schien man an die Existenz des Vertrages zu glauben, da man sich eifrig daran machte, den Karthagern

---

[49] Polyb. 3,26,1-4. Zur Quellenarbeit s.o.
[50] Soweit nach Fabius Pictor, Polyb. 1,6-11.
[51] Zum Philinos-Vertrag jetzt ECKSTEIN (2010).

V Verhältnis von Theorie und Umsetzung

nachzuweisen, sie hätten durch ein Eingreifen in den Tarentinischen Krieg zuerst den „Philinos-Vertrag" verletzt.

Polybios selbst will sich seinen methodischen Vorschriften unterwerfen, wie gezeigt[52]. In überwiegendem Maße wird der Autor aber auch dem selbstgesetzten Anspruch an die Objektivität und Glaubwürdigkeit gerecht, so weit ihm dies möglich war. Wo nicht, kann seine Darstellung und seine Gewichtung zumindest Plausibilität für sich beanspruchen.

Dafür mag ein Indiz sein, dass insbesondere das immer reichhaltigere inschriftliche Material jener Zeit immer wieder aufs Neue seine Darstellung in der allgemeinen Tendenz bestätigt oder wenigstens stützt, in der Regel aber nicht falsifiziert. So wird die Historizität des immer wieder bezweifelten Teilungs- (Raub-) Vertrages von 203/202 v. Chr. zum Nachteil des gesamten Ptolemäerreiches durch Philipp V. und Antiochos III. – so wie ihn Polybios vorstellt[53] – bestätigt[54]. Damit ist nicht ausgeschlossen, dass sich Polybios in diesem Punkt irrte, es ist nur höchst wahrscheinlich, dass seine Interpretation schon für viele Zeitgenossen plausibel war.

Dasselbe gilt für die polybianische Einschätzung der Handlungsmotive des maßgeblichen römischen Politikers und Feldherrn der „Flamininus-Ära". Darüber hinaus findet die vornehmlich getreu durch Livius (P)[55] überlieferte Phase des „Kalten Krieges" zwischen 196-192 einschließlich der Motive des Antiochos, der Aitoler und des Eumenes im epigraphischen Material der Zeit in einzelnen Facetten Bestätigung (s.o. zu den Quellen).

Ebenso scheint Polybios' Einschätzung über den Beginn der Krise des Ptolemäerreiches bereits mit der passiven Regierung Philopators nach der Schlacht bei Raphia im Jahre 218 prinzipiell korrekt zu sein[56]. Diese Auswahl könnte beliebig ergänzt werden, und doch, auch Polybios' Urteil ist natürlich perspektivisch verkürzt.

---

[52] Polyb. 16,20.
[53] Polyb. 3,2,8; 15,20,2-8; 16,1; Appian Mak. 4,1; Liv. 31,14,5; Justin 30,2,8; Trogus Prol. 30; Hieron in Daniel 11,13; Johannes Antiochenus FHG IV fr. 54; dazu ausführlich SCHMITT (1964), S. 238-258; dagegen HABICHT, MDAI 1957, S. 239, A. 106.
[54] DREYER (2007), S. 259-299.
[55] Bes. Liv. B. 33-36; Polyb. Buch 18.
[56] Polyb. 14,12.

Generell können bei Polybios aber ‚nur' folgende prinzipielle Faktoren festgestellt werden, die seinen Blick auf die Ereignisse trüben, ja einfärben konnten:
1) Die seiner geistigen Anschauung entsprechende rationale Einstellung, sein Fortschrittsglaube. Die Eroberungen Alexanders und die Herrschaft Roms haben die Historiker seiner Zeit vor neue inhaltliche und methodische Aufgaben gestellt und ihnen eine neue Perspektive auf die „Zeitgeschichte" ermöglicht. Daraus resultiert ihr didaktischer Auftrag für die Politiker seiner Zeit, zunächst und vor allem die griechischen, dann aber auch die römischen. Der römische Aufstieg zur Weltmacht stellt im ersten Werkteil einen Fortschritt dar, der aber im zweiten Werkteil auf seine Bewährung geprüft wird.
2) Die Sicht auf den römischen Senat vom hellenischen Standpunkt aus. So ergibt sich eine – soweit erhalten – zwar korrekte, aber nach römischen Kriterien ungewöhnliche Darstellung seiner Stellung als Institution und der Funktion seiner Mitglieder.
3) Spezifische, eigene Sinndeutungen, darunter:
- der angebliche von den Römern gefasste Plan (*schema*) der Eroberung der Oikumene seit 201, der seiner konkreten Schilderung der Ereignisse in dieser Zeit im Einzelnen übrigens widerspricht.
- die Anführung der *Tyche* als Motor des geschichtlichen Prozesses, wenn ihm eine rationale Begründung nicht möglich ist.
- das einer Großmacht (ob richtig oder nicht) stets zugeschriebene Ziel, die Herrschaft über die Oikumene zu errichten.
- die ausführliche Beschreibung der achäischen Perspektive, die für ihn einen paradigmatischen Charakter hat[57].
4) Die Wahl und Integration der Quellen (einschließlich ihrer Gewichtung und Tendenz) in die Darstellung der Prokataskeué in Buch 1 und 2. Dasselbe gilt für die späteren Bücher, in denen der Darstellung eine Hofquelle zugrunde gelegt ist.
Polybios ist somit nicht generell als parteiisch einzuschätzen, d.h. als ein Autor, der einseitig prorömisch bzw. proachäisch urteilt. Prinzipiell argumentierte er weder emotional noch war er mit Vorurteilen behaftet oder seinen topoihaften Konzeptionen ganz verfallen. Deshalb wird auch

---

[57] Intentionelle Verschleierungen, um die Politik des heimatlichen Bundesstaates oder der von ihm positiv bewerteten Politiker (s. die Politik Aratos', Polyb. 2,47) in ein besseres Licht zu rücken (etwa im Kontext des Seitenwechsels von Achaia 198), sind im Einzelnen schwer nachweisbar.

kaum, von Einzelfällen abgesehen, die Meinung vertreten, dass er die Ereignisse absichtlich verfälschte oder unehrlich berichtete.

VI. Stil

Der Stil des Polybios entspricht nicht immer klassischen Idealen. Dementsprechend fällt auch das Urteil des Dionysios von Halikarnassos nicht positiv aus[1]. Wenn Cicero Polybios erwähnt, dann nur, um ihn als Historiker zu loben[2]. Bei der Erörterung des Genus der Historie als Literaturgattung wird er nicht erwähnt, weder in *de oratore*, im *Brutus*, im *orator* noch in *de legibus*.

Den Grad der Abkehr von den klassischen Idealen konkret zu benennen, fällt freilich gar nicht leicht: Die Grammatik des Historikers entspricht derjenigen der attischen Klassiker. Er vermeidet den Hiat konsequenter als Isokrates.

Der Optativ ist freilich bei Polybios bereits stark auf dem Rückzug. Weiter griff er häufiger zu präpositionalen Wendungen, auch wenn sich ein einfacher Kasusanschluss anbot. Es ist oft angemerkt worden, dass Partizipial- und flektierte substantivierte Infinitivkonstruktionen bei Polybios verstärkt auftreten. Die Benutzung dieser Konstruktionen ist jedoch nicht dichter als bei den Rednern.

Gehäuft treten Tautologien auf. Der Wortschatz ist gekennzeichnet durch abstrakte Nomina, die von Verben abgeleitet sind, und durch Verbzusammensetzungen, die teilweise sonst nicht belegt sind. Zum Teil stammen sie aus dem wissenschaftlichen Kontext oder aus der Philosophie.

Wenn auch nicht alle Vorwürfe des Verstoßes gegen das klassische Stilempfinden stimmen, wirkt seine Darstellung oft schwerfällig und überkorrekt[3], ein Eindruck, der seinen Ansprüchen an die pragmatische Historiographie, die nicht nur gefallen, sondern belehren will, entspricht.

Dieser Stil wurde in der Forschung vor allem unter dem Einfluss Eduard Nordens nicht zuletzt wegen der Parallelen zur Diktion zeitgenössischer Dokumente mit dem Begriff Kanzleistil belegt[4]. Damit wollte man der angenommenen Einflussrichtung Ausdruck verleihen. Die rein quantitativen Untersuchungen[5] erlauben in dieser Hinsicht aber keineswegs eine eindeutige Entscheidung.

---

[1] Comp. 4.
[2] Rep. 1,34; 2,27; off. 3,113.
[3] Etwa Polyb. 2,46,1-4.
[4] JERUSALEM (1879), S. 32-58; SCHULTE (1910); K. ZIEGLER RE 1570-1572. Aktuellere Analysen: DE FOUCAULT (1972); PALM (1956/1957), S. 63-93.
[5] DE FOUCAULT (1972); DUBUISSON (1985).

VI Stil 135

Eine Prägung und Ausbildung des Stils durch die angenommene Tätigkeit in Kanzleien erscheint allerdings für eine Person wie Polybios vor dem Hintergrund seiner Herkunft, seines Standes und seiner Bildung kaum glaubhaft. Natürlich kann sich dokumentarischer Stil bzw. ortsübliche Formulierung oder Dialektbegrifflichkeit auf seine Diktion in Einzelfällen ausgewirkt haben.

Weitaus prägender wirkte aber, dass die Literatur des Hellenismus einer Tendenz der Verwissenschaftlichung und Spezialisierung unterworfen war, die alle Lebensbereiche erfasste[6]. Die Bemühung um akribische Fallerfassung machte sich literarisch nach 330 v. Chr. generell bemerkbar[7] und ist deshalb auch bei Polybios zu konstatieren: Der Charakter seiner Schilderungen entspricht dann dem Willen zur Sprachgestaltung, wenn der Historiker den historiographischen Maximen gerecht werden will[8]. Mithin ist sein Stil eine Konsequenz aus den historiographischen Prinzipien und folgt Moden der hellenistischen Literatur: Auf der einen Seite finden sich in seiner Erzählung viele Zitate und Gleichnisse, die seinen Darstellungsduktus auflockern. Auf der anderen Seite enthält seine Darstellung – dem Auftrag der pragmatischen, didaktischen Geschichte gemäß – oft moralische Sentenzen[9]. Dies trennt ihn deutlich von dem, was man mit dem „Kanzleistil" verbindet.

Auch in Passagen, in denen die Abhängigkeit des Livius von Polybios nachweisbar ist, kann der Stil des griechischen Historikers mit den angesprochenen Tendenzen verifiziert werden[10]. So hängt das oftmals gezeichnete Bild eines Historikers, der dem Kanzleistil verhaftet sei, und gar eines Prorömers, der sich selbst und seine Herkunft verleugnete und

---

[6] Vgl. LEHMANN (1974), S. 182ff.
[7] Zu Krateros und Polemon Stelokopas, LEHMANN (1967), S. 350/351: „wissenschaftlicher Stil"; für Rückverweise s. ZIEGLER, RE 1551: Zahlenangaben; RE 1571); zu Krateros jetzt auch: ERDAS (2002).
[8] DAVIDSON (1991), S. 10-24.
[9] ECKSTEIN (1995).
[10] Für den Vergleich des Stils mit demjenigen von Livius s. K. WITTE (1910), Sp. 276ff.; 359ff.; schon H. NISSEN, KU, S. 18-35. Zum Beitrag der livianischen Abschrift aus Polybios s. oben Kapitel III.1. Zum Einfluss lateinischer Dokumentensprache auf die Diktion im Tyrrheion-Vertrag s. Lehmann (1999), S. 15, bes. App. II S. 82-83; vgl. Klaffenbach (1954), S. 13; E. Badian, HZ 208, 1969, 639f.; Dreyer (2007), S. 157. Dieser Vertrag ist aber nicht in den Fragmenten der Historien direkt beschrieben und bei Liv. (A), 26,24,12, nur allgemein angesprochen: StVA III 536.

auf diese Weise auch die lateinische Sprache unbewusst aufnahm, in der Luft.

Eine Begebenheit des Jahres 185, die der Historiker aus seiner Jugendzeit und aus persönlicher Anschauung schildert, deutet eher darauf hin, dass Polybios und sein Vater Lykortas, der dabei eine wenig rühmliche Rolle spielte, vor 167 in der Zeit ihrer aktiven politischen Tätigkeit nur selten ein Archiv persönlich aufgesucht hatten, selbst wenn ihre eigenen Anträge dies nahe gelegt hätten und während andere Zeitgenossen wie der Bundespräsident (Stratege) des Jahres 186/185, Aristainos, der Anführer der innenpolitischen Gegner der Gruppe um Philopoimen, darin bereits versierter war[11].

„Danach kam die Angelegenheit des Ptolemaios zur Beratung. Dafür wurden die Gesandten, die die Achäer zu Ptolemaios geschickt hatten, aufgerufen. Lykortas trat darauf mit den anderen Gesandten vor und berichtete, erstens in welcher Weise sie die Eide wegen des Bündnisses ausgetauscht hätten, dann dass er als Geschenk für die Achäer gemeinsam sechstausend Peltastenrüstungen aus Bronze und zweihundert Talente geprägten Kupfergeldes mitbrächte... Danach erhob sich der Stratege der Achäer Aristainos und fragte den Gesandten des Ptolemaios und die von den Achäern zur Erneuerung des Bündnisses Ausgesandten, was für ein Bündnis sie denn erneuert hätten. Da niemand antwortete, sondern alle untereinander hin- und hersprachen, herrschte im Rat allenthalben Verwirrung vor. Der Grund der Verlegenheit war folgender: es gab eine Mehrzahl von Bündnisverträgen zwischen den Achäern und dem Königreich des Ptolemaios, und zwischen diesen lagen entsprechend dem Wechsel der politischen Situation beträchtliche Unterschiede vor. Weder der Gesandte des Ptolemaios hatte bei seinem Erneuerungsantrag das Übereinkommen, um das es sich handeln sollte, genau bezeichnet, sondern ganz allgemein über die Angelegenheit gesprochen, noch die (von Achaia) ausgeschickten Gesandten: sie hatten beim Austausch der Eide mit dem König vorausgesetzt, dass es nur einen einzigen Bündnisvertrag gäbe. Als daraufhin der Stratege sämtliche Bündnisverträge vorlegte und im Einzelnen die Unterschiede zwischen ihnen aufwies, die allerdings groß waren, wünschte die Volksversammlung zu wissen, welches Bündnis denn erneuert würde. Aber weder Philopoimen, der während seiner Strategie die Erneuerung vorgenommen hatte, konnte Rede und Antwort stehen, noch auch die Gesandtschaft, die unter Lykortas' Führung nach Alexandria gereist war. Folglich erschienen sie höchst unbedacht in Staatsangelegenheiten und Aristainos erlangte eine hohe Reputation, weil er allein wusste, wovon er

---

[11] Polyb. 22,9,1-12.

sprach. Er konnte deshalb eine Beschlussfassung verhindern und die Sache vertagen, wegen der genannten Unklarheit."
Diese Angelegenheit war besonders peinlich für die Anhänger der „Partei", die von sich behauptete, wie wichtig es sei, die Verträge (im Verhältnis zu den Römern) zu beachten. Auch Polybios gehörte ihr an, dem in seiner Jugend und während seiner aktiven politischen Zeit mithin kaum eine seinen Stil prägende Kanzleitätigkeit und Vertrautheit mit den Archiven unterstellt werden kann. Vielleicht jedoch haben Geschehnisse dieser Art den Historiker davon überzeugt, wie wichtig die Einsichtnahme von dokumentarischen Quellen und eine entsprechende Archivarbeit für die historische Darstellung ist.

So wird man auf die kaum beachteten Ergebnisse von J. Palm zurückgreifen[12]. Er hat mit differenzierter, philologischer Diskussion die Unterschiede zwischen dem so genannten Kanzleistil und denjenigen literarischen Idealen herausgearbeitet, die für Autoren wie Polybios und Diodor, also im Hellenismus, maßgeblich waren. Diese schrieben demnach eine Kunstprosa, die zwischen der Klassik und dem Attizismus „in Mode" war. Vielleicht wird man mit Palm behaupten können, dass vor dem Hintergrund der sprachlichen Anklänge eher die Kunstprosa (etwa eines Polybios oder Diodors) auf den Stil der zeitgenössischen Dokumente Einfluss ausübte als umgekehrt[13]. Zu denselben Ergebnissen führen Beobachtungen, die gleichsam von der anderen Seite her zur Entwicklung des Stils der Ehrendekrete dieser Zeit gemacht worden sind[14]. Seither ist viel über die inhaltlich biographische Ausgestaltung dieses „Ehrungstyps" geschrieben worden[15].

---

[12] PALM (1956/1957).
[13] PALM (1956/1957), S. 93
[14] ROSEN (1987), S. 277-292.
[15] ERRINGTON (2005).

VII. Nachleben[1]

1) In der Antike und im Mittelalter

Teile des historischen Monumentalwerkes waren bereits zu Lebzeiten des Autors entweder veröffentlicht oder einem größeren Kreis zugänglich gemacht worden. So erklären sich vielleicht die zahlreichen apologetischen Passagen. Der große Umfang von 40 Büchern, die bei seinem Tode mehr oder weniger fertig gestellt und kurz danach veröffentlicht worden waren, lud zu Zusammenfassungen ein. Von M. Brutus etwa, dem Caesarmörder, ist eine Epitomé überliefert[2].

Gleichwohl genoss das monumentale Werk bald hohe Achtung. Eine Ersetzung kam nie in Frage. Es wurde fortgesetzt durch den Universalgelehrten Poseidonios, der allerdings viele Elemente seiner philosophischen Vorstellungen einwob, mit dem Ziel, dass die Geschichtsdarstellung die philosophischen Theoreme bestätigte. Nicht zuletzt auch deshalb versuchte später – zur Zeit des Augustus bzw. des Tiberius – erneut der Historiker und Geograph Strabon von Amaseia (ca. 64 v. Chr. – ca. 19/20 n. Chr.) eine Fortsetzung[3].

Polybios stellte den Ausgangspunkt, die Grundlage und Quelle für alle späteren Historiker dar, welche die von Polybios behandelte Zeit bearbeiteten. Aber nicht nur inhaltlich, auch in methodischer Hinsicht übte er großen Einfluss aus, etwa auf Sempronius Asellio[4].

Selbst Cato der Ältere erkannte Polybios als Autorität an. Coelius Antipater nutzte unseren Historiker für seine Darstellung des Hannibalkrieges. Im ersten Jahrhundert v. Chr. wurde Polybios von Varro zitiert[5] und von dem Biographen Cornelius Nepos sowie von Cicero rezipiert, der

---

[1] Zu Editionen und Textgeschichte s.o. Kapitel III.1. Zur Nachwirkung, die hier nur in Grundlinien und mit beispielhafter Vertiefung erfolgen kann, s. etwa: A. MOMIGLIANO, Polybius' Reappearance in Western Europe, in: GABBA (1974), S. 347-372; s.a. F. Paschoud, Influence et écho des conceptions historiographiques de Polybe dans l'Antiquité tardive, in: dens. (1974), S. 303-344. Zu den Desideraten auf diesem Gebiet s. allg. Walbank (2002) in der Einleitung S. 26-27.

[2] Plut. Brut. 4,8; Suda s.v. Brutus.

[3] ENGELS (1999).

[4] Sempronius Asellio, HRR fr. 1-2=FRH F 1-2=Gellius 5,18,8-9; vgl. ebd. 2,13,3.

[5] l.L. V 113; De serm. Lat. fg. V, p. 205 G.-S.

Polybios etwa für seine Staatsschrift (*de re publica*) zu Rate zog[6]. Weiter war Polybios die Quelle für die entsprechende Zeitperiode bei Diodor und Dionysios von Halikarnassos. Gerade diesen hat das Werk des Polybios, insbesondere aber die Darstellung über die Entstehung der römischen Verfassung im sechsten Buch dazu veranlasst, die Lücke für die Geschichte Roms „nach oben hin", also mit der Behandlung der frühen Geschichte der Stadt, zu schließen. Wir wissen weiter, dass auch Timagenes und Nikolaos von Damaskos (s.o.) Polybios benutzt haben.

Wissenschaftsgeschichtlich von höchster Bedeutung (im Sinne der Entwicklung der historisch-kritischen Methode) war der Nachweis von Nissen, dass Livius in seiner Geschichte Roms von den Anfängen (*ab urbe condita*) bis hin zur Herrschaft des Augustus für die Ereignisse am östlichen Teil des Mittelmeers besonders ab der 4. Dekade, ab Buch 30, die Darstellung des Polybios z.T. wörtlich ins Lateinische übertragen hat, so dass dieser Bericht oft näher am griechischen Original unseres Historikers liegt als die griechischen Exzerpte aus byzantinischer Zeit.

In der Kaiserzeit hat Plinius der Ältere (gest. 79 n. Chr.) Polybios für seine *naturalis historia* benutzt. Dies ist insbesondere anhand der erhaltenen Fragmente aus Polybios' 34. Buch erkennbar. In diesem Buch hatte der Historiker geographische Fragen gebündelt behandelt. Davon ist allerdings kaum etwas erhalten.

Flavius Josephus, der ebenfalls unter den flavischen Kaisern lebte, nutzte Polybios für seine jüdische Geschichte. Josephus schöpfte vor allem aus der polybianischen Darstellung der seleukidischen Geschichte ab Antiochos III. Plutarch aus Chaironeia, der im 2. Jahrh. n. Chr. lebte, basiert in vielen seiner Parallelbiographien ganz oder zum großen Teil auf dem Bericht des Universalhistorikers. Das gilt für die Biographie über Philopoimen (wenn auch in diesem Fall vornehmlich die Biographie des jungen Polybios über Philopoimen Pate stand). Plutarch kannte weiter die Versionen des Polybios bei der Darstellung des Lebens von Aratos und Kleomenes, wenn er ihm auch nicht immer folgte. Im Falle des Aratos folgte er der Autobiographie des achäischen Politikers selbst. In der Kleomenesvita bevorzugte er die Version des Phylarch. Er betonte jedoch dort die Vorteile des polybianischen Berichts gegenüber seiner Quelle Phylarch. Der Biograph profitiert weiter vom Universalhistoriker für die Darstellung des Lebens der Römer Fabius Maximus, Marcellus, Titus Quinctius Flamininus, des älteren Cato und Aemilius Paullus.

---

[6] S.a. off. 3,32,113.

Der Geograph Pausanias, der ebenfalls seine Beschreibung Griechenlands im zweiten nachchristlichen Jahrhundert abfasste, nutzte Polybios' Darstellung für seine historischen Exkurse zu den Gebäuden und Weichbildern der Städte. Da zum Zeitpunkt seiner Beschreibung die Gebäude der Kaiserzeit und der hellenistischen Epoche das Bild der Städte beherrschten (weniger diejenigen der klassischen Zeit), hat der Geograph für die historischen Exkurse zu den besprochenen Gebäuden und Statuen entweder Lokalgeschichten zu Rate gezogen oder aber Polybios, wenn sich ein Anschluss an die Oikumenegeschichte anbot. Gerade für die Beschreibung der Mitgliedsstaaten des achäischen Bundesstaates, besonders natürlich im Falle Arkadiens und der Heimatstadt Megalopolis, hatte Polybios selbst in seiner Universalgeschichte viel Material, das ihn für Pausanias interessant machte, da die Geschichte dieser Gebiete ausführlich behandelt wurde[7].

Der Historiker Appian aus dem zweiten nachchristlichen Jahrhundert schrieb eine Geschichte der Völker in der Reihenfolge, in der sie unter die Herrschaft oder in die Abhängigkeit der römischen Republik gerieten. Die Bücher über die einzelnen Völker sind in unterschiedlichem Maße (z.T. nur in byzantinischen Exzerpten ähnlich wie Polybios' Darstellung) erhalten. Die Abhängigkeit von Polybios ist nicht in allen Fällen ganz klar, doch gehört der Universalhistoriker zu den bevorzugten Quellen für die Ausführungen dieses Autors. Das syrische Buch scheint noch ganz der Darstellung des Polybios – soweit der Bericht des Polybios überhaupt erschließbar ist – zu folgen. Im Falle des makedonischen Buches von Appian sind jedoch bemerkenswerte Alternativen zur Version des Polybios etwa beim Ausbruch des Perseuskrieges (ab 171) zu notieren, in denen eine promakedonische Perspektive erkennbar wird. Ähnlich verhält es sich im Falle des illyrischen Buches, gerade für die Darstellung des Ausbruchs des ersten illyrischen Krieges vor dem Jahr 229/228.

Die polybianische Version und die Darstellung des Appian divergieren insbesondere durch den unterschiedlichen zeitlichen Ansatz der Herrschaft der Witwe Teuta über illyrische Stämme in der Nachfolge ihres Ehemanns, des Königs Agron. Dadurch verändert sich die Verantwortlichkeit für die Kaperfahrten, für die die römischen Gesandten Genugtuung forderten. Sie traten mit einem neuen römischen Schutzanspruch für den Adria-Seehandel vor der Witwe Teuta auf. Die Variante Appians lässt im Unterschied zur Darstellung des achäischen Historikers Agron länger leben. Damit ist die Witwe Teuta für viele illyrische Untaten, die

---

[7] U.a. Paus. 8,30,8-9; 8,37,2.

das römische Eingreifen provozierten, nicht verantwortlich zu machen. Die Ermordung der römischen Gesandten auf dem Rückweg nach der Audienz bei Teuta ist davon allerdings nicht betroffen.

Ihre Ermordung lieferte den unmittelbaren Grund für die römische Kriegserklärung. Es folgte das erste militärische Eingreifen Roms im östlichen Mittelmeerraum in einer „Polizeiaktion". An deren Ende (228) wurden erste römische Schutzgebiete (darunter Kerkyra, Apollonia und Epidamnos) eingerichtet („*philia kai pistis*"). Eine Entscheidung zwischen den alternativen Traditionen in Polybios und Appian ist unter methodischen Gesichtspunkten schwer. Die Quelle und damit die Herkunft der Version Appians sind ganz obskur, im Falle des Polybios werden wir die prorömische Version des Fabius Pictor veranschlagen dürfen. Sein Darstellungsinteresse war nach seinen eigenen diplomatischen Erfahrungen in Griechenland in der Zeit des Hannibalkrieges auf die nachträgliche Rechtfertigung des römischen Ausgreifens in den Osten und auf die Integration der römischen Geschichte in die ruhmvolle griechische Vergangenheit ausgerichtet. In dieser Zeit war man in Rom auf eine wohlwollende Aufnahme in der griechischen Öffentlichkeit bedacht.

Ebenso wie der kaiserzeitliche Autor Gellius, so beruft sich auch der spätantike Historiker Ammianus Marcellinus auf Polybios[8]. Athenaios, der sein Werk *Deipnosophistai* um 200 n. Chr. verfasste, nimmt eine Sonderstellung ein: Dieses Werk, das sich kaum für eine zusammenhängende Lektüre eignet, besticht durch die genauen Zitate aus berühmten Werken. Die Zitate aus Polybios im Werk des Athenaios nehmen eine große Bedeutung in der Rekonstruktion des polybianischen Originaltextes ein (s.o. Kap. III.1). Der Bezug auf das zitierte Werk wird in antiker Praxis nur nach Büchern ausgeführt. In der Regel ist die Zuordnung des Athenaios zu den einzelnen Büchern des Polybios nicht zu beanstanden. In einem wichtigen Fall wird allerdings ein Fragment über die Unruhen in Alexandria nach dem Tod Ptolemaios' IV. sowie über den Untergang des Agathokles und seiner Sippe fälschlicherweise dem 14. Buch und nicht dem 15. Buch zugeordnet[9].

Der byzantinische Historiker Zosimos und die Kirchenhistoriker Eusebios und Hieronymos (letzterer nach Porphyrios[10]) folgen für die Passagen ihrer Darstellung, die über den Aufstieg Roms handeln, dem

---

[8] Polyb. 24,2,16.
[9] ABEL (1967).
[10] Porphyrios, in Dan., in PL 25, 494A.

achäischen Historiker. Dasselbe gilt für Orosius[11]. Der wichtige byzantinische Historiker justinianischer Zeit, Prokopios von Kaisereia, kennt ebenso wie Agathias die Universalgeschichte des Polybios. Einige Originalzitate bieten spätantike und byzantinische Lexika, Stephanos Byzantios und das Sammelwerk Suda (Hesychos[12] und Zonaras werden hier angeführt, s. auch Textgeschichte).

Das 10. Jahrhundert bildet eine Zäsur. Seit dieser Zeit wurden nur diejenigen Teile der *Historiae* des Polybios benutzt und rezipiert, die sich bis dahin erhalten hatten. Das ist im 11. und 12. Jahrhundert wahrscheinlich bei Theophylaktos, Theophanes continuatus, Anna Komnena sowie bei Xiphilinos und Tzetzes der Fall.

2) Neuzeit
Polybios wurde in der frühen Neuzeit als erster griechischer Autor wiederentdeckt – wesentlich eher als Thukydides, dessen ‚Siegeslauf' erst am Ende des 18. Jahrhunderts einsetzt. Er wurde zunächst 1420 von Bruni übersetzt, und in der Folge von Niccolò Macchiavelli, A. Poliziano, Casaubonus und dann im 16. Jahrhundert von Lipsius für die eigenen Arbeiten stark, doch mit unterschiedlichem Interesse rezipiert.

Die Rezeption ab 1420 in Florenz setzte ein, weil Polybios als Quelle für den Ersten Punischen Krieg gefragt war. Ab 1500 wurde der achäische Historiker insbesondere als Kenner der römischen Verfassung (besonders durch Macchiavelli, 1469-1527, im „Principe" und in dessen Hauptwerk „Discorsi sopra la prima deccà di T. Livio") geschätzt und begierig gelesen.

Bald wurde er auch, hier wäre Poliziano zu nennen, unter philologischem Aspekt herangezogen. Ab etwa 1550 erkannte man zunehmend seinen Wert als didaktisch-pragmatischen Autor, also in seinem eigenen, selbstgestellten Darstellungsauftrag. Sein Universalwerk galt insbesondere als wichtiges Handbuch auf militärischem und diplomatischem Gebiet, vor allem vor dem Hintergrund der Bedrohung durch die Türken. Dieser Aspekt war für Justus Lipsius (1547-1606) wichtig, der als klassischer Philologe zunächst in Leiden, ab 1592 in Löwen, durch Ausgaben lateinischer Autoren und mit Kommentaren und antiquarisch-historischen Studien bekannt geworden ist. Unter derselben Zielsetzung wurde der Achäer auch in der Einleitung von Isaak Casaubonus (1559-1614) her-

---

[11] Orosius, Hist. 4,20,6; 5,3,3.
[12] PRIMO (2009), S. 358-360.

vorgehoben, dem klassischen Philologen in Genf, Montpellier, Paris und London, der im Jahre 1609 das Hauptwerk des Historikers edierte und ins Lateinische übersetzte.

Den Höhepunkt bildete in der Zeit der Aufklärung die Rezeption durch Montesquieu (eig. Charles de Secondat, Baron de la Brède et de Montesquieu: 1689-1755), der sich für die Entwicklung des Prinzips der Gewaltenteilung auf Polybios im 6. Buch berufen zu können glaubte. In seinen Hauptwerken „Considérations sur les causes de la grandeur des Romains et de leur décadence" (1734) und in „L'Esprit des lois" (1748) hat er sich dafür ausgesprochen, dass eine ideale Republik zum Schutz vor dem Umsturz von Innen in ihren Ausmaßen übersichtlich gehalten werden müsse. Sie dürfe jedoch nicht zu klein sein, um nicht zu einer Beute von fremden Mächten zu werden. Von Montesquieus Erwägungen zum Umfang einer Republik führte der Weg zu den amerikanischen Verfassungsvätern, bei denen aus diesem Grund die Gründung eines Nord-, Süd- und mittleren Bundes ventiliert wurde.

Ab dem 18. Jahrhundert galt Polybios auch als der ideale Vermittler des Prinzips der Mischverfassung, besonders in England, aber nicht nur dort (s.o. Montesquieu)[13]. Das Ideal der Mischverfassung, das Polybios in der römischen Verfassung verwirklicht sah, wurde im Zuge der praktisch-verfassungspolitischen Reformbestrebungen in Nordamerika nach dem Sieg über England mit dem Bundesstaatenprinzip verbunden, für das ebenfalls antike Vorbilder herangezogen wurden, insbesondere der achäische und der lykische Bundesstaat (letzterer über Strabon von Amaseia). Doch sind die amerikanischen Verfassungsväter nicht die ersten, welche auf die antiken Bundesstaaten zurückgriffen.

Mit dem Rückgriff auf die Antike wirkte Polybios' „Ansatz zur Entwicklung der Theorie eines Bundesstaates" (2,37 und 38[14]) bereits bei Ubbo Emmius (1547-1625), dem Gründungsrektor der Universität Groningen (ab 1596), in seinem Alterswerk „Vetus Graecia illustrata" (postum 1626, in einer Spezialausgabe als „Graecorum res publicae" 1632 publiziert) am Beginn des 17. Jahrhunderts als Grundlage und Legitimation praktischer Reformen nach. Neben Polybios' eigenen Äußerungen vor allem im zweiten Buch war in erster Linie das Referat des Livius aus Polybios

---

[13] Bes. MOMIGLIANO (1974), bes. 371-372. Seine Ausführungen sind hinsichtlich der Rezeption immer noch maßgeblich: WALBANK (2002), S. 26-27, wenn wir von der Rezeption der griechischen Bundesstaaten in den Federalist Papers absehen.

[14] LEHMANN (2001).

über die praktische Funktionsweise des achäischen Bundesstaates Grundlage der Rezeption bei Emmius[15]. Diese Rezeption erfolgte in den Niederlanden vor dem Hintergrund der Loslösung von Spanien unter Wilhelm und Moritz von Oranien-Nassau um 1600. Die Frage der verfassungspolitischen Organisation der Union trat im Zusammenhang der ungeklärten Stellung der Provinz Holland auf, erstreckte sich aber auch auf die ungelöste Position Moritz' von Nassau (1567-1625), des zweiten Statthalters in der Union ab 1584, der 1594 Groningen erobern konnte. Dieser innere Konflikt kulminierte in den Jahren 1618/1619 in der konfessionellen Remonstrantenfrage sowie in der Oldenbameveltkrise.

Die Reformvorschläge des Ubbo Emmius, mit denen er für die skizzierte Krise eine Lösung suchte, haben darauf ebenso wie die Darstellung des Strabon über den lykischen Bund, in dem das repräsentativ-proportionale Systems des achäischen Bundes seit den 180er Jahren konsequent fortentwickelt worden war, sowie das Gewaltenteilungsprinzip Montesquieus bei der Diskussion in den Federalist Papers 1787 eine große Rolle gespielt. Diese Federalist Papers waren eine lockere, erst später in Buchform kommentiert herausgegebene Sammlung von 85 Artikeln der Federalists (unter der Führung des Alexander Hamilton, 1757-1804), die ursprünglich für New Yorker Zeitungen abgefasst worden waren, um die eigenen Positionen gegenüber den Anti-Federalists bekannt zu machen.

Bei der Diskussion um die Gestaltung der Legislative bekämpften sich Vertreter des paritätisch-föderalen Repräsentationsmodells nach dem Vorbild des delphischen Amphiktyonenbundes (alle Mitglieder mit zwei Stimmen) und Vertreter des proportionalen Repräsentationsmodells, wie es im achäischen und dann noch konsequenter im lykischen Bundesstaat im 2. Jahrhundert v. Chr. verwirklicht worden war. Die Vertreter des proportionalen Repräsentationsprinzips beriefen sich auf den „Virginia Plan" mit dem wichtigsten Verfechter James Madison (1751-1836, später Präsident 1809-1817). Ergebnis war ein Kompromiss in einem Zweikammersystem (Senat paritätisch, Repräsentantenhaus proportional).

Im Zentrum der Aufmerksamkeit dieser Diskussion, die sich stark nach dem Ideal der „mixed aristocracy" ausrichtete, stand allerdings vornehmlich die Frage einer adäquaten Kontrolle einer demagogisch beeinflussbaren Volksmasse und das Problem der Konzentration der Exekutive auf ein Präsidentenamt, das als Ersatz für das konstitutionelle

---

[15] S. Ubbo EMMIUS (1626/1632); zur Person BOER (1935); zum Werk S. 85f.

VII Nachleben

Königtum fungieren sollte[16]. Damit wollte man sich betont von den zeitgenössischen europäischen Verfassungen (etwa England und Polen) abgrenzen, und zwar indem man auf ideale Verfassungen der Antike zurückgriff: auf die von Polybios beschriebene Mischverfassung Roms und auf den Bundesstaat Achaia.

Das polybianische Monumentalwerk hat demnach – direkt und indirekt – über die Jahrhunderte ein ungebrochenes Interesse erfahren, das nie monokausal war. Im 16. und 17. Jahrhundert hat man in seinem Werk starke Argumente für „nationale" Armeen gegen Söldnerarmeen gesucht. Es wurde fast kontinuierlich vor allem als Handbuch für militärische Empfehlungen genutzt, während – wie beschrieben – im 18. Jahrhundert seine Ausführungen zur Mischverfassung vornehmlich geschätzt wurden.

Ab dem Beginn des 19. Jahrhunderts dagegen gewann Polybios' Werk insbesondere unter dem Aspekt Beachtung, wie er den Aufstieg Roms zur Weltmacht und das Schicksal der griechischen Staatenwelt interpretierte[17] – in politischen Konstellationen also, in denen sich das Gefüge der Mächte entweder im europäischen Kontext oder im Weltmaßstab radikal änderte und Mittelstaaten sich mit Hegemonialmächten auseinanderzusetzen hatten[18]. Zunächst sah man in den „Historien" aktuelle Bezüge zum Zeitalter der europäischen Hegemonialkämpfe, beginnend mit Napoleon. Die Gleichung zwischen Preußen und dann dem deutschen Kaiserreich auf der einen und dem Makedonenreich Philipps V. auf der anderen Seite wurde im 19. Jahrhundert und dann auch nach der Niederlage im ersten Weltkrieg populär. Man erkannte viele Bezüge weltumspannender Herrschaftsansprüche im Zeitalter des Imperialismus zu den unterstellten Herrschaftszielen, die in Rom verfolgt wurden. Auch für die Zeit nach 1918 und nach 1945 ebbten die aktuellen Bezüge nicht ab. Die von Polybios geschilderte Veränderung im ‚internationalen' Staatengefüge der Mittelmeerwelt zwischen 220 und 146, die zunehmende Polarisierung zunächst um fünf, dann drei, dann zwei Machtpole, schließlich die unipolare Ausrichtung auf Rom hin, bot sich für solche Bezüge geradezu an. Vieles wäre hier anzusprechen, und ich möchte mich in diesem Rahmen nur auf die Zeit nach 1945 beziehen:

---

[16] Zu den Federalists s. (für das Umfeld) HEIDEKING (1988); LEHMANN (1985), S. 171-182.

[17] Moderne Literatur s.u. S. 151ff. Hier werden nur Beispiele erwähnt.

[18] SCHIEDER (1981), prinzipiell und am Beispiel der Einigung Deutschlands zwischen 1866 und 1871 und am Beispiel der Machtkonstellation nach 1945.

Der moderne „Kalte Krieg" des 20. Jahrhunderts hat von althistorischer Seite abhängig von der eigenen politischen Zugehörigkeit mit Bezug auf die Vorgänge des 2. Jahrhundert v. Chr. zu Prognosen eingeladen: E. Badian[19] etwa prognostizierte vor dem Hintergrund des Sputnikschocks dem modernen Kalten Krieg denselben Ausgang wie dem antiken, mit diesmal endgültigen Folgen. Damit hat er glücklicherweise weniger Recht behalten als Hans Erich Stier[20] in seiner quellennahen Analyse mit aktuellen Gleichungen, die auf ein Votum für ein konsequentes Bekenntnis von Adenauerdeutschland zum atlantischen Lager hinausliefen. Mit dem Untergang des Ostblocks glaubte man diese aktualisierenden Bezüge zunächst überwunden[21], doch setzen gerade in der aktuellen Forschung diese nach wie vor nicht aus, genauso wie man – eher von einem amerikafeindlichen Standpunkt aus – den Vergleich der aktuellen *pax Americana* mit der antiken *pax Romana* pauschalisierend im Rahmen von politischen Wahlkämpfen am Beginn des 21. Jahrhunderts in Deutschland bemühte.

In der Wissenschaft hat man eine differenzierende Sicht auf die internationale Politik des 2. Jahrhunderts zu gewinnen gesucht: Hier ist vor allem Arthur Eckstein zu nennen[22], der aktuelle politikwissenschaftliche Erkenntnisse und Theorien zur Beschreibung von multi- und unipolaren Staatensystemen der Moderne auf die Entwicklung des römischen Primats, zunächst in Italien, in der westlichen und schließlich in der gesamten Mittelmeerwelt anwendet, um den verschiedenen Phasen des römischen Einflusses, der römischen Kontrolle, der römischen Hegemonie und schließlich Herrschaft gerecht zu werden. Alle römischen Rechtsformen, die das Verhältnis zu den anderen Staaten und Monarchien beschrieben, sind dabei nicht leicht einzuordnen, da sie selbst einem Wandel unterzogen waren und stark von der aktuellen politischen Lage abhängig gewesen sind: die *deditio (in fidem)*, die zu einem informellen Klientelverhältnis führen konnte[23], das *foedus aequum* oder *iniquum*, der Bündnisvertrag (*societas*), die Stellung als Freund des römischen Volkes (*amicitia*)[24]. Polybios beschreibt, wie stark sich hier die Vorstel-

---

[19] BADIAN (1959), S. 81-99 (ebenso in: (1964), ders., Studies in Greek and Roman History, Oxford, S. 112-139; deut. Übers. WaG 20, 1960, S. 203ff.).
[20] STIER (1957).
[21] MA (1999).
[22] Mehrfach, etwa: (2003); (2006); (2008).
[23] BADIAN (1958).
[24] NÖRR (1989); NÖRR (1991).

lungen Roms und der Vertreter griechischer Staaten über die einzelnen Rechtsformen unterschieden, so dass diese häufig bereits den Keim für weitere Auseinandersetzungen boten, nicht etwa einen Zustand, mit dem sich beide Seite auf Dauer zufrieden geben wollten. Häufig ist darüber hinaus nicht klar, ob und inwieweit der prinzipiell relativ wortgetreu aus Polybios abschreibende Livius mit dem kaiserzeitlichen Vokabular Rechtsverhältnisse, die bis zu zweihundert Jahre zurücklagen, interpretierend belegt. Noch viel schwieriger ist dann die Bewertung heute.

Schon immer hatte man sich gleichwohl um die angemessene Beschreibung der römischen Vorherrschaft bemüht, und nicht zuletzt ist dabei das auch hier öfter thematisierte Verhältnis unserer Hauptquelle zur römischen Hegemonie (bzw. so wie es heute interpretiert wird) maßgeblich. Die Interpretationen reichen von der Annahme, dass die Römer die Weltherrschaft *ab ovo* angestrebt hätten[25], bis dahin, dass die Römer sich von den griechischen (Mittel-) Staaten in jede Auseinandersetzung hätten hineinziehen lassen, bis sie am Ende Herren der Welt gewesen seien[26]. Alle Interpretationen haben antike Vorbilder[27]. Andere Interpretatoren liegen zwischen den Extremen und machen eine Entwicklung[28] im römischen Verhalten aus oder erkennen einen Unterschied zwischen dem Verhalten Roms im westlichen Mittelmeer, dort wo es keine kritische Öffentlichkeit gab, und im östlichen Mittelmeer[29]: Zur griechischsprachigen, lange Zeit überlegenen Kultur wollten die Römer seit dem 3. Jahrhundert gehören; der Mythos sollte das rechtfertigen (Aeneas-Sage). Zunächst bemühte man sich um die Gunst der Griechen, griff, nicht ohne jedoch die eigenen römischen, individuell-egoistischen Interessen zu vergessen, konstruktiv-gutwillig in die griechische Staatenwelt ein (Flamininus), bevor man dann in Rom zunehmend die Achtung vor dem Gezänk der zeitgenössischen Griechen verlor, deren „klassische", immer noch bewunderte Kulturgüter man als Beute immer mehr nach Rom ab-

---

[25] HARRIS (1979).

[26] GRUEN (1984).

[27] Sallust im Mithridatesbrief, der sicherlich mit dieser Interpretation unter den Römern ein Außenseiter gewesen ist, wenn er den Mithridates sagen lässt, dass die Römer rücksichtslose Eroberer seien. Cicero formulierte die ungleich beliebtere, geradezu kanonische Ansicht, dass die Römer bei der Verteidigung des eigenen Gebietes und desjenigen der Bundesgenossen die Weltherrschaft errungen hätten.

[28] Im Sinne einer zunehmenden Aggressivität Roms, s. etwa HEUSS (1998).

[29] BADIAN (1980).

transportierte[30]. Spätestens dann waren – wie schon zuvor die Völkerschaften im Westen des Mittelmeers – die Monarchien, die griechischen Staaten, das Objekt der Begierde der in einem harten Konkurrenzkampf stehenden römischen Nobiles, welche sich nur den Standesgenossen im Senat (und auch dort immer unwilliger) unterzuordnen hatten.

Eine differenzierte Diskussion der hier nur angedeuteten Punkte, die ganze Bibliotheken füllt, wäre ohne unsere Hauptquelle für diese Zeit kaum möglich. Die „Historien" des Polybios bieten folglich für die Forschungsdiskussion auf unabsehbare Zeit hinreichend Material.

3) Ausgaben

Die Bücher 1 bis 5 wurden zuerst 1473 in lateinischer Sprache von Niccolò Perotti ediert, um das aktuelle Interesse an Polybios als Quelle für die Punischen Kriege zu befriedigen. Die erste griechische Ausgabe erfolgte durch Vincentius Osopoeus 1530 (Hagenau). Mit weiteren Fragmenten folgte 1549 Ioannes Hervagius (Basel). Die Herausgabe der *excerpta de legatis* wurde von Ursinus im Jahre 1582 vorgenommen. Die erste vollständige Edition leistete Casaubonus (s.o., mit lateinischer Übersetzung und Einleitung) in Paris im Jahr 1609, unter der toleranten Regierung Heinrichs IV. von Navarra[31].

Es folgten weitere Ausgaben, diejenige von Gronovius in Amsterdam im Jahre 1670 und diejenige von Ernesti in Leipzig im Jahre 1763/1764 (s.a. Erörterungen von J. J. Reiske im Band 4 seiner *Animadversiones ad Graecos auctores*, Leipzig 1763).

Die erste nach modernen Kriterien wissenschaftliche Ausgabe nahm Schweighäuser in Leipzig in den Jahren 1789-1795 vor, einschließlich eines Lexicon Polybianum im Band 8,2 (ND Oxford 1822). Didot lieferte in Paris 1839 eine Ausgabe, welche die von Angelo Mai entdeckten *excerpta Vaticana* einschloss. Im Jahre 1844 erfolgte die Edition von I. Bekker in Berlin. Dindorf besorgte eine Ausgabe bei Teubner (Leipzig) im Jahre 1866/1868.

Moderne kritische Editionen hat weiter Hultsch in Berlin vorgenommen, den ersten Band in einer zweiten Auflage (I^2) im Jahre 1888, den zweiten (II^2) in einer zweiten Auflage im Jahre 1892, den dritten 1870, den vierten 1872. Die deutsche Übersetzung von Hans Drexler (s.u.) geht von der Anordnung der Fragmente in dieser Ausgabe aus. Das hängt damit zusammen, dass Drexler nicht den Zugriff auf die schon zu seiner

---

[30] DREYER (2007); vgl. BADIAN (1970).
[31] I. CASAUBON, Polibio, hrg. v. G.F. BRUSSICH (1991).

Zeit maßgebliche wissenschaftliche Ausgabe von Büttner-Wobst hatte, die bei Teubner in Leipzig erschienen ist, Band 1 im Jahre 1902 in der zweiten Auflage, Band II-IV in den Jahren zwischen 1889 und 1904 (ND 1963). Neue Fragmente, die Umstellung der Reihenfolge der alten, bekannten Fragmente sowie neue Ergebnisse der Textkritik machen eine neue wissenschaftliche Ausgabe zu einem dringenden Desiderat.

4) Übersetzungen
Wertvolle und gute zweisprachige Ausgaben sind erhältlich: Eine griechisch-englische Ausgabe hat in der Loeb Classical Library W. R. Paton in 6 Bänden geliefert. Derzeit wird in derselben Reihe von Christian Habicht eine neue zweisprachige Ausgabe mit knappem englischen Kommentar herausgegeben.

Eine griechisch-französische Ausgabe mit kritischem Apparat haben P. Pédech, I. J. Foucault, R. Weil und C. Nicolet in 10 Bänden in der Collection Budé in Paris zwischen 1961 und 1995 (Bd. 3 neu publiziert 2004) vorgelegt.

In Deutschland ist die immer noch unersetzte und beliebteste vollständige deutsche Übersetzung des Polybios von Hans Drexler in der Reihe „Bibliothek der Alten Welt" bei Artemis (Zürich und Stuttgart) im Jahre 1963 in zwei Bänden herausgebracht worden. Auch hier ist eine zweisprachige Neuedition im Rahmen der Sammlung Tusculum, die jetzt vom Verlag Walter de Gruyter (Berlin) betreut wird, zunächst für Buch 1 bis 6 mit einem knappen deutschen Kommentar geplant.

Es existiert noch eine französische Übersetzung von P. Waltz in Paris aus dem Jahre 1921 sowie eine italienische Übersetzung von C. Schick in Mailand aus dem Jahre 1986 (Mondadori). Eine weitere italienische Übersetzung von „Polibio, Storie I-XL" ist von A. Vimercati, N. Criniti und anderen in Mailand 1987 veröffentlicht worden.

5) Das Polybios-Lexikon
Dieses ambitionierte lexikalische Unternehmen hat frühe Ansätze zur speziellen Benutzung von Begriffen bei Polybios aufgegriffen (s. Schweighäuser) und auf einem dankenswert hohen Niveau weitergeführt, zunächst im Auftrag der Deutschen Akademie der Wissenschaften zu Berlin, ab Lieferung 4 der Akademie der Wissenschaften der DDR, jetzt der Berlin-Brandenburgischen Akademie der Wissenschaften (Berlin). Arno Mauersberger hat mit dem ersten Band in der Lieferung 1-4, welche die Begriffe mit den Buchstaben Alpha bis Omikron behandelte, zwischen 1956 und 1975 begonnen. Ein Nachdruck der ersten Lieferung (Alpha bis Gamma) erfolgte 1968, eine verbesserte Neuauflage der ersten

Lieferung haben Christian-Friedrich Collatz, Melsene Gützlaf und Hadwig Helms im Jahre 2000 vorgelegt. Sie legten auch die zweite Auflage der Lieferung 2 (Delta bis Zeta) im Jahre 2003 vor. H. Helms edierte die zweite Auflage der 3. Lieferung (Eta bis Kappa) und der 4. Lieferung (Lambda bis Omikron) im Jahre 2006. Günther Glockmann und Hadwig Helms brachten die erste Lieferung des zweiten Bandes (*pankratiastespoieo*) im Jahre 1998 hauptverantwortlich heraus. G. Glockmann und H. Helms bereiteten die zweite Lieferung des zweiten Bandes (*poiema-pos*) bis zum Jahre 2005 zur Veröffentlichung vor. Dasselbe gilt für die erste Lieferung des dritten Bandes (*rhabdos-tokos*), die von Christian-Friedrich Collatz, Melsene Schäfer und Hadwig Helms 2002 herausgebracht wurde. Die abschließende zweite Lieferung des dritten Teilbandes (bis einschl. Omega) wurde von denselben Autoren betreut und im Jahre 2004 herausgebracht.

VIII. Literatur

1) Einleitung

Die Zeit der Handbücher, die alle Aspekte der Werke und insbesondere des Monumentalwerkes des Historikers umfassend zu behandeln anstreben, scheint nach den Kommentaren und Studien insbesondere von F. W. Walbank vorbei zu sein. Vielmehr beschäftigt man sich mit Einzelaspekten, wodurch eine gewisse Tendenz zur Atomisierung des polybianischen Oeuvres vorherrscht. Vielleicht haben Kolloquien wie dasjenige in Liverpool zu Ehren von F. W. Walbank (2007), die Vorbereitungstagung zu einer Festschrift in Erinnerung an Peter Derow – wenn auch weniger historiographisch in der Ausrichtung – und die Polybios-Tagung in Hamburg (2010) eine gegenläufige Tendenz zur Folge, die die Gesamtleistung unseres Autors erneut in den Vordergrund rückt.

Die angesprochene Tendenz zur Atomisierung der Diskussion ist aber auch auf den Charakter des polybianischen Opus selbst zurückzuführen. Da der achäische Historiker den Anspruch auf Universalität erhebt und hohe Anforderungen an eine qualitativ hochwertige Darstellung stellt, werden viele Spezialdisziplinen angesprochen, die nunmehr mit einigem Recht auf ihre Qualität überprüft werden. Folglich wird Polybios für vieles verantwortlich gemacht, gar zum Archegeten, etwa der historischen Geographie (E. Olshausen), erhoben. Einen anderen Aspekt möchte Catherine Grandjean hervorheben[1]: „Polybius stands out among antiques as one of the most concerned by economic factors in history" (dagegen oben S. 110). Derartige Bewertungen setzen den Anspruch hoch an und provozieren Widerspruch oder Kritik. So wird ihm ein einseitiges, durch Topoi verzerrtes oder gar absichtlich verfälschendes Urteil vorgeworfen. Die Einschätzung als Spezialisten oder gar Archegeten einer Spezialdisziplin liefe der Intention des Historikers selbst entgegen. Unvollkommenes wird man daher im Einzelnen bei seiner Darstellung immer wieder feststellen können. Aber auch die Frage, inwieweit Polybios der Verwirklichung seines eigenen Anspruches an einen Universalhistoriker nachgekommen ist, wird man kaum je befriedigend beantworten können, und das vor allem aus zwei Gründen: Das Opus ist nie ganz fertiggestellt worden, Teile davon sind vorab veröffentlicht, das Gesamtwerk insgesamt unterschiedlich weit ausgearbeitet worden. Weiter ist das Werk in der Form, in der es Polybios verfasst hat, nicht auf uns

---

[1] C. GRANDJEAN, Polybius and the Achaean coinage, demnächst im e-volume of Nottingham conference, März-April 2007; dies. (2006), S. 195-214.

gekommen. Bereits im 10. Jahrhundert, vielleicht schon zur Zeit des Livius, war es nicht mehr im Original erhalten, sondern bereits durch Kopien in unterschiedlichem Umfang verfälscht und verändert. So bleibt ein Unternehmen, das dem Gesamtwerk gerecht werden will, allenfalls ein Versuch, sich diesem Ziel etwas zu nähern.

Die folgende Forschungsliteratur kann nicht den Anspruch auf Vollständigkeit erheben, schon gar nicht im Rahmen eines Studienbuches. Sie ist nach relativ willkürlichen Einschnitten gegliedert. Die ältere Literatur vor dem Artikel von Konrat Ziegler in der RE ist nur genannt, wenn sie heute noch für das Verständnis des Oeuvres unseres Historikers maßgeblich ist. Ansonsten sei auf die Literatur, die K. Ziegler angibt, verwiesen[2]. Die wichtige ältere Literatur sowie die Spezialliteratur zwischen 1950 und bis in die 1970er Jahre sind in einem ersten Abschnitt, die neuere Literatur ab den 1970er Jahren in einem zweiten Abschnitt zusammengestellt[3].

2) Wichtige Forschungsliteratur bis 1970[4]

G.J.D. AALDERS H. Wzn., Die Theorie der gemischten Verfassung im Altertum, Amsterdam 1968.

K. ABEL, Der Tod des Polemaios IV. Philopator bei Polybios, Hermes 95, 1967, S. 71-90.

A.E. ASTIN, Diodorus and the Date of the Embassy to the East of Scipio Aemilius, Classical Philology 54, 1959, S. 221-227.

A.E. ASTIN, Scipio Aemilianus, Oxford 1967.

A. AYMARD, La Grèce centrale au IIIe siècle avant J.-C., Rev, hist. 196, 1946, S. 310-316.

E. BADIAN, Foreign Clientelae (264-70 B.C.), Oxford 1958.

E. BADIAN, Rome and Antiochus the Great: A Study in Cold War, CPh 54, 1959, S. 81-99 (ebenso in: (1964), ders., Studies in Greek and Roman History, Oxford, S. 112-139; deut. Übers. WaG 20, 1960, S. 203ff.).

E. BADIAN, Titus Quinctius Flamininus. Philhellenism and Realpolitik. University of Cincinnati 1970.

J.J. BOER, Ubbo Emmius' en Oost-Friesland, Groningen 1935.

J. BRISCOE, Q. Marcius Philippus and Nova Sapientia, JRS 54, 1964, S. 66-77.

T.S. BROWN, Timaeus of Tauromenion, Berkeley 1958.

---

[2] ZIEGLER RE (1953) 1441-1444.
[3] Vgl. die Gliederung der Polybios-Forschung in MUSTI (1972); WALBANK (2002), S. 1-27.
[4] KLP (1979) s.v. 983-991, bes. 991.

P. BUNG, Q. Fabius Pictor, der erste römische Annalist, Diss. Köln 1950.
P. CLOCHÉ, Thèbes de Béotie, des origines à la conquête romaine, Paris 1952.
O. CUNTZ, Polybios und sein Werk, Leipzig 1902.
F. DE MARTINO, Storia della costituzione romana, 2.2, Neapel 1951.
P.S. DEROW, Polybios and the Embassy of Kallikrates, in: Essays Presented to C.M. Bowra, Oxford 1970, S. 12-23.
K.F. EISEN, Polybiosinterpretationen: Beobachtungen zu Prinzipien griechischer und römischer Historiographie bei Polybios, Heidelberg 1966.
U. EMMIUS, Vetus Graecia illustrata. tom. tertius repraesentans Graecorum res publicas, Leiden 1626 (1632).
H. ERBSE, Zur Entstehung des Polybianischen Geschichtswerk, RhM N.F. 94, 1951, S. 157-179.
H. ERBSE, Polybios-Interpretationen, Philol. 101, 1957, S. 269-297.
R.M. ERRINGTON, The Chronology of Polybius' Histories, Books I and II, JRS 57, 1967 (1967a), S. 96-108.
R.M. ERRINGTON, Philip V, Aratos and the 'Conspiracy of Apelles', Historia 16, 1967 (1967b), S. 19-36.
R.M. ERRINGTON, Philopoemen, Oxford 1969.
M. FEYEL, Polybe et l'histoire de Béotie au IIIe siècle avant notre ère, Paris 1942.
E. GABBA, Studi su Filarco. Le biographie plutarchee di Agis e di Cleomene, Athenaeum 45, 1957, S. 3-55; 193-239.
M. GELZER, Römische Politik bei Fabius Pictor, Hermes 68, 1933, S. 129-166 = Kleine Schriften III, Wiesbaden 1964, S. 51-92.
M. GELZER, Der Anfang römischer Geschichtsschreibung, Hermes 69, 1934, S. 46-55 = Kleine Schriften III, Wiesbaden 1964, S. 93-103.
M. GELZER, Die hellenische *prokataskeue* im zweiten Buche des Polybios, Hermes 75, 1940 (=1940a), S. 27-37 = Kleine Schriften III, Wiesbaden 1964, S. 111-122.
M. GELZER, Die Achaika im Geschichtswerk des Polybios, Abhandlungen der deutschen Akademie der Wissenschaft zu Berlin, 1940 (1940b), S. 3-32 = Kleine Schriften III, Wiesbaden 1964, S. 123-154.
M. GELZER, Über die Arbeitsweise des Polybios, SB Heidelberg, phil.-hist. Kl. 3 = Kleine Schriften III, Wiesbaden 1964, S. 161ff.
M. GELZER, Die pragmatische Geschichtsschreibung des Polybios, in: FS C. Weickert, Berlin 1955 = Kleine Schriften III, Wiesbaden 1964, S. 155-160.
T.R. GLOVER, Polybius, CAH^1 VIII, 1930, S. 1-24.
A.W. GOMME, Commentary on Thucydides, Bd. 1-3, Oxford 1945-1956.
E. GRAEBER, Die Lehre von der Mischverfassung bei P., Bonn 1968.
M. HOLLEAUX, Sur un passage mal interprété de Polybe (XVIII 7, 8-10), jetzt in: Études d'Épigraphie et d'Histoire Grecques I, Paris 1938, S. 441-443.

M. Isnardi, Techne ed ethos nella metodologia storiografia di Polibio, SCO 3, 1953, S. 102-110.

W. Jerusalem, Die Inschrift von Sestos und Polybios, in: WS 1, 1879, S. 32-58.

K.v. Fritz, The Theory of the Mixed Constitution in Antiquity, NY 1954.

G. Klaffenbach, Der römisch-ätolische Bündnisvertrag vom Jahre 212 v. Chr. (SDAW 1954,1), Berlin.

R. Koerner, Polybios als Kritiker früherer Historiker, Diss. Jena 1957.

J.A.O. Larsen, The Assembly of the Aitolian League, TAPA 83, 1953, S. 1-33.

J.A.O. Larsen, Greek Federal States. Their Institutions and History, Oxford 1968.

R. Laqueur, Polybius, Leipzig 1913.

R. Laqueur, Philinos (nr. 8), RE, Bd. 19, Stuttgart 1938, Col. 2180-2193.

G.A. Lehmann, Untersuchung zur historischen Glaubwürdigkeit des Polybios, Münster 1967.

G.A. Lehmann, Die Endphase des Perseuskrieges im Augenzeugenbericht des P. Corn. Scipio Nasica, in: R. Stiehl-H.E. Stier (Hrg.), Beitr. zur Alten Geschichte und deren Nachleben, Berlin 1969, S. 387-412.

F. Leo, Die griechisch-römische Biographie nach ihrer literarischen Form, Leipzig 1901 (ND Hildesheim 1990).

R. Martin Brown, A study of the Scipionic Circle, Iowa sudies in Classical Philology, Bd. 1, Iowa City 1934.

C. Meier, Res publica amissa, Wiesbaden 1966.

Ed. Meyer, Kleine Schriften zur Geschichtstheorie und zur wirtschaftlichen und politischen Geschichte des Altertums, Halle 1910 (^{2}1924).

E. Mioni, Polybio, Padua 1949.

A. Momigliano, Time in Ancient Historiography, History and Theory 6, 1966, S. 1-23.

Th. Mommsen, Gesammelte Schriften VIII, Berlin 1913.

J.M. Moore, The Manuscript Tradition of Polybius, Cambridge 1965.

D. Musti, Polibio e la democrazia, Ann. Sc. Norm. Sup. Pisa, 2^a s. 36, 1967, S. 155-207.

H. Nissen, Kritische Untersuchungen über die Quellen der vierten und fünften Dekade des Livius, Berlin 1863.

J. Palm, Polybios und der Kanzleistil, in: Ärsberättelse. Kungliga Humanistiska Vetenskapssamfundet (Bulletin de la Societé Royal des Lettres de Lund), 1956/1957, S. 63-93.

P. Pédech, Polybe et l'éloge de Philopoemen, REG 64, 1951, S. 82-103.

P. Pédech, Sur les sources de Polybe: Polybe et Philinus, REA 54, 1952, S. 246-266.

P. Pédech, Notes sur la biographie de Polybe, LEC 29, 1961, S. 145-156.

P. PÉDECH, Polybe: Histoires XII: Texte établi, traduit et commenté, Paris 1961.
P. PÉDECH, La méthode historique de Polybe, Paris 1964.
P. PÉDECH, Les idées religieuses de Polybe: Études sur la religion de l'élite gréco-romaine au IIe siècle av. J.-C., RHR 167, 1966, S. 35-68.
P. PÉDECH, Polybe hipparque de la confédération achéene (170-69 av. J.-C.), LEC 37, 1969, S. 252-259.
K.-E. PETZOLD, Studien zur Methode des Polybios und zu ihrer historischen Auswertung (=Vestigia 9), München 1969.
F. PFISTER, Die Reisebilder des Herakleides, Sitzungberichte der Österrischen Akademie der Wissenschaften 227/2, Wien 1951.
C. PRÉAUX, Polybe et Ptolemée Philopator, CE 40, 1965, S. 364-375.
K. REINARDT, Poseidonios, RE Bd. 22 (1), 1953, Sp. 630-808.
P. ROESCH, Thespies et la confédération béotienne, Paris 1965.
A. ROVERI, Studi su Polibio, Bologna 1964.
H.H. SCHMITT, Untersuchungen zur Geschichte Antiochos' des Großen und seiner Zeit, Wiesbaden 1964.
A. SCHULTE, De ratione quae intercedit inter Polybium et tabulas publicas, Diss Halle 1910.
J. SCHWEIGHÄUSER, Polybios, 9 Bde., Leipzig 1789-95.
I. SCOTT-KILVERT, Polybius: The Rise of Roman Empire, London 1969.
H.E. STIER, Roms Aufstieg zur Weltmacht und die griechische Welt, Köln – Opladen 1957.
H. STRASBURGER, Der „Scipionenkreis", Hermes 94, 1966, S. 60-72.
A.J. TOYNBEE, Hannibal's Legacy, 2 Bde., London – New York – Toronto 1965.
H. ULLRICH, De Polybii fontibus Rhodiis, Diss. Leipzig 1898.
K. VON FRITZ, Die Bedeutung des Aristoteles für die Geschichtsschreibung, in: Histoire et Historiens dans l'Antiquité, Vandoeuvres-Genf 1958, S. 85-145.
R. VON SCALA, Studien des Polybios, Bd. 1, Stuttgart 1890.
F.W. WALBANK, Aratos of Sicyon, Cambridge 1933.
F.W. WALBANK, *Philippos tragodoumenos*, JHS 58, 1938, S. 55ff.
F.W. WALBANK, Polybius, Philinus and the First Punic War, CQ 39, 1945, S. 1-18 = Selected Papers. Studies in Greek and Roman history and historiography, Campbridge 1985, S. 77-98.
F.W. WALBANK, Tragic History: A Reconsideration, BICS 2, 1955, S. 4-14.
F.W. WALBANK, History and Tragedy, Historia 9, 1960, S. 216-234 (erneut in: Selected Papers, Cambridge 1985, S. 224-241).
F.W. WALBANK, Polemic in Polybius, JRS 52, 1962, S. 1-12 (erneut in: ders., Selected Papers. Studies in Greek and Roman History and Historiography, Cambridge 1985, S. 262-279).
F.W. WALBANK, Polybius and Rome's Eastern Policy, JRS 53, 1963, S. 1-13.

F.W. WALBANK, Political Morality and the Friend of Scipio, JRS 55, 1965, S. 1-16.

F.W. WALBANK, The Scipionic Legend, PCPS 13, 1967, S. 54-69.

F.W. WALBANK, A Historical Commentary on Polybius, Oxford: Bd. 1, 1957; Bd. 2, 1967; Bd. 3, 1979.

P.G. WALSH, The Negligent Historian: 'Howlers' in Livy, Greece and Rome 5, 2ª s. 5, 1958, S. 83-88.

P.G. WALSH, Livy: His Historical Aims and Methods, Cambridge 1961.

K.-H. WELWEI, Könige und Königtum im Urteil des Polybios, Köln 1963.

K.-H. WELWEI, Demokratie und Masse bei Polybios, Historia 15, 1966, S. 282-301.

K. WITTE, Über die Form der Darstellung in Livius' Geschichtswerk, RhM 65, 1910, S. 270-305 und 359-419.

K. ZIEGLER, Polybios, in: RE XXI 2, Stuttgart – Waldsee 1952, Sp. 1440-1578.

3) Wichtige Forschungsliteratur von 1970 bis heute

J.N. ADAMS, Bilingualism and the Latin Language, Cambridge 2003.

J.M. ALONSO-NÚÑEZ, The Emergence of Universal Historiography from the Fourth to the Second Centuries B.C., in: H. VERDIN-G. SCHEPENS-F. DE KEYSER (Hrgg.), Purposes of History: Studies in Greek Historiography from the Fourth to the Second Centuries B.C. (Stud. Hell. 30), Leuven 1990, S. 173-192.

J.M. ALONSO-NÚÑEZ (Hrg.), Geschichtsbild und Geschichtsdenken im Altertum, Wege der Forschung Bd. 631, Darmstadt 1991.

D. AMBAGLIO, Fabio e Filino: Polibio sugli storici della prima guerra punica, in: Schepens/Bollansée (2005), S. 205-222.

Z.H. ARCHIBALD – J.K. DAVIES – V. GABRIELSEN – G.J. OLIVER (Hrgg.), Hellenistic economies, London 2001.

E. BADIAN, Two Polybian Treaties, in: Miscellanea in onore di E. Manni I, Rom 1979, S. 161-169.

E. BADIAN, Römischer Imperialismus, Stuttgart 1980.

H. BECK, Den Ruhm nicht teilen wollen. Fabius Pictor und die Anfänge des römischen Nobilitätsdiskurses, in: U. EIGLER u.a. (Hrgg.), Formen römischer Geschichtsschreibung von den Anfängen bis Livius, Darmstadt 2003, S. 73-92.

H. BECK – U. WALTER (Hrgg.), Die frühen römischen Historiker (FRH), vol. I (2. Auflage): Von Fabius Pictor bis Cn. Gellius, Darmstadt 2005.

R. BICHLER – R. ROLLINGER, Herodot, Hildesheim 2000.

R. BICHLER, Herodots Welt, Berlin 2001.

A.M. BIRASCHI – P. DESIDERI – S. RODA – G. ZECCHINI (Hrgg.), L'uso die documenti nella storiografia antica, Perugia 2003.

B. BLECKMANN, Die römische Nobilität im Ersten Punischen Krieg. Untersuchungen zur aristokratischen Konkurrenz in der Republik, Berlin 2002.

W. BLÖSEL, Die Anakyklosis-Theorie und die Verfassung Roms im Spiegel des sechsten Buches des Polybios und Ciceros De Re Publica, Buch II, Hermes 126, 1998, S. 31-57.

J. BONCQUET, Polybios on the Critical Evaluation of Historians, AncSoc 13/14, 1982/1983, S. 277ff.

K. BRINGMANN, Geschichte und Psychologie bei Poseidonios, in: Entr. Hardt, Bd. 32, Vandoeuvres-Genf 1986, S. 29-66.

J. BRISCOE, A Commentary on Livy, Books XXXI-XXXIII, Oxford 1973.

J. BRISCOE, A Commentary on Livy, Books XXXIV-XXXVII, Oxford 1981.

J. BRISCOE, A Commentary on Livy, Books XXXVIII-XL, Oxford 2008.

J. BRISCOE, Livy and Polybius, in: W. SCHULLER (Hrg.), Livius. Aspekte seines Werkes, Konstanz 1993, S. 39-52.

P.A. BRUNT, Italian Manpower, 225 B.C. - A.D. 14, Oxford 1971.

P.A. BRUNT, On Historical Fragments and Epitomes, CQ n.s. 30, S. 477-494.

E. BURCK, Das Geschichtswerk des Titus Livius, Heidelberg 1992.

I. CASAUBON, Polibio, hrg. v. G.F. BRUSSICH, mit Anmerkungen von L. Canfora, der lateinischen Übersetzung gegenüber, Palermo 1991.

S. CALDERONE, Di un antico problema di esegesi polibiana, 1,11,1-3, Acta Antiqua Academicae Scientiarum Hungaricae, 25, 1977, S. 383-387.

S. CALDERONE - I. BITTO - L. de SALVO - A. PINZONE, Polibio 1,11,1sq., Quaderni Urbinati di Cultura Classica 36, 1981, S. 7-78.

L. CANFORA, Storia della letteratura greca, Bari 1986, S. 513ff.

L. CANFORA, Le but de l'historiographie selon Diodore, in: H. Verdin - G. SCHEPENS - E. DE KEYSER, Purposes of History. Studia Hellenistica 30, Leuven 1990, S. 313-322.

L. CANFORA, Pathos e storiografia „drammatica", in: L. CANFORA (Hrg.), La storiografia antica, Mailand 1999, S. 44-60.

C. CHAMPION, Polybios, Aitolia and the Gallic Attack on Delphi (279 B.C.), Historia 45, 1996, S. 315-328.

C. CHAMPION, The Nature of Authoritative Evidence in Polybius and Agelaus' Speech at Naupactus, TAPhA 127, 1997, S. 111-128.

C. CHAMPION, Roman as Barbaroi: Three Polybian Speeches and the Politics of Cultural Indeterminacy, CPh 95, 2000, S. 425-444.

C. CHAMPION, Cultural Politics in Polybius's Histories, Berkeley 2004 (2004a).

C. CHAMPION, Polybian Demagogues in Political Context, HSCP 102, 2004 (2004b), S. 199-212.

A. CHANIOTIS, Historie und Historiker in den griechischen Inschriften. Epigraphische Beiträge zur griechischen Historiographie, Wiesbaden 1988.

A. CHANIOTIS, War in the Hellenistic World, Malden (Ma) – Oxford – Victoria (Aus) 2005.

V. CHANKOWSKI-SABLÉ, Les structures économiques de l'orient méditerranéen, in: M.-F. BAZLEZ, L'Orient hellénistique, Paris 2004, S. 67-98.

K. CLARKE, Making Time for the Past: Local History and the Polis, Oxford 2008.

A. COŞKUN, Die Stratios-Mission des Jahres 167 v. Chr., Historia 60, 2011, S. 94-114.

J. DAVIDSON, The Gaze in Polybius' Histories, JRS 81, 1991, S. 10-24.

J.K. DAVIES, Cultural, Social and Economic Features of the Hellenistic World, CAH VII^{2}1 (Chapter 8), 1984, S. 257-320.

J.K. DAVIES, Demetrio di Faro, la pirateria, e le economie ellenistiche, in: L. BRACCESI (Hrg.), La pirateria nell'Adriatico antico, Rom 2004.

J.K. DAVIES, The Economic Consequences of Hellenistic Palaces, in: Z.H. ARCHIBALD – J.K. DAVIES – V. GABRIELSEN – G.J. OLIVER (Hrgg.), Making, Moving and Managing. The New World of Ancient Economies, 323-31 B.C., Oxford 2005, S. 117-135.

J.K. DAVIES, Hellenistic Economies, in: G. BUGH (Hrg.), The Cambridge Companion to the Hellenistic World, New York 2006, S. 73-92.

J. DEININGER, Der politische Widerstand gegen Rom in Griechenland, 217-86 v. Chr., Berlin 1971.

J. DEININGER, Bemerkungen zur Historizität der Rede des Agelaos 217 v. Chr. [Pol. 5,104], Chiron 3, 1973, S. 103-109.

P.S. DEROW, Polybius, Rome, and the East, JRS 69, 1979, S. 1-15.

P. DE SOUZA, Naval forces in the Hellenistic World and Roman Republic, in: P. SABIN – H. VAN WEES – M. WHITBY (Hrgg.), The Cambridge History of Greek and Roman Warefare, Cambridge 2007, Bd. 1, S. 357-367.

P. DE SOUZA, Naval battles in the Hellenistic World and Roman Republic, in: P. SABIN – H. VAN WEES – M. WHITBY (Hrgg.), The Cambridge History of Greek and Roman Warefare, Cambridge 2007, Bd. 1, S. 434-447.

A.M. DEVINE, Polybius' lost Tactica: the Ultimate Source for the Tactical Manuals of Asclepiodotus, Aelian, and Arrian?, AHB 9, 1995, S. 40-44.

V. D'HUYS, Χρήσιμον καὶ τερπνόν in Polybios' Schlachtschilderungen. Einige literarische Topoi in seiner Darstellung der Schlacht bei Zama (XV 9-16), in: H. VERDIN – G. SCHEPENS E. DE KEYER, Purposes of History. Studia Hellenistica 30, Leuven 1990, S. 267-288.

S. DIXON, Polybius on Roman Women and Property, CPh 106, 1985, S. 147-170.

B. DREYER, Rez. Chr. Habicht: Athen. Die Geschichte der Stadt in hellenistischer Zeit, C.H. Beck, München 1995, 406 Seiten, GGA 250, 1998, S. 245-248.

B. DREYER, Untersuchungen zur Geschichte des spätklassischen Athen, Stuttgart 1999.

B. Dreyer, Die Thrasykrates-Rede bei Polybios (11, 4-6) und die Bezeichnung der ‚Opfer' im Römisch-Aitolischen Vertrag von 212 v. Chr. Zur inhaltlichen Ergänzung der Inschrift von Thyrrheion (Akarnanien) IG IX 1^2, 2 Nr. 241 = StVA III 536 vor der sog. Klausel a, ZPE 140, 2002, S. 33-39.

B. Dreyer, Polybios DNP 10, 2001, Sp. 41-48.

B. Dreyer, Die Innenpolitik der Römischen Republik, 264-133 v. Chr., Darmstadt 2006.

B. Dreyer, Die römische Nobilitätsherrschaft und Antiochos III. 205-188 v. Chr. Frankfurter Althistorische Beiträge 11, Frankfurt am Main 2007, S. 223-228.

B. Dreyer – P. Mittag (Hrg.), Lokale Eliten und hellenistische Könige. Zwischen Kooperation und Anpassung, Berlin 2011.

M. Dubuisson, Sur la mort de Polybe, REG 93, 1980, S. 72-82.

M. Dubuisson, Le latin de Polybe. Les implications historiques d'un cas de bilinguisme, Paris 1985.

M. Dubuisson, La vision polybienne de Rome, in: H. Verdin – G. Schepens – F. de Keyser (Hrgg.), Purposes of History: Studies in Greek Historiography from the Fourth to the Second Centuries B.C. (Stud. Hell. 30), Leuven 1990, S. 233-243.

A.M. Eckstein, Polybius on the Rôle of the Senate in the Crisis of 264 B.C., GRBS 21, 1980, S. 175-190.

A.M. Eckstein, Rome, Saguntum and the Ebro Treaty, Emerita 55, 1984, S. 51-68.

A.M. Eckstein, Polybius, Syracuse, and the Politics of Accommodation, GRBS 26, 1985, S. 265-282.

A.M. Eckstein, Polybius, Aristaenus, and the Fragment 'On Traitors', CQ 37, 1987, S. 140-162.

A.M. Eckstein, Senate and General: Individual Decision-Making and Roman Foreign Relations, 264-194 B.C., Berkeley 1987.

A.M. Eckstein, Hannibal at New Carthage: Polybius 3.15 and the Power of Irrationality, CPh 84, 1989, S. 1-15.

A.M. Eckstein, Josephus and Polybius: A Reconsideration, CA 9, 1990, S. 175-208.

A.M. Eckstein, Polybius, Aristaenus, and the Fragment 'On Traitors', CQ 37, 31, 1990.

A.M. Eckstein, Notes on Birth and Death of Polybius, AJPh 113, 1992, S. 387-406.

A.M. Eckstein, Moral Vision in The Histories of Polybius, Berkeley u.a. 1995.

A.M. Eckstein, Thucydides, the Outbreak of the Peloponnesian War, and the Foundation of International System Theory, International History Review 25, 2003, S. 757-774.

A.M. ECKSTEIN, Mediterranean Anarchy, Interstate War, and the Rise of Rome, Berkeley – Los Angeles – London 2006.

A.M. ECKSTEIN, Rome enters the Greek East: From Anarchy to Hierarchy in the Hellenistic Mediterranean, 230-170 BC., Oxford – Malden, Mass. 2008.

A.M. ECKSTEIN, Polybius, 'the Treaty of Philinus', and Roman Accusations against Carthage, Classical Quarterly 60.2 (2010), S. 406-426.

I. EDLUND, Invisible Bonds: Clients and Patrons through the Eyes of Polybius, Klio 59, 1977, S. 129-136.

H. EISENBERGER, Die Natur und die römische Politeia im 6. Buch des Polybios, Philologus 126, 1982, S. 44ff.

J. ENGELS, Polybios, in: O. SCHÜTZE, Metzler Lexikon antiker Autoren, Stuttgart-Weimar 1997.

J. ENGELS, Augusteische Oikumenegeographie und Universalhistorie im Werk Strabons von Amaseia, Stuttgart 1999.

D. ERDAS, Cratero il Macedone. Testimonianze e frammenti, Tivoli 2002.

R.M. ERRINGTON, The Dawn of Empire: Rome's Rise to World Power, London 1971.

R.M. ERRINGTON, Biographie in hellenistischen Inschriften, in: K. VÖSSING (Hrg.), Biographie und Prosopographie. Internationales Colloquium zum 65. Geburtstag von A.R. Birley. 28. September 2002, Stuttgart, S. 13-28.

R. ÉTIENNE, Polybe et le vin lusitanien, in: F. Mayet (Hrg.), Itineraria Hispanica: recueil d'articles de Robert Etienne, Bordeaux 2006, S. 555-560.

R. ÉTIENNE – D. KNOEPFLER, Hyettos de Béotie et la chronologie des archontes fédéraux entre 250 et 171 avant J.-C., BCH Suppl 3, Paris-Athen 1976.

J.-L. FERRARY, Philhellénisme et impérialisme: Aspects idéologiques de la conquête romaine de monde hellénistique, Paris – Rome 1988.

J.-L. FERRARY, Le jugement de Polybe sur la domination romaine: état de la question, in: J. SANTOS YANGUAS – E. TORREGARAY PAGOLA (Hrgg.), Polibio y la península ibérica, Revisiones de Historia Antigua IV, Vitoria Gasteiz 2003, S. 15-32.

C. FORNARA, The Nature of History in Ancient Greece and Rome, Berkeley – Los Angeles – London 1983.

G. FORSYTHE, A Philological Note on the Scipionic Circle, American Journal of Philology 112, 1991, S. 363-364.

G. FORSYTHE, The Historian L. Calpurnius Piso Frugi and the Roman annalistic tradition, Lanham 1994.

J.A. DE FOUCAULT, Recherches sur la langue et le style de Polybe, Paris 1972.

J. DE FOUCAULT – É. FOULON – M. MOLIN (Hrgg.), Polybe: Histoires, Tome 3, Livres 3, Paris 2004. (S. auch Edition „Budé" unter Ausgaben und Übersetzungen S. 148-149.)

B.W. FRIER, Libri Annales Pontificum Maximorum: The Origines of the Annalistic Tradition, Ann Arbor ²1999.

P. FRÖHLICH, Les cités grecques et le contrôle des magistrats (IVe-Ier siècle avant J.-C.), Genf 2004.

P. FUNKE, *Chronikaí kai historía*. Die rhodische Historiographie in hellenistischer Zeit, Proceedings of the International Scientific Symposion, Rhodes: 24 Centuries Oct. 1-5, 1992, Athen 1992, S. 179-186.

P. FUNKE, Die Bedeutung der griechischen Bundesstaaten in der politischen Theorie und Praxis des 5. und 4. Jh. v. Chr., in: W. SCHULLER (Hrg.), Politische Theorie und Praxis im Altertum, Darmstadt 1998, S. 59-71.

E. GABBA (Hrg.), Polybe, Neuf exposés suivis de discussions, in: Entretiens sur L'Antiquité Classique, Bd. 20, hrg. O. REVERDIN, Genf 1974 (insbes. Artikel von F.W. Walbank, Polybius between Greece and Rome, S. 3-38; P. PÉDECH, La culture de Polybe et la science de son temps, S. 41-64; H.H. SCHMITT, Polybios und das Gleichgewicht der Mächte, S. 67-102; D. MUSTI, Polibio e la storiografia romana arcaica, S. 105-143; G.A. LEHMANN, Polybios und die ältere und zeitgenössische griechische Geschichtsschreibung: Einige Bemerkungen, S. 147-205; C. NICOLET, Polybe et les institutions romaines, S. 209-265; E.W. MARSDEN, Polybius as a military Historian, S. 269-301; F. Paschoud, Influences et échos des conceptions historiographiques de Polybe dans l'Antiquité tardive, S. 305-344; A. MOMIGLIANO, Polybius' Reappearance in Western Europe, S. 347-372).

H.-J. GEHRKE, Myth, History, and Collective Identity. Uses of the Past in Ancient Greece and Beyond, in: N. LURAGHI (Hrg.), The Historian's Craft in the Age of Heradotus, Oxford 2001, S. 286-313.

J. Geiger, Cornelius Nepos and Ancient Political Biography, Stuttgart 1985 (HES 47).

C. GRANDJEAN, Polybius and the Achaean Coinage (https://www.nottingham.ac.uk/csps/documents/grandjean%20package.pdf), März-April 2007.

C. GRANDJEAN, Histoire économique et monétarisation de la Grèce a l'époque hellénistique, in: R. Descat (Hrg.), Entretiens d'archéologie et d'histoire, Bd. 7, Paris 2006, S. 195-214.

S. DE GRAZIA, Machiavelli in Hell, Princeton 1989.

V. GREY, Mimesis in Greek Historical Writing, AJPh 108, 1987, S. 467-486.

E.S. GRUEN, The Hellenistic World and the Coming of Rome, Berkeley 1984.

F. GSCHNITZER, Beiträge zur Geschichte des Ersten Römisch-Makedonischen Krieges, Ancient Macedonia 5, Vol. I, 1993, S. 529-537.

Chr. HABICHT, Makedonen in Larisa?, Chiron 13, 1983, S. 21-32.

Chr. HABICHT, Athen. Die Geschichte der Stadt in hellenistischer Zeit, München 1995.

K. Haegemans – E. Kosmetatou, Aratus and the Achaean Background of Polybius, Phylarchus, in: Schepens – Bollansée (2005), S. 123-139.

S. Halliwell, The Aesthetics of Mimesis, Princeton – Oxford 2002.

F. Hampl, zur Vorgeschichte des ersten und des zweiten Punischen Krieges, in: ANRW, vol. 1, Berlin – New York 1972, S. 412-441.

W.V. Harris, War and Imperialism in Republican Rome, 327-70 BC, Oxford 1979.

M.B. Hatzopoulos, Macedonian Institutions under the Kings. I A historical and epigraphic Study. II Epigraphic Appendix, Athens 1996 (=Meletemata 22).

M.B. Hatzopoulos, L'Organisation de l'Armee macedonienne sous les Antigonides. Problemes anciens et documents nouveaux, Meletemata 30, Athen 2001.

B. Hebert, Schriftquellen zur hellenistischen Kunst. Plastik, Malerei und Kunsthandwerk der Griechen vom vierten bis zum zweiten Jahrhundert, Graz 1989.

J. Heideking, Die Verfassung vor dem Richterstuhl. Vorgeschichte und Ratifizierung der amerikanischen Verfassung 1787-1791, Berlin-New York 1988.

J. Henderson, From Megalopolis to Cosmopolis: Polybius, or There and Back Again, in: S. Godhill (Hrg.), Being Greek under Rome: Cultural Identity, the Second Sophistic and the Development of Empire, Cambridge 2001, S. 29-49.

D. Hennig, Der Bericht des Polybios über Boiotien und die Lage von Orchomenos in der 2. Hälfte des 3. Jahrhunderts v. Chr., Chiron 7, 1977, S. 119-148.

A. Heuss, Römische Geschichte, Braunschweig 1998 (6. Auflage).

C. Higbie, Craterus and the Use of Inscriptions in Ancient Scholarship, TAPA 129, 1999, S. 279-308 (Rez. V. Gabrielsen, CR n.s. 55, 2003, S. 319-322).

K.-J. Hölkeskamp, Senatus populusque Romanus, Wiesbaden 2004.

A.J.L. van Hooff, Polybios als Machiavellist, Kleio 5, 1975, S. 56-67.

J. Hornblower, Hieronymus of Cardia, Oxford 1981.

B.D. Hoyos, Polybius mendax?, LCM 10, 1985, S. 135-139 u. 153-156.

B.D. Hoyos, Treaties True and False: the Error of Philinus of Agrigentum, CQ 35, 1985, S. 92-109.

B.D. Hoyos, Unplanned Wars. The Origins of the First and Second Punic Wars, New York 1998.

B.D. Hoyos, Truceless War: Carthage's Fight for Survival, 241-237 BC, Leiden 2007.

W. Huss, Geschichte der Karthager, München 1985.

H.R. Immerwahr, in: P.E. Easterling-B.M.W. Knox (Hrg.), The Cambridge History of Class. Literature, Bd. 1, 1985, S. 468ff., 789f. (Lit.).

G.L. Irby-Massie – P.T. Keyser, Greek Science of the Hellenistic Era. A Sourcebook, London – New York 2002.

R.M. KALLET-MARX, Hegemony to Empire: The Development of the Roman Imperium in the East from 148 to 62 BC, Berkeley 1995.

D. KNOEPFLER, L. Mummius Achaicus et les cités du golfe euboïque: à propos d'une nouvelle inscription d'Erétrie, MH 48, 1991, S. 252-280.

C. KOEHN, Krieg – Diplomatie – Ideologie. Zur Außenpolitik hellenistischer Mittelstaaten, Stuttgart 2007.

T. KRISCHER, Die Stellung der Biographie in der griechischen Literatur, Hermes 110, 1982, S. 51-64.

H. LABUSKE, Zur geschichtsphilosophischen Konzeption des Polybios, Klio 59, 1977, S. 403ff.

J.F. LAZENBY, The First Punic War. A Military History, London 1996.

H. LAUTER-BUFÉ, Das Heiligtum des Zeus Soter in Megalopolis, Mainz 2009.

G.A. LEHMANN, Polybios und die ältere und zeitgenössische griechische Geschichtsschreibung, in: GABBA (1974), S. 145-205.

G.A. LEHMANN, Erwägungen zur Struktur des Achaiischen Bundesstaates, ZPE 51, 1983, S. 237-261.

G.A. LEHMANN, Die Rezeption der achaiischen Bundesverfassung in der Verfassung der USA, in: W. SCHULLER (Hrg.), Antike in der Moderne, Konstanz 1985, S. 171-182.

G.A. LEHMANN, Das neue Kölner Historiker Fragment (P.Köln Nr. 247) und die χρονικὴ σύνταχις des Zenon von Rhodos, ZPE 72, 1988, S. 1-17.

G.A. LEHMANN, The "Ancient" Greek History in the Histories of Polybius: Tendencies and Political Objectives, SCI 10, 1989/1990, S. 66-77.

G.A. LEHMANN, Elateia, Aitolien und Rom nach der Entscheidung des 2. Makedonischen Krieges, ZPE 127, 1999, S. 69-83.

G.A. LEHMANN, Ansätze zu einer Theorie des griechischen Bundesstaates bei Aristoteles und Polybios, Göttingen 2001.

O. LENDLE, Einführung in die griechische Geschichtsschreibung. Von Hekataios bis Zosimos, Darmstadt 1992, S. 221-234 u. 298/299.

E. LÉVY, Politeia et politeuma chez Polybe, Ktema 15, 1990, 15-26.

A. LINTOTT, The Constitution of the Roman Republic, Oxford 1999.

T.J. LUCE, Livy. The Composition of His History, Princeton 1977.

T.J. LUCE, The Greek Historians, London – New York 1997, S. 123-141 (deutsch: Die griechischen Historiker, Düsseldorf-Zürich 1998, S. 168-193).

J.T. MA, Antiochos III and the Cities of Western Asia Minor, Oxford 1999 (2. Aufl. 2003 mit „Afterthoughts").

J. MALITZ, Die Historien des Poseidonios, München 1983, bes. S. 409-428.

E.W. MARSDEN, Polybius as a Military Historian, in: E GABBA (Hrsg.), Polybe. Entretiens sur l'antiquité classique XX, Vandoevres-Genève 1973, S. 267-301.

J. MARINCOLA, Authority and Tradition in Ancient Historiography, Cambridge 1997.

J. MARINCOLA, Beyond Pity and Fear: The Emotions of History, AncSoc. 33, 2003, S. 285-315.

H.B. MATTINGLY, Scipio Aemilianus' eastern embassy, The Classical Quarterly 36, 1986, S. 491-495.

B. MEIßNER, ΠΡΑΓΜΑΤΙΚΗ ΙΣΤΟΡΙΑ: Polybios über den Zweck pragmatischer Geschichtsschreibung, Saeculum 37, 1986, S. 313-351.

B. MEIßNER, Historiker zwischen Polis und Königshof. Studien zur Stellung der Geschichtsschreiber in der griechischen Gesellschaft in spätklassischer und frühhellenistischer Zeit, Göttingen 1992.

B. MEIßNER, Anfänge und frühe Entwicklungen der griechischen Historiographie, in: E.-M. BECKER (Hrsg.), Die antike Historiographie und die Anfänge der christlichen Geschichtsschreibung, Berlin – New York 2005, S. 83-109.

B. MEIßNER, Early Greek Strategic and Tactical Teaching, and Literature, in: N. SEKUNDA (Hrg.), Papers Presented to the Third International Hellenistic Warfare Conference in Torun 2005, Gdansk 2017, S. 65-80.

K. MEISTER, Der sog. Philinosvertrag, RFIC 98, 1970, S. 407ff.

K. MEISTER, Historische Kritik bei Polybios (=Palingensia 9), Wiesbaden 1975.

K. MEISTER, Die griechische Geschichtsschreibung. Von den Anfängen bis zum Ende des Hellenismus, Stuttgart u.a. 1990, S. 153-166 u. 229-231.

D. MENDELS, Polybius, Philip V, and the Socio-Economic Question in Greece, AncSoc 8, 1977, S. 155-174.

D. MENDELS, Polybius, Nabis and Equality, Athenaeum (n.s.) 57, 1979, S. 311-333.

D. MENDELS, Messene, 215 B.C. - An Enigmatic Revolution, Historia 29, 1980, S. 246-250.

D. MENDELS, Polybius and the Socio-Economic Reforms of Cleomenes III, Reexamined, Grazer Beiträge 10, 1981, S. 95-104.

D. MENDELS, Polybius and the Socio-Economic Revolution in Greece, AC 51, 1982, S. 86-110.

D. MENDELS, The Attitudes of Antiochus III Towards the Class Struggle in Greece (192-191 B.C.), Rivista Storica 8, S. 27-38.

D. MENDELS, Did Polybius Have 'Another' View of the Aetolian League?, AncSoc 15/16, 1984/1986, S. 63-73.

R. MERKELBACH, Die Quellen des griechischen Alexanderromans, München ^{2}1977.

S. MOHM, Untersuchungen zu den historischen Anschauungen des Polybios, Saarbrücken 1977.

A. Momigliano, Polibio, Posidonio e l'imperialismo romano, AAT 107, 1973, S. 693-707 (deut. Übers.).

A. Momigliano, Polybius Between the English and the Turks, Myers Memorial Lecture, Oxford 1974.

A. Momigliano, Polybius' Reappearance in Western Europe, in: Essays in Ancient and Modern Historiography, Middletown 1976, S. 79-98.

A. Momigliano, The Historian's Skin, in: Essays in Ancient and Modern Historiography, Middletown 1976, S. 67-77.

A. Momigliano, Ausgewählte Schriften zur Geschichte und Geschichtsschreibung, hrg.v. G.W. Most, Stuttgart – Weimar 1998-2000 (3 Bde.).

M.G. Morgan, The Perils of Schematicism: Polybius, Antiochus Epiphanes, and the 'Day of Eleusis', Historia 39, 1990, S. 37-76.

O. Mørkholm, The Speech of Agelaus Again, Chiron 4, 1974, S. 127-132.

D. Musti, Polibio negli studi dell'ultimo ventennio (1950-1970), ANRW 1,2, 1972, S. 1114-1181.

D. Musti, Polibio e l'imperialismo romano, Neapel 1978.

S. Newmann, Aristotle's Notion of "Bringing-Before-the-Eyes": Its Contributions to Aristotelian and Contemporary Conceptualizations of Metaphor, Style, and Audience, Rhetorica 20, 2002, S. 1-23.

R. Nicolai, Polibio interprete di Tucidide: la teoria dei discorsi, SemRom 2, 1999, S. 281-301.

Cl. Nicolet, Polybe et les institutions romaines, in: O. Reverdin (Hrg.), Polybe, Entretiens sur l'Antiquité Classique XX, Vendoeuvres-Genf 1974, S. 209-265.

Cl. Nicolet, Polybe et la „constitution" de Rome: aristocratie et démocratie, in: Cl. Nicolet (Hrg.), Demokratia et aristocratia, Paris 1983, S. 15-35.

F. Nietzsche, On the Advantage and Disadvantage of History of Life. Indianapolis u. Cambridge 1980 (deut. 1874).

P. Nigdelis – K. Sismanides, ΔΥΑ ΑΝΤΙΓΡΑΦΑ ΕΝΟΣ ΕΠΙΣΤΡΑΤΕΥΤΙΚΟΥ ΔΙΑΓΡΑΜΜΑΤΟΣ ΤΟΥ ΦΙΛΙΠΠΟΥ ΤΟΥ Ε', Ancient Macedonia VI, Bd. 2, Thessaloniki 1999, S. 807–822.

W. Nippel, Mischverfassungstheorie und Verfassungsrealität in Antike und Früher Neuzeit, Stuttgart 1980.

J.A. North, Democratic politics in republican Rome, P&P 126, 1990, S. 3-21.

D. Nörr, Aspekte des römischen Völkerrechts: Die Bronzetafel von Alcántara. Bayerische Akademie der Wissenschaft en, phil.-hist. Klasse, Abh. NF 101, München 1989.

D. Nörr, Die Fides im römischen Völkerrecht, Heidelberg 1991.

H. Nottmeyer, Polybios und das Ende des Achäerbundes, München 1995.

E. Olshausen, Einführung in die Historische Geographie der Alten Welt, Darmstadt 1991.

D.A. Pauw, Die Dramatiese Elemente in die Antieke Geskiedskrywing, Johannesburg 1986.

L. Pearson, The Greek Historians of the West: Timaeus and His Predecessors, Atlanta 1987.

P. Pédech, Polybe face à la crise romaine de son temps, in: Actes du IXe congrès international de l'association G. Budé, Rom 1973, S. 195-201.

P. Pédech, Trois Historiens Méconnus: Théopompe – Duris – Phylarque, Paris 1989, S. 368-466.

E. Perrin, Héracleidès le Crétois à Athènes: les plaisirs du tourisme culturel, REG 107, 1995, S. 192-202.

É. Perrin-Saminadayar, Les succès de la diplomatie athénienne de 229 à 168 av. J.-C., REG 112, 1999, S. 444-462.

K.E. Petzold, Die Freiheit der Griechen und die Politik der Nova Sapientia, Historia 48, 1999, S. 61-93.

P. Podes, Handelserklärung bei Polybios, AncSoc 21, 1990, S. 215-240.

A.J. Pomeroy, Polybios' Death Notices, Phoenix 40, 1986, S. 407-423.

A. Primo, Un frammento dal libro 26 di Polibio, Historia 58, 2009, S. 358-360.

W. Reiter, Aemilius Paullus. Conqueror of Greece, London – New York – Sidney 1988.

J. Rich, Declaring War in the Roman Republic in the Period of Transmarine Expansion, Brüssel 1976.

J. Rich, The Origins of the Second Punic War, in T. Cornell, B. Rankov, and Ph. Sabin, Hrsgg., The Second Punic War: A Reapraisal, London 1996, S. 1-37.

J.S. Richardson, Polybios' View of the Roman Empire, PBSR 47, 1979, S. 1ff.

L. Robert, Les juges étrangers dans la cité grecque, in: Opera Minora Selecta V, Amsterdam 1989, S. 137-154.

P. Roesch, Études béotiennes, Paris 1982.

Kl. Rosen, Ehrendekrete, Biographie und Geschichtsschreibung. Zum Wandel der griechischen Polis im frühen Hellenismus, Chiron 17, 1987, S. 277-292.

D. Roussel, Polybe, Histoire, Paris 1970.

K.S. Sacks, Polybius' Other View of Aetolia, JHS 95, 1975, S. 92-106.

K.S. Sacks, Polybius on the Writing of History, Berkeley – Los Angeles 1981 (dazu Petzold, Gnomon 58, 1986, S. 139ff.).

K.S. Sacks, Diodorus and his Sources: Conformity and Creativity, in: S. Hornblower (Hrg.), Greek Historiography, Oxford 1994, S. 213-232.

G. Schepens, The Bipartite and Tripartite Division of History in Polybius (XII 25e und 27), AncSoc 6, 1974, S. 257ff.

G. Schepens, Ἔμφασις und ἐνάργεια in Polybios' Geschichtstheorie, RSA 5, 1975, S. 185-200.

G. Schepens, Polemic and Methodology in Polybius' Book XII, in: H. Verdin – G. Schepens – F. de Keyser (Hrgg.), Purposes of History: Studies in Greek Historiography from the Fourth to the Second Centuries B.C. (Stud. Hell. 30), Leuven 1990, S. 39-61.

G. Schepens – J. Bolansée (Hrgg.), The Shadow Polybius. Intertextuality as a research tool in Greek historiography, Leuven 2005.

G. Schepens, Polybius' Criticism of Phylarchus, in: G. Schepens – J. Bolansée (Hrgg.), The Shadow Polybius. Intertextuality as a research tool in Greek historiography, Leuven 2005, S. 141-164.

Th. Schieder, Die mittleren Staaten im System der großen Mächte, HZ 232, 1981, S. 583-604.

B. Schleussner, Zur Frage der geheimen pergamenisch-makedonischen Kontakte im 3. makedonischen Krieg, Historia 22, 1973, S. 119-123.

J.B. Scholten, The Politics of Plunder: The Aetolians and their Koinon in the Early Hellenistic Era, 279–219 B.C., Berkeley – Los Angeles 1999.

W. Schuller (Hrg.), Livius: Aspekte seines Werkes, Konstanz 1993.

Th. Schwertfeger, Der Achäische Bund von 146 bis 27 v. Chr., München 1974.

B. Shimron, Polybius on Rome: A Reexamination of the Evidence, SCI 5, 1979/1980, S. 94-117.

H. Sonnabend, Polybios, die Attaliden und die Griechen. Überlegungen zum Nachruf auf Attalos I. (18,41), Tyche 7, 1992, S. 207-217.

K. Stiewe – N. Holzberg (Hrg.), Polybios, Wege der Forschung, Bd. 347, Darmstadt 1982.

E.J. Tapp, Polybios' Conception of History, Prudentia 4, 1972, S. 33ff.

J. Thornton, Il silenzio di Aristeno: nota a Polibio 22,10 e 24,11-13, RCCM 37, 1995, S. 261-272.

J. Thornton, Tra politica e storia: Polibio e la guerra acaica, MedAnt 1, 1998, S. 585-634.

J. Thornton, I turbamenti del giovane Polibio. La critica a un detto di Filopemene in XXII 19, RCCM 41, 1999, S. 219-231.

J. Thornton, Lo storico il grammatico il bandito. Momenti della resistenza greca all'imperium Romanum, Catania 2001.

J. Thornton, Polibio e Roma. Tendenze negli studi degli ultimi anni, StudRom 52, 2004, S. 108-139; 508-525.

J. Thornton, Pausania e la guerra acaica, in: L. Troiani – G. Zecchini (Hrgg.), L cultura storica nei primi due secoli dell'impero romano, Alle radici della casa comune europea V, Roma 2005, S. 199-215.

J. Thornton, Terrore, terrorismo e imperialismo. Violenza e intimidazione nell'età della conquista romana, in: G. Urso (Hrg.), Terror et pavor. Violenza, intimidazione, clandestinità nel mondo antico, Atti del Convegno internazionale Cividale del Friuli, 22-24 settembre 2005, Pisa 2006, S. 157-196.

D. TIMPE, Fabius Pictor und die Anfänge der römischen Historiographie, ANRW I.2, 928-969 =Antike Geshichtsschreibung. Studien zur Historiographie, Frankfurt 2007, S. 132-181.

J. TOULOUMAKOS, Zum Geschichtsbewußtsein der Griechen in der Zeit der römischen Herrschaft, Göttingen 1971.

H. TRÄNKLE, Livius und Polybios, Basel – Stuttgart 1977.

R. URBAN, Wachstum und Krise des Achäischen Bundes: Quellenstudium zur Entwicklung des Bundes von 280-222 v. Chr., Wiesbaden 1979.

S. USHER, The Historians of Greece and Rome, London 1979.

M. VERCRUYSSE, À la recherche du mensonge et de la verité: La fonction des passages méthodologiques chez Polybe, in: H. VERDIN – G. SCHEPENS – F. DE KEYSER (Hrgg.), Purposes of History: Studies in Greek Historiography from the Fourth to the Second Centuries B.C. (Stud. Hell. 30), Leuven 1990, S. 17-38.

D. VOLLMER, Symploke. Das Übergreifen der römischen Expansion auf den griechischen Osten, Stuttgart 1990.

F.W. WALBANK, Polybius and Macedonia, in: B. Laourdas and C. MAKRONAS (Hrgg.), Ancient Macedonia I, Thessaloniki 1970, S. 291-307.

F.W. WALBANK, Livy's Fourth and Fifth Decades, in: T.A. Dorey (Hrg.), Livy, London 1971, S. 74-82.

F.W. WALBANK, Polybius, Berkeley u.a. 1972.

F.W. WALBANK, Symploké: Its Role in Polybius' Histories, YCS 24, 1975, S. 197-212.

F.W. WALBANK, Polybius' Last Ten Books, in: Historiographia antiqua: Commentationes Lovanienses in honorem W. Peremens septuagenarii editae, Leuven 1977, S. 139-162.

F.W. WALBANK, Introduction, in: Polybius: The Rise of the Roman Empire, übers. v. I. Scott-Kilvert, Harmondsworth 1979, S. 9-40.

F.W. WALBANK, The Idea of Decline in Polybius, in: ders., Polybius, Rome and the Hellenistic World. Essays and Reflections, Cambridge 2002, S. 193-211.

F.W. WALBANK, Il giudizio di Polibio su Roma, AIV 140, 1981, S. 1-20.

F.W. WALBANK, Monarchies and Monarchic Ideas, in: The Cambridge Ancient History VII 1, Cambridge 1984², S. 62-100.

F.W. WALBANK, Profit or Amusement: Some Thoughts on the Motives of Hellenistic Historians, in: H. VERDIN – G. SCHEPENS – F. DE KEYSER (Hrgg.), Purposes of History: Studies in Greek Historiography from the Fourth to the Second Centuries B.C. (Stud. Hell. 30), Leuven 1990, S. 253-266.

F.W. WALBANK, Polybios' Sicht der Vergangenheit, Gymnasium 97, 1990, S. 15-30.

F.W. WALBANK, Polybius and the Past, in: H.D. JOCELYN (Hrg.), Tria Lustra: Essays and Notes presented to John Pinsent, Liverpool 1993, S. 15-23.

F.W. WALBANK, Review of S. HORNBLOWER (ed.), *Greek Historiography* (Oxford 1994), *Histos* 1, 1997, available online at: http://research.ncl.ac.uk/histos/documents/1997.RD02WalbankHornblowerGkHistoriog167180.pdf.

F.W. WALBANK, Polybius, Rome and the Hellenistic World: Essays and Reflections, Cambridge 2002.

J.J. WALSH, Flamininus and the Propaganda of Liberation, Historia 45, 1996, S. 344-363.

R. WEIL, La composition de l'Histoire de Polybe, JS 1988, S. 185-206.

R. WERNER, Quellenkritische Bemerkungen zu den Ursachen des Perseuskrieges, Grazer Beiträge 6, 1977, S. 149-216.

Th. WIEDEMANN, Rhetoric in Polybios, in: H. VERDIN – G. SCHEPENS – F. DE KEYSER, Purposes of History. Studia Hellenistica 30, Leuven 1990, S. 289-300.

H.U. WIEMER, Polybios, in: K. BRODERSEN, Große Gestalten der griechischen Antike. 58 historische Portraits von Homer bis Kleopatra, München 1999, S. 390-399.

H.U. WIEMER, Rhodische Traditionen in der hellenistischen Historiographie, Frankfurt am Main 2001.

J.P. WILSON, Grex Scipionis in De Amicitia. A reply to Gary Forsythe, American Journal of Philology 115, 1994, S. 269-271.

C. WOOTEN, The Speeches in Polybius: An Insight into the Nature of Hellenistic Oratory, AJPh 95, 1974, S. 235-251.

G. ZECCHINI, Polibio e la corruzione, RSA 36, 2006, S. 23-33.

J.E.G. ZETZEL, Cicero and the Scipionic Circle, Harvard Studies in Classical Philology 76, 1972, S. 173-179.

IX. Stellenregister

Ailian
Takt.
allg. 26

Ammianus Marcellinus
24,2,16 17

Appian
Ib.
90, 392ff. 28

Lib.
67 105
132,628-630 17

Mak.
4,1 131

Syr.
7-8 105

Aristoteles
poet.
9 129

Arrian
Anab.
1,1,4-7 106

Takt.
1,1 26

Athenaios
7,302c 53
8,330 53
8,322a 53

Cicero
Acad. pr.
2,137 102

ad. Att.
13,30,2 19

Brut.
77 102

fam.
5,12 27
5,12,2 20

leg.
3,12-14 11

off.
3,32,113 139
3,113 134

rep.
1,21,34 50,68
1,34 17,134
2,27 134

Somn. Scip.
1 17

Cincius Alimentus
FGrHist 810 101

Diodor
20,1-2,2 72
26,4 101
31,26,5 16

32,24	17	31,15,10-16,1	81
		31,17	35
Dionysos von Halikarnassos		31,28,3-4	35
Comp.		32,19,1-21,3	56
4	134	33-36 allg.	131
		33,9,8	35
Ennius		33,10,10	35
ann.		33,11,1	108
379-383	105	33,13,4	108
		33,16,8	83
Florus		33,17,5-8	35
1,24,4-6,8	105	33,19,1	108
		33,38,1-8	54
Gellius		33,44,5ff.	82
2,13,3	138	33,45-49	82,107
5,18,8-9	138	34,43,4-9	82
		34,50,6	35
Geminos		34,51,5	35
16,32	27	34,60-62	82
		34,60,1-62,16	105
Herakleides Kritikos		35,14,1-12	82
I 2	127	35,15,1-16,1	105
		35,17,3-19,7	105
Hieron in Daniel		35,23,1-6	82
11,13	131	35,28,8	117
		35,38,3	35
Johannes Antiochenus		35,42,1-43,1	105
FHG IV fr. 54	131	35,44	56
		36,6,1-5	127
Iustin		36,6,6-9,1	105
30,2,8	131	36,15,2	105
31,3,7-6,3	105	36,41,1-17	105
		37,19,6-7	36
Livius		37,20-21,4	123
21,38,2-3	101	38,11	36
26,24,1-14	111	38,11,9	36
26,24,12	135	38,12-25	118
30,45,5	35	38,24,2	20
31,1,1-5	35	38,30,1-34,9	123
31,14,5	131	38,30,2-5	56

38,38	36	Orosius	
38,38,7f.	82	Hist.	
38,38,8	36	4,20,6	142
38,39,9	118	5,3,3	142
38,42,11	118		
39,23,5-29,4	106	Papyros Rylands	
39,23,5f.	35	3,491	101
39,24,10-26,14	107		
39,27,1-29,3	107	Pausanias	
39,33	107	1,36,5	115
39,34,1-35,4	107	7,10,7-10	16
39,46,6-48,4	107	8,9,1-2	8
39,53	109	8,9,1	20
39,53,12-16	106	8,30,8-9	8,140
40,3-24	109	8,30,8	20,67
40,3,3	107	8,30,9	20
40,21,2	106	8,37,2	20,140
40,57-58	107	8,44,5	8,20
41	83	8,48,8	8,20
41,19,3-11	107		
41,19,3	107	Plinius	
42,5,1-6	106	nat. hist.	
42,11-13	107	3,75	18
42,11,1-14,1	110	4,77	18
42,40	107	4,119	18
42,40,1-11	109	4,121	18
42,43,4f.	118	5,9	18
42,46,7f.	118	5,26	18
42,47-62,2	108	5,40	18
42,47,9	118	6,199	18
45,8	83	6,206	18
45,9,2	106	8,47	18
45,31,9-11	16	31,131	18
		34,54	83
Nepos			
Hann.		Plutarch	
2,2-6	105	Aem.	
8,1	105	15,5	102
13,3	101	26	83

27	83	1,1,5	62,75f.
36	83	1,2,1-7	46
		1,3,1	29,54
Arat.		1,3,3-5	91
38,8	102,129	1,3,7-10	38
		1,3,7-9	74,77
Brut.		1,3,9-10	110
4,8	138	1,4	68,80
		1,4,1-11	91
Cato mai.		1,4,1-5	84
9	16	1,4,1	84
12,3	105	1,4,8-1,5,5	76
		1,4,11	90
Flam.		1,5	38
15,1	105	1,5,1	38
		1,5,2	77
Kleom.		1,5,3-4	76
20,3	43	1,5,3	77
		1,5,4	77
Philop.		1,6-11	130
21,5	12	1,6,1	54
		1,12,6-9	77
Plutarch		1,14-15	101,129
Moralia		1,14	69
Apophth. Scip. min 5	17	1,14,6	69
		1,16,9	111
de mul. virt.		1,20,8	77
cap. 22,258e ff.	20	1,35,1-2	89
		1,35,2	85
Polybios (Büttner-Wobst)		1,36,2-3	90
1-18 allg.	31f.	1,37,7-10	90
1-15 allg.	66	1,58,1	84
1-6 allg.	38,68	1,62,3-6	90
1-5 allg.	30-32	1,63	111
1 allg.	36,38f.,54,	1,63,4-64,6	90
	69,132	1,63,9	85f.,91
1,1-5	36	1,64,2	48
1,1,1f.	59	1,65-88	101
1,1,2	85	1,65,6-7	90
1,1,4-5	36,95	1,65,7-8	11

1,65,9	66	2,71,3-10	39
1,67	82	2,71,3-6	77
1,67,6	87	3 allg.	36-38,40,
1,67,13	66		54,61,69
1,73	66	3,1-5	36,62
1,81	90	3,1	38
1,85,5-11	87	3,1,1f.	59
2 allg.	38f.,43,52,	3,1,4-1,11	76
	54,102,132	3,1,4	62
2,4,3	84f.	3,2,6	48,91
2,7,1	85	3,2,8	115,131
2,12,3	111	3,3-5	66
2,15,1	111	3,3,8	106
2,17-35	101	3,3,9	62
2,21,8	42,66	3,4-5	37,62
2,24	110	3,4,4-13	63
2,35,2-10	90	3,4,6	37,77
2,35,7	70,126	3,4,7-13	89
2,37-71	52,60,123	3,4,10-12	90
2,37	25,39,47,	3,4,12-13	57,64
	61,143	3,4,13	63,67,96,
2,37,4-6	84		109
2,37,4-5	91	3,5,7-8	84,100
2,37,10-11	61	3,5,7	84
2,38	75,143	3,6-9,5	66
2,38,5	85f.	3,6-7	96
2,38,6-9	47	3,6,1	77
2,40,2	25	3,6,4	106
2,40,4	129	3,8-9	100
2,41,1	54	3,11-12	105
2,43,3-6	54	3,20,1-5	72
2,43,7-8	25	3,20,5	102
2,46,1-4	134	3,21,9	37
2,47	132	3,22-27	110
2,47,6-10	99	3,26	101,129
2,56-63	129	3,26,1-4	130
2,56	71,97	3,26,1-2	110
2,56,10-12	90	3,31	89
2,56,10	72,129	3,31,12-13	74,90
2,70,2	84f.	3,32	66,92

3,32,1-3	59	4,29,4	90
3,32,2-3	39,60	4,30	66
3,32,2	53	4,30f.	90
3,33,17-18	110	4,30,4	90
3,36-38	58	4,31,3-8	90
3,39,8	9,67	4,32-33	58,66,90
3,47	97	4,35,15	90
3,47,6-3,48,12	129	4,38	66
3,47,6	90	4,38,4	111
3,48,12	20,103	4,38,9	111
3,57-59	18,57	4,39-43	58
3,57	55	4,40,1-3	69
3,57,4-5	57	4,40,2-3	84
3,57,5	53	4,52,1-9	111
3,57,7-9	90	4,73-74	66
3,58,2-9	84	4,73	67,119
3,59,3-5	37,57	4,74,2-7	90
3,59,3-8	84	4,76,1-3	73,114
3,59,7-8	18	4,77,1-4	78
3,87,9	48	4,78,5	9
3,118,9-12	90	4,81,5	85
3,118,11-12	40,48	4,81,12-14	43
4 allg.	40,61,66, 124	4,81,12	85
		4,82,1	78
4,1,9	39	4,87,3	90,103
4,2,1	39	5 allg.	32,40,54
4,2,2	103	5,8-9	87
4,2,4	84	5,9,6-5,12,8	78
4,2,4-11	85	5,9,7-12,8	58,90
4,7,11-4,8,7	123	5,21,6	74
4,8,7-12	90,123	5,26,12	90,103
4,10-11	123	5,29,7-9	54
4,16,3	90	5,31	91
4,19,13	124	5,31,6-7	92
4,20-21	58,66,90	5,32	77
4,20,1-21,4	9	5,33	92
4,20,5	97	5,33,1-2	97
4,21	11	5,66-68	105
4,28	54,91	5,70-71	105
4,28,4	77	5,75,2-6	90

5,88,3	90	6,46,1-5	88
5,90,5-8	90,103	6,46,9-10	88
5,93	19,67,119	6,47,1	66
5,93,4	90	6,48-58	75
5,101-105	91	6,51-56	66
5,102,1-2	78	6,51	66
5,103,9-105,1	73	6,51,4-5	44
5,105,4-10	91	6,52,1-14	66
5,105,9	77	6,53	9
5,106	115	6,53-59	44
5,106,4	90	6,56,1-5	66
5,106,6-8	114	6,56,6-11	87
6-18 allg.	31	6,56,13-15	89
6 allg.	31,38,40-	6,57	42
	42,44f.,48-	6,57,5-10	66,88
	51,54f.,62,	7-11 allg.	54
	91,103,	7 allg.	50,53f.
	122,139	7,7,1-8	90
6,2	40,89	7,7,1-2	129
6,2,2-3	75	7,7,6-7	95
6,2,8-10	75	7,7,6	69
6,2,8	90	7,9,1-17	111
6,3-10	41	7,9,1	114
6,4,4-5	48,87	7,9,5	114
6,5-9	66	7,9,7	114
6,5,1-2	49	7,9,10-12	58
6,5,1	50	7,11,2	89
6,5,2	29	7,12	79
6,9,12-14	66	8 allg.	50
6,10	42	8,1-2	58
6,10-11	43	8,2	92f.
6,11-18	42	8,2,3	75
6,11,1-2	40,89	8,3,1-7,12	33
6,11,3-8	37,41	8,3a	90
6,19-42	43,45	8,8	79
6,43-53	43	8,8,5	69
6,43-44	75	8,8,7-9	123
6,43,3	85	8,9-11	98,103
6,45	129	8,9,1-11,8	129
6,45,1	97	8,11,3-8	70

8,11,3	95	10,7-16	18
8,12,6	90	10,9,1	103
8,20,10	84f.	10,9,2	85
8,24	90	10,9,3	102
8,37	33	10,16-17	55
8,38,2	90	10,16,7	48
9 allg.	50f.	10,21	23
9,1-2	92	10,21,2-3	74
9,1,5	74,88	10,21,8	77
9,2,1-5	93	10,22-24	24
9,2,4-5	89	10,22,1-5	11
9,2,5-7	90	10,24,7	9
9,2,5-6	90	10,26,7-10	78,81,114
9,2,5	84	10,26,7	79
9,8,2-13	33	10,26,9f.	77
9,8,9	58	10,27,8	90
9,8,13	85	10,43-47	58,84
9,9,11	33	10,47,12-13	84
9,10	58,90	11 allg.	38,50
9,11,19	82	11,4-6	73
9,12-21	58	11,7,2	90
9,12-16	53	11,8,7	90
9,14	53	11,19a	90
9,20-21	27	11,39	115
9,20,4	27	11,39,14-16	45
9,21,2	84	11,39,16	80
9,22-26	82,86	12 allg.	38,51,55,
9,23,6	43		67,103,109
9,23,7	43	12,4a,3-6	97
9,23,9	79	12,4c,2-5	109
9,25,4-6	17	12,5-12a	68,128
9,32,1-39,7	74	12,5,1-3	19
9,35,1-4	70,126	12,5,2	68
9,42,1-4	33	12,10,4	53
10 allg.	31,50,123	12,11,1	53
10,2-5	76	12,11,6	55
10,2,8-12	43	12,11,8	68
10,3,1-2	103	12,13	11
10,5,7-9	82,84,86	12,13,1	103
10,5,8-10	76	12,15,9-12	71

12,15,12	71,100	14,2,5	119
12,17-23	99	14,9-10	101
12,22,5-7	97	14,10,5	66
12,23,1	97	14,12	55,104,131
12,23,3-8	99	15 allg.	33,141
12,23,8	97	15,1	101
12,25	66	15,4	101
12,25a	98,129	15,6,8-7,9	84
12,25a,3-25b,4	72,98	15,6,8-7,1	85
12,25a,5	98	15,9,4-5	84
12,25b	90	15,10,5-7	84
12,25b,1-2	89	15,17,1f.	90
12,25b,1f.	72	15,17,6	85
12,25b,2	74	15,18	111
12,25b,3	74,85,89	15,19,5	84
12,25b,4	72,74	15,20	49,79,90
12,25c,4	90	15,20,2-8	131
12,25e	93	15,20,5	85
12,25f	94,97	15,21,3	75,85
12,25g	94	15,23,1	85
12,25g,2	90	15,24,4-6	90,103
12,25h	94,112	15,24a-36	104
12,25h,6	94	15,24a	55
12,25i-27a	93f.	15,25	115
12,25i	112	15,25,3-27	33
12,25i,3	90	15,26	104
12,26b,3f.	123	15,30,10	66
12,26b,4	71	15,34-35	104
12,26c,4	10	15,34,2	84f.
12,26d	128	15,36,1-11	90
12,26d,1	99	15,36,2-11	90
12,26d,5-6	90	15,37	80
12,28,2-5	94	16-30 allg.	34
12,28,10-12	97	16-18 allg.	54
13 allg.	52,54	16,1-10	115
13,2,2	90	16,1	115,131
13,3	90	16,1b	90
13,5,4-6	90	16,10	79f.
14-15 allg.	55	16,12,4-11	69
14 allg.	104,141	16,12,5-7	98

Stellenregister

16,12,5	128	18,43,13	90
16,14-20	58,98,103	18,44	111
	128	18,46,14-15	84
16,14	98	19-40 allg.	31
16,14,2-20,1	94	19 allg.	30,33,54
16,14,6	69,121	20-21 allg.	54
16,14,8	121	20 allg.	55,124
16,17,8	69	20,4-7	119,127
16,17,9-11	90	20,7,1-2	84
16,20	98,131	21-31	66
16,20,3-4	100,128	21 allg.	33f.,55
16,20,3	69	21,7,6	87,90
16,20,4	69	21,9	123
16,20,6	71	21,10	36
16,20,8	69	21,13,11	48
16,20,8-9	71	21,16,8	84
16,28	69,81	21,25-32	119
16,28,2	76,79,85	21,27,2-6	33
16,29ff.	35	21,27,28	33
16,32,5	85	21,32	36,111
17 allg.	30,32f.	21,32,13	36
18 allg.	31f.,122,	21,32c,1f.	90
	131	21,33-39	118
18,8,8	73	21,38	20
18,13-15	58,70,90	21,42-43	111
18,18	45,55	21,42	36
18,19-26	45	21,42,13	36
18,27-32	45	21,45,5	118
18,28-32	55,58	22 allg.	54,107
18,28,1	48	22,6	107
18,28,2-4	89	22,7,8-8,13	14
18,28,4-5	85	22,8	96
18,33	108	22,9,1-12	112,123,
18,33,4-7	81		136
18,33,7	85	22,10,4	123
18,35	90	22,11	107
18,35,9-11	66	22,13-14	113
18,37	122	22,14	107
18,41,3f.	90	22,14,7	107
18,42	42	22,16	90,103

22,18	35,110	27,1	118
22,18,8	77	27,5	118
22,18,10-11	106	27,9-10	58,87,90
22,19	12,123	27,16,4	85
22,19,3	90	27,20	90
23-24 allg.	54	28-29 allg.	55
23,1-11	109	28 allg.	8
23,1-3	107	28,3,7-10	14
23,5	58	28,6	15,120,122
23,8	107	28,7,3-15	14
23,10	81,85,107	28,9	90,108
23,10,12-16	84	28,10,2	90
23,12-14	83	28,12-13	15
23,12	24	28,12,7	14
23,12,3	85	28,13	97
23,15	87,90,123	28,13,14	16
23,16-18	25	28,14	90
24 allg.	38,52,55, 61,125	28,16,10	55
		28,21	90
24,2,16	141	29 allg.	33,52
24,3	90	29,4,1-10	15
24,4	106	29,4,8-10	122
24,6-7	12	29,5-9	108,122
24,7	11	29,5	90
24,8-13	13	29,5,1-3	74,105
24,8-10	25	29,5,3	96
24,9f.	119	29,8,9-9,13	90
24,10-13	97	29,9	97
24,10-12	55	29,12	66,74,92
24,10,1-15	124	29,12,7-12	72
24,11-13	25,56,122, 125	29,12,9-12	69
		29,17	108
25 allg.	33,54	29,17,2	90
25,2	111	29,19,2	84f.
25,3	107f.	29,20	83
25,3,9-10	81	29,21	83-85,106
25,4	43	29,21,4-9	67
25,6,2-6	107	29,22,2	85
26 allg	30,33,54	29,23-25	15
27 allg.	54	29,24,1-7	15

Stellenregister

29,24,6	12	32,4,3	85
29,26,2	90	32,11,2-7	55
29,27	46	32,11,8	90
29,27,12	84	33,1,3-8	16
30-33 allg.	54	33,6	118
30 allg.	52,67	33,13	112
30,2,5	67	33,14	16
30,4-5	43	33,16	117
30,4,10-15	74	33,21	92
30,5	111	34 allg.	33,38,53, 55-58,103, 139
30,6,3f.	89,118		
30,10,1-2	84f.		
30,13-17	9	34,6	103
30,13	15	34,10,6-7	18
30,13,10	108	34,14	15
30,18-19	108	34,15	18
30,20	67,118	34,16	18
30,20,8-9	67	35-36 allg.	54
30,31	111	35 allg.	33,57
30,31,1-20	74	35,6	16
30,32	16	36-38 allg.	66
31-39/40 allg.	62	36 allg.	65,122
31 allg.	35	36,1	73
31,2	17	36,1,1-7	96
31,6,6	87,90	36,1,6-7	72
31,9	16	36,9	37,90,122
31,11-15	17	36,9,3-17	64
31,12,12	66	36,12,5	7,19
31,16	90	36,13	85
31,22-30	16	36,13,1	7
31,22,8	37	36,15	11
31,23,4	16	36,16	67,119
31,23,5-9	16	36,17	85
31,25,3	66	36,17,5-15	67,119
31,28,13	66f.	37-38 allg.	55
31,29,2	85	37 allg.	30,33
31,30,1	90	38 allg.	33,52
31,30,3	85	38,2,1	84
32,3,14	16	38,2,7	84
32,3,17	16	38,4	68

38,4,1-9	90	40 allg.	33,52
38,4,8	73		
38,5-6	53	Porphyrios	
38,5,3	90	in Dan.,	
38,6	98	in PL 25, 494A	141
38,6,1	58		
38,9-18	16	Ps. Lukian	
38,17-18	56	Makrobioi 23	8
38,17,7-9	90		
38,18,8	85	Sempronius Asellio	
38,19	17	HRR fr. 1-2	138
38,19a3	17		
38,20	104	Stephanos Byzantios, s.v.	
38,20,1	85	*Aithale*	53
38,21-22	42		
38,21	17	Strabon	
38,21,3	67,85	4,2,1 p.190	18
38,22	17,66	8,6,28, p. 381	19
38,22,2	46		
39 allg.	52,55,68	Suidas, s.v.	
39,1	102	*Brutus*	138
39,2	19	*esomatopoiei*	85
39,3	122	*proskenion*	84
39,3,1-11	7	*Ptolemaios Euergetes*	9
39,3,1	90	*Tyche*	85
39,3-6	19		
39,3,4-8	7	Thukydides	
39,3,10	25	1,1,1	95
39,4	20	1,2,2	95
39,5	20,68	1,21-22	90
39,8	68	1,21,1	95
39,8,1-2	85	1,22	96
39,8,1	20	1,22,1	72,96
39,8,4-5	60	1,22,3	96
39,8,4	38	1,22,4	73
39,8,7	75f.	1,23	90
39,8,8	29,53	1,23,5-6	77

1,23,5	96	IK	
2,2	54	6, nr. 4	116
		28,1, nr. 4	116
Trogus			
Prol.		ISE I/II	
30	131	22	115
		33	115
Varro		47	114
l.L. V 113	138	49	117
De serm. Lat. fg.		55	116
V, p. 205 G.-S.	138	92	120
Velleius Paterculus		J. u. R. Roberts,	
1,10,4	83	Fouilles D'Amyzon,	
1,13,3	16	1983	
		nr. 9	115
Vir. ill.			
54,1	105	JHS 68, 1948	
		S. 46-56, nr. 3	117
Würzburger Papyrus			
FGrHist 176, F 1	101	MDAI 72, 1957	
		nr. 64	115
Zonaras		nr. 65	119
9,18-19	105		
		RA 6^e	
Inschriften		III, 1934	113
BCH 88,1964	117	VI, 1935	113
EA		SEG	
8,1986, S. 1	115	30,1980 nr. 365	120
21,1993, S. 21	115	41,1991 nr. 1003	115
21,1993, S. 24	116		
29,1997, S. 1-30	117	Sherk RDGE	
		1	117
IC		2	118
II 3, nr. 5	117	3	118
		4	117,119
IG		5	118
V 1, 1456	8	6	118
V 2, 370	20	9	118

10	118
33	116
34	116
35	117
36	117
37	117
38	117
39	117
43	119

StVA III
514	111
516	111
523	115
528	111
536	111, 135
565	119, 127

Syll[3]
463	107
518	114
543	114
546	73
585	117
588	118
592	117
611	117
616	117
626	7f.
643	109
686	20
893	8

B. Welles, RC
nr. 52	119
nr. 61	120

X. Allgemeines Register

Achaia/Achäer/Achäischer Bundesstaat 4, 7f., 12-17, 19-21, 23-27, 39f., 46-48, 52f., 55-57, 59-62, 64, 66f., 86f., 98-101-103, 112, 114-116, 119, 123-126, 130, 132, 136, 140-145
Achaios, Vizekönig und Usurpator 86
Acilius, C. 102
Adenauer, K. 146
Adria 140
Aeneas 147
Ägäis 40,70, 114, 118
Agathias 142
Agathokles 104, 141
Agelaos von Naupaktos 73
Agesilaos 43
Agron, Illyrerkönig 39
Ägypten 12,86, 113, 115
Aigina 14, 115
Ainos 107
Aitolien/Aitoler/Bundesstaat Aitolien 14, 40, 56, 70, 73, 86, 105, 111, 116f., 119, 124, 126, 131
Akarnanien/Akarnanen/Akarnanischer Bund 66,115,124
Aktenstudium 51
Alexander der Große 3, 18, 21, 45f., 57, 80f., 99, 106, 127, 132
Alexandria 15, 19, 80, 104, 136, 141
Ambrakia 33, 119
amicitia 146
Ammianus Marcellinus 141
Amphiktyonie, Delphische 117, 144
Amphipolis 113
Amsterdam 148
Amyzon 115

Anabasis 46, 50, 52, 80
Anna Komnena 142
Annales maximi 110
Anti-Federalists 144
Antigoniden 21, 70, 81, 106-108
Antigonos Doson 24, 40, 47, 61, 78, 99, 107, 127
Antiocheia 83
Antiochos III. 40, 46, 49f., 52, 54, 70, 79-82, 86, 104, 107, 111, 115-117, 125f., 131, 139
Antiochos IV. 15f., 31, 46
Antiphatas, Sohn des Telemnastos 117
Antisthenes von Rhodos 58, 94, 103
Apelles 78
apodexis 77
Apokleten-Gremium 56
Apollonia 141
Appian 27f., 34, 39, 105, 131, 140f.
Aptara auf Kreta 117
arché (Beginn) 77
arché (Herrschaft) 47
Aratos von Sikyon 12, 24f., 39f., 46, 60f., 78, 99, 101f., 114, 123, 129, 132, 139
Aratos, Sohn des Aratos 12
Archetypus 31f.
Archiv 11, 110, 112, 121, 136f.
Argeaden 81, 106f.
Ariarathes, König von Kappadokien 86, 111, 118
Aristainos 25f., 125, 136
Aristokratie 41f.
Aristoteles 10, 40f., 48, 50, 61, 99, 129
Arkadien/Arkader 7-9, 58, 66, 98, 124, 140

Asklepiodotos 26
Astronomie 11, 95
Astymedes von Rhodos 74
Asylie 116
Athamanen 119
Athen 10, 43, 47, 67, 70, 75, 77, 102, 114f., 124, 127
Athenaios 34, 141
Atlantik 18
Attaliden/Pergamener 14, 115, 117, 120
Attalos I. 14, 80f.
Attalos II. 14, 112, 119
Attalos III. 67
Auftrag, didaktischer 53, 85, 95, 98, 132, 135, 142
Augustus 138f.
Autobiographie 39, 99, 101f., 129, 139
Autopsie 27, 51, 53, 64
Averner 9
Badian, E. 146
Barbaren 47, 70, 107
Barkiden 39, 49
Basel 148
Bekker, I. 148
Bellum Numantinum 20, 27
Bildung/Erziehung 9-11, 23f., 26, 58, 94, 135
Biographie, biographisches Element 12, 23f., 26, 52, 77-83, 102., 137, 139
Boiotien/Boioter/Boiotischer Bund 14, 118f., 124, 127
Botrys 103
Bruni, L. 142
Brutus, M. 138
Bundesgenossenkrieg 40, 114
Th. Büttner-Wobst 6, 31-33, 55, 149, s. Kap. III.1 (29-36)

Byzanz 66, 111
nimis callida 14
Cannae 40, 55
Casaubonus, I. 142, 148
Cato (Censorius), M. Porcius 16, 48-50, 102, 138f.
Centho 15
Chaireas 72, 101
Chiomara 20
Chorsiai 118f., 127
chresimon (Nutzen) 90
Chyretiai 116
Cicero 17, 27, 38, 68, 134, 138, 147
Cincius Alimentus 101
Codices 30-34
Coelius Antipater 101, 138
Collatz, Chr.-F. 150
Cornelier 16, 23, 66
Cornelius Nepos 138
Criniti, N. 149
Darstellung, annalistische 53-55
deditio (in fidem) 146
Deinokrates von Messene 58
Delos 67, 118
Delphi 107, 126, 144
Demokratie/Demokratiebegriff 41f., 44, 48f., 66f., 87f.
Demetrios, Sohn Philipps V. 106, 108
Demetrios I. (der Seleukide) 16, 50
Demetrios von Paros 78
Demetrios von Phaleron 10, 67, 83
Demochares 99
Demosthenes 70, 127
Derow, P. 75, 151
Deutschland 145f., 149
Diadochen 21
Diaios 16, 19f., 56, 64, 125
Dialekt 72, 135
Didot, F. 148

Dikaiarchos 50, 103
Dindorf, W. 148
Diodor 34, 92, 137, 139
Diogenes von Seleukeia 50
Dionysios von Halikarnass 134, 139
Diophanes 64, 123
Doppelstrategie 82, 105-107
Drexler, H. 148f.
Dyme 119
dynamis 83
Eckstein, A. 146
Editor, postumer 68
Ekklesia 75
Elis 66, 123
Emmius, Ubbo 143f.
England 143, 145
Enkomion (Lobschrift) 24, 77, 123
Epameinondas 58
Ephoros 51, 92f., 97, 99
epibulé 83
Epidamnos 141
Epidauros 8, 117
Epiros/Epiroten 66, 124
epistates epi tes choras 113
Epitomieren 59
Eratosthenes 103
Ernesti, J.A. 148
ethnos 56, 66
Eudoxos 103
Euhemeros 103
Eumachos (Hannibalhistoriker) 101
Eumenes II. 14, 50, 107-109, 111, 117, 119, 122, 131
Euromos 115f.
Eurykleides 114
Eusebios 141
„die alten Exilanten" 127
Exkurse/Exkursbücher 3, 13, 25, 27, 35, 39, 47f., 53, 55-58, 60f., 67, 78, 95, 97f., 103f., 119, 124f., 128, 140
Exzerpte 29-35, 72, 128, 139f.
Fabius,
    Maximus (der Cunctator) 139
    Pictor 30, 100f., 110, 130, 141
    Quintus Maximus Aemilianus 16
Federalist Papers 143f.
„Feuerkrieg", Spanischer 57, 64
Feuersignalsystem 58
Feyel, M. 127
„Flamininus-Ära" 91, 131
Flamininus,
    Lucius Quinctius 36
    Titus Quinctius 36, 46, 117, 121f., 139, 147
Flavier 139
foedus aequum 7, 26, 146
„Foedus iniquum" 146
Forschungsreisen 18
Fortschritt (*prokopé*) 84, 132
Foucault, I. J. 149
Freiheit 11, 16, 40, 87f., 90, 116, 126
Galater/Kelten 20, 56, 70, 101, 126
Gallien 18
Gellius 141
Gelzer, Matthias 59
Geminos 27
Genealogie 92
Generalindex 52
Geschichte,
    kinetische 90
    pragmatische 23, 57, 89, 91-94, 134f.
Geschichtsbild, teleologisches 74-77, 91
Geschichtsschreibung,

mimetische (peripatetische) 81, 90, 106, 127
pragmatische 27, 30, 57, 89f., 92-94, 96, 128, 134f.
rhetorische 98, 106, 127f.
Gewaltenteilung 143f.
Glockmann, G. 150
Götter, olympische 85
Gracchen 37, 42, 49, 62, 66, 88
Grandjean, C. 151
Griechenland *passim*
Groningen 143f.
Gronovius, J. 148
Gruen, E.S. 147
Gutzlaf, M. 150
Habicht, Chr. 149
Hagenau 148
Haliartos 67
Hamburg 5, 151
Hamilkar Barkas 82
Hamilton, A. 144
Hannibal (-krieg) 3, 12, 20f., 40, 51, 58, 72f., 82f., 86, 101, 105-107, 110f., 115, 138, 141
Hannibalhistoriker 97, 101, 129
Harris, W.W. 147
Hasdrubal 104
Hegemonie, römische 14, 43, 56, 146f.
Heiligtümer 79, 87
Hellenen (-begriff) 18, 46, 70, 124, 126
Hellenenbund (des Doson und des Philipp V.) 24, 40, 114, 126
(Welt)Herrschaft/Oikumeneherrschaft, römische 3, 18, 21, 29, 36, 37, 43, 46, 52, 57, 62f., 65, 80, 84, 91, 95, 110, 117, 122, 132, 139f., 145-147
Hellespont 114f.

Helms, H. 150
Hennig, D. 127
Herakleia am Latmos 117
Herakleides Kritikos 119, 127
Hervagius, I. 148
Heuss, A. 147
Hesychos 142
Hexaden 55
Hiat 47, 134
Hieron II. von Syrakus 111
Hieronymos, der Kirchenhistoriker 141
Hieronymos von Syrakus 129
historia, pragmatike historia 29
Hipparch/Hipparchie 8, 12
historia perpetua 38
Hofquellen 70, 81, 104, 106, 113, 132
Holland 144
Hultsch, F.O. 148
Hyparchetypus 31f.
Iasos 116
Ilion 17
Illyrien (Illyrische Kriege) 15, 39f., 50, 79, 140
Imperialismus 145
Imperium 42
Indus 80
Infinitivkonstruktionen 134
Isokrates 98, 134
Isthmos 59f.
Italien *passim*
Flavius Josephus 34, 92, 139
Justinian 142
kairos 79
Kaiserreich, Deutsches 145
Kallikrates 13-15, 19, 25f., 52, 55f., 64, 124-126
Kallisthenes 51, 99, 127
„Kalter Krieg" 4, 115, 131, 146

Kanzleistil 11, 134f., 137
Kap Lakinion 110
Karien 114
Karthagerverträge 110, 130
Karthago (Afrika)/Karthager 8, 17, 43f., 50, 52, 57, 59, 63-66, 73, 75, 82, 86-88, 91, 105f., 110f., 122f., 130
Karthago (Spanien) 18
Geographische Kenntnis/Ortskenntnis/Topographische Kenntnis 20, 28, 51, 55, 57, 58, 93f.
kephalaiodes 78
Kephisodoros 115
Kerkyra 141
kinesis 57
Kleinasien 14, 20, 40, 46, 50, 105, 113-118
Kleitor 8, 20
Kleomenes 19, 24, 40, 43, 47, 59, 99, 102, 139
Kleruchie 67
Klientelverhältnis 146
Koilesyrien 40, 86, 113
koinon (Bundesstaat) 4, 7f., 12, 14-16, 25f., 40, 47, 56, 60-62, 113, 116, 124, 126, 132, 140, 143-145
Koloniegründungsgeschichte/ Städtegründungsgeschichte (ktisis) 92
Kolophon 117
Konstantinos VII. Porphyrogennetos 31f.
Konsulatsjahr 54
Konsuln 42, 130
Korinth 16, 19, 25, 52, 63, 66, 122
Koroneia 118
Korsika 49

Kreislauftheorie (anakyklosis) 41f., 66
Kreta 19, 43, 117
Krieg,
  1. Makedonischer 50, 52
  1. Punischer 39, 101, 111, 130, 142, 148
  2. Makedonischer/Philippkrieg 45, 52
  2. Punischer (s.a. Hannibalkrieg) 50, 52, 101, 107, 111, 148
  3. Makedonischer/Perseuskrieg 12-14, 52, 58, 102, 110, 113, 118, 122, 140
  5. Syrischer 105
  6. Syrischer 52
  Antiochoskrieg 52
  Söldnerkrieg 39, 82, 87, 101
  Tarentinischer 131
ktema es aei 95
Kynaitha 124
Kynoskephalai 45, 58
Lade 80
Laelius 42, 68, 103
Lampsakos 116
Larisa 73, 114
Leipzig 148
Lemnos 67
Leuktra 7, 71
Libyen/Afrika 18, 38f., 52, 55, 59, 101, 109
Lipsius, J. 142
Literatur 9, 11, 21, 48, 90, 104, 134f., 145, 151f.
Liverpool 5, 151
Livius, Titus 13, 30, 34-36, 40, 54, 81, 83, 106, 115-118, 131, 135, 139, 143, 147, 152

logismos 83
Logographen 129
logos (Stoa) 10, 65, 84
Lokalgeschichte (s.a. Spezialgeschichte) 140
Lokroi 19, 67, 128
Lykien/Lykischer Bund 117, 143f.
Lykiskos von Akarnanien 74
Lykortas 7f., 12-16, 25, 60, 109, 123, 136
Lykurg 43
Lykurgos, König von Sparta 86
Macchiavelli, N. 142
Madison, J. 144
Mai, A. 33, 148
Makedonien/Makedonen 17, 40, 46, 57, 81, 85, 106-108, 113, 116, 119, 122, 126, 140
Manlius,
 Manius 17
 Vulso 118
Manuskripte 30-32
Marcellus 42, 139
Maroneia 107
Masse (Volk) 48f., 75f., 87f., 119, 144
Massinissa 17
Mathematik 95
Mauersberger, A. 149
Megalopolis 4, 7f., 12, 19-21, 58, 66f., 124, 140
Meister, K. 123
Meliteia 118
Mesotes 41
Messina 130
Messene/Messenier 12, 25, 58, 66, 126
Mikion 114
Milet 118
Militärdienst 91

Militärwesen 44f., 94
Millar, Fergus 49
Mischverfassung 41-43, 50, 66, 88, 143, 145
Mittlerer Osten 113
Mittelmeer 3, 18, 21, 35, 46, 73, 91, 102, 124, 139, 145-148
Mittelstaaten 145
Monarchie/Königtum 21, 41f., 61, 70, 79, 81, 145f., 148
Monographie 92
Montesquieu, Ch.-L. 143f.
Mummius 19
Musti, D. 152
Mythen 58, 92, 147
Nabis von Sparta 116f.
Napoleon 145
Narthakion 118
Nekrologe 82
Niederlande 144
Nicolet, C. 149
Nikolaos von Damaskos 92, 139
Nissen, H. 139
nobiles/Nobilität 42, 89, 148
Nomothetes 116
Nordamerika 143
Norden, Ed. 134
Normen, ethische (moralische) 60
Ochlokratie (Pöbelherrschaft) 42, 48, 87
oikumene 3, 18, 46, 53f., 57, 62, 91f., 102, 132, 140
Oligarchie 41
Oltshausen, E. 151
Olympiade 38, 53f., 76, 91
Optativ 134
Orient 21, 46
Orosius 142
Orthagoras 117
Osopoeus, V. 148

Ostblock 4, 146
Palm, J. 137
Panaitios 10, 17, 20, 50, 68, 86
Papyros Rylands 101
Paris 143, 148f.
Parteilichkeit 56, 69, 123
Partizipialkonstruktionen 134
Paton, W.R. 30, 149
Patriotismus 69, 97
Paulus, Lucius Aemilius 16, 83, 139
Pausanias 8, 115, 140
pax Americana 146
pax Romana 146
Pédech, P. 51, 149
Peloponnes 7, 13-15, 19, 25, 43, 48, 52, 56, 60f., 66, 71, 102, 117, 123, 125
Peripatos 10
Perotti, N. 148
Perseus 13, 14, 81, 106-109, 122
Petzold, Karl-Heinz 60
Phalanxkampftaktik 45
Pharnakes, König von Pontos 111
Philainis 103
philia kai pistis 141
„Philinos-Vertrag" 130f.
Philinos von Akragas 30, 101, 110, 129-130
Philipp II. 47, 61, 70, 81, 98, 106, 126f.
Philipp V., Sohn des Demetrios II. 39f., 46, 49, 58, 69f., 72f., 78-81, 84-87, 98, 102, 106-108, 111, 113-116, 123, 125-127, 131, 145
Philippus, Q. Marcius 14f., 118
philoi 107, 120
Philopoimen 7f., 11-13, 19, 23-26, 60, 74, 78, 83, 102, 109, 122f., 125, 136, 139

Philosophie 10f., 94, 134
Phylarch 24, 43, 72, 97, 101f., 129, 138
Platon 41, 43, 49f., 94
plebs/Volk 17, 42, 49, 65, 82, 87, 88, 90, 113, 144, 146
Plinius 18, 53, 139
Plutarch 12, 24, 34, 60, 102, 129, 139
Polen 145
Polizeiaktion 141
Poliziano, A. 142
Porphyrios 141
Poseidonios 27, 53, 65, 92, 138
Postumius, A. Albinus 102
pragmateia 29
Präsident, amerikanischer 144
Praxis, politische 11, 42, 51, 109, s. zur Vita
Preußen 145
Priamos 17
Priene 118
proektheseis 38
prographai 38
prohairesis 83
prokataskeué 38f., 54, 60, 62, 77, 100, 132
Prokop 142
Proömien 29, 36-38, 45, 52, 58, 62f., 65, 68f., 80, 84
prophasis (Anlass) 77
Protokolle im Senat 109
Prusias I., König von Bithynien 112
Prusias II., König von Bithynien 108
Ptolemäer 9, 21, 49, 70, 115, 131
Ptolemaios III. Euergetes 9
Ptolemaios IV. Philopator 40, 79, 86, 104, 131, 141
Ptolemaios V. 12, 15, 79, 136

Ptolemaios VIII. (Euergetes II.) Physkon 15
Polybii, Flavii 8
Polybios *passim*
Pydna 64, 66, 108
Pyrrhos 38, 59
Quellenauswahl 46, 70, 81, 100-113, 131
Raubvertrag/Teilungsvertrag 111, 114, 131
Reden 71-73, 93, 96f.
Reiske, J.J. 147
Religion/Staatsreligion 45, 48, 86-88, 91
Repräsentantenhaus 144
Repräsentation 84, 144
Rhegion 130
Rhetorik 94
Rhodos/Rhodier 27, 43, 73, 80f., 103, 110f., 118, 128
Rom/Römer/römische Republik *passim*
Sallust 147
Samos 115, 118f.
nova sapientia 13f., 50, 118
Sardeis 20, 31, 105
Sardinien 49, 109
Satrapien, Obere 46, 52
Säulen des Herakles 18
schema 132
Schepens, G. 51
Schick, C. 149
Schweighäuser, J.S. 30, 148f.
Scipio,
    Lucius Cornelius 117
    Nasica 102
    Publius Cornelius Aemilianus 16-18, 20, 42, 48, 50, 63f., 66-68, 102
    Publius Cornelius Africanus Maior 12, 46, 55, 76, 82-84, 86, 102, 117
Scipionen 42, 50, 115
Seleukiden 21, 46, 80, 105, 115f.
Seleukos I. Nikator 80
Seleukos III. 86
Sellasia 40
Sempronius Asellio 138
Senat 13f., 16, 19f., 26, 38, 42, 46f., 56, 91, 106, 110, 116f., 118, 123f., 130, 132, 148
Senat, amerikanischer 144
Silenos 101
Sizilien 38, 50, 59, 76, 105, 130
societas 146
Kampanische Söldner 130
somatoeidés 91
Sosylos 72, 101
Sozialsysstem, römisch 41, 44f.
Spanien 18, 20, 39, 51f., 110, 144
Sparta/Spartaner (Lakedaimonier) 7, 25, 43, 45, 71, 75, 86, 116, 126f.
Spezialgeschichte 69, 71, 91f., 95, 121
lateinische Sprache 136, 139, 143, 148
Staatenwelt, multi- und unipolare 146
Staatsdienst 91
Staatskult 87
Stasis 87f.
Stephanos Byzantios 34, 142
Stier, H.E. 146
Stoa 10f., 50
Strabon 27, 34, 53, 92, 138, 143f.
strategos 7
Suda 34, 142
Synchronismus 54
symplékesthai 91

symploké 54, 73
sympoliteia 56
synoikismos 7
Syrakus 33, 58
Taktika 16, 26
taraché 57
Tarent 130f.
Tauros 46, 85
Tautologien 134
Telemnastos 117
telos 91
Teos 116
terateiai 129
terpnon (Genuss) 89
Teuta, Illyrerkönigin 39, 79, 111, 140
Theben 43, 75, 118, 127
Theophanes continuatus 142
Theophrast 50, 99
Theophylaktos 142
Theopomp 51, 92f., 98, 103, 127, 129
Thermos 78, 87
Thessalien 14, 114
Thisbe 118
Thrakien 105, 113
Thrasykrates von Rhodos 73
Thukydides 3f., 9, 10f., 21, 69, 71, 73, 77, 90, 95-97, 100, 142
Tiberius 138
Timaios von Tauromenion 38, 51, 53, 55, 71f., 76, 93, 98f., 103, 109, 127-129
Topos/Topoi 37f., 118f., 121, 132, 151
Toriaion 117
Tragödienschreiber 129
Türken 142
Tyche 10, 37, 67, 75f., 80, 82-86, 88, 91, 100, 132

Tyrannis 41f.
Tzetzes 142
Union 144
Universalgeschichte 24f., 34, 40, 69, 88, 91f., 121, 140, 142, 151
Ursache (*aitia*) 40, 67, 73-77, 81, 89, 96, 103, 129
Ursinus, F. 33, 147
Varro 137
Verfassungsväter 4, 142
Verräter 58
via Domitia 9, 67
Vielvölkerarmee 87
Vimercati, A. 148
Vokabular 61, 134, 145
von Navarra, Heinrich IV, 60
von Oranien-Nassau
   Moritz 144
   Wilhelm 144
Wahrhaftigkeit/Wahrheit 51, 57, 69, 71, 90, 96, 99, 128
Walbank, F. W. 51, 63, 151
Waltz, P. 149
Wehrverfassung (Taktik), römische 32, 41-43, 45, 57
Weil, R. 149
Die „Weisen" 88
Weltreich, Abfolge/römisch 45f.
Welwei, K.-W. 70
Würzburger Papyros 101
Xenophon (Hannibalhistoriker) 101
Xiphilinos 142
Die Zehnmänner/*decemviri* 19f.
Zeit, auktoriale 58
„Zeitgeschichte" 89
Zenon (Stoa) 50
Zenon von Rhodos 58, 71, 94, 97, 103, 121, 128
Zeus 8, 19, 98
Ziegler, K. 72, 123, 152

Zonaras 142
Zosimos 141